普通高等院校"十四五"新工科·大美育新形态系列教材

铁路遗产保护概论

胡映东　杨诗雨　解　飞　夏海山　著

清华大学出版社

北京交通大学出版社

·北京·

内 容 简 介

作为"新工科"背景下交通特色美育建设的重要组成，本书以"美"为主线，以"美"的多元视角—遗产价值认知—保护与利用的内涵理解为结构逻辑，从历史、艺术、文化、技术多个维度，解读铁路遗产之美及保护利用的理论和方法，成体系地介绍了不同国家和地区的保护利用经验与实践成果，引导读者走进铁路遗产的多彩世界，感受铁路带给生活的美好与记忆。全书共 10 章，涵盖了铁路发展历程、保护与利用模式、价值构成等理论概述，以及欧洲、美洲、亚洲、大洋洲及非洲的 39 处铁路遗产案例。当中既有万众瞩目的世界文化遗产，也有静待重生的废弃铁路；既有尚在运营的活态线路，也有功能转变的线路遗迹；既有线路和站点本体，也有借助铁路实现的城市复兴；既有从风景中看到的火车，也有从车内看向的风景。

本书是一本美育教材，可作为培养人文素养的特色读本，还可作为铁路与文旅专业人士及爱好者的参考书。让本书带领我们共同探讨和欣赏铁路遗产的技术之美、自然之美、人文之美、建筑之美。

图书在版编目（CIP）数据

铁路遗产保护概论 / 胡映东等著. -- 北京 ： 北京交通大学出版社 ： 清华大学出版社，2025. 7. --（普通高等院校"十四五"新工科·大美育新形态系列教材）. -- ISBN 978-7-5121-5375-2

Ⅰ. F531.9

中国国家版本馆 CIP 数据核字第 2024TD9064 号

铁路遗产保护概论
TIELU YICHAN BAOHU GAILUN

责任编辑：韩素华
出版发行：清华大学出版社　　邮编：100084　　电话：010-62776969
　　　　　北京交通大学出版社　邮编：100044　　电话：010-51686414
印 刷 者：北京虎彩文化传播有限公司
经　　销：全国新华书店
开　　本：185 mm×260 mm　印张：16.875　字数：410 千字
版 印 次：2025 年 7 月第 1 版　　2025 年 7 月第 1 次印刷
印　　数：1—1 000 册　定价：89.00 元

本书如有质量问题，请向北京交通大学出版社质监组反映。对您的意见和批评，我们表示欢迎和感谢。
投诉电话：010-51686043，51686008；传真：010-62225406；E-mail：press@bjtu.edu.cn。

前言

　　铁路遗产是一种独特的工业遗产类型。20世纪中叶，随着汽车、飞机等新型交通工具的兴起，一些极具历史、技术、文化、艺术、情感价值的铁路和车站面临更新、废弃甚至拆除的命运。这一时期，人们开始认识铁路遗产的价值并有针对性地开展保护。时至今日，世界范围内的铁路遗产已从单一保护，发展为由铁路廊道连接自然环境和人文聚落的线性文化遗产保护与活化利用新阶段。

　　如何将美育培养目标融入国家对科技人才培养的新要求？作为"新工科"背景下交通特色美育建设的重要组成，本书以"美"为主线，以"美"的多元视角—遗产价值认知—保护与利用内涵理解为结构逻辑，从历史、艺术、文化、技术多个维度，解读铁路遗产之美及保护利用的理论和方法，成体系地介绍了不同国家和地区的保护利用经验与实践成果，引导读者走进铁路遗产的多彩世界，感受铁路带给生活的美好与记忆。全书共10章，涵盖了铁路发展历程、保护与利用模式、价值构成等理论概述，以及欧洲、美洲、亚洲、大洋洲及非洲的39处铁路遗产案例。当中既有万众瞩目的世界文化遗产，也有静待重生的废弃铁路；既有尚在运营的活态线路，也有功能转变的线路遗迹；既有线路和站点本体，也有借助铁路实现的城市复兴；既有从风景中看到的火车，也有从车内看向的风景。

　　在中国城市迈入存量更新、工业文化与美学新认知的时代背景下，对铁路遗产的认知、保护和利用尚处于起步阶段。一方面，我国存量遗产铁路市场价值巨大，相关人才需求迫切；另一方面，理论实践与人文赏析并重，在"中国高铁"走出去的同时，更需要传承中国铁路文化，与世界铁路文化接轨。

1. 学习目标

　　【知识目标】了解铁路遗产的内涵和类型，保护利用的演变和现状，认识铁路遗产的技术之美、自然之美、人文之美、建筑之美。

　　【能力目标】培养学生独立思考及综合能力，引导学生结合自身专业欣赏铁路遗产之美，思考我国铁路遗产保护利用的思路与方法。

【情感目标】引导学生较全面地认识铁路遗产的历史、文化、美学、经济价值，培养学生懂文化、爱生活的热情。

【价值目标】提高认识美和创造美的能力，并在艺术与人文、艺术与理工学科间的融通视野下，以艺术创造启发科技创新，以美启智、以美立志，激发职业理想、职业道德感和社会责任感，树立交通强国的信念，增强交通文化自信。

2. 内容构成

（1）理论讲解和案例剖析中，引导读者感知和发现铁路遗产所蕴含的多元价值，不同社会角色和专业背景的人士都能有所兴趣和感悟。

（2）每个案例前设置小档案、导读与知识点，方便读者关注本案例的重点，包括遗产类型、保护模式和基本特征。

（3）案例类型多样和全面，反映了当前世界对铁路遗产保护利用的认识和现状。覆盖运营铁路、遗产铁路及废弃铁路等3种铁路状态，包含铁路线路及工程不可移动遗产、铁路建筑不可移动遗产、机车车辆等可移动遗产、铁路附属设施等可移动遗产、铁路非物质遗产等5种铁路遗产构成要素，也包括正常运营模式、文旅开发模式、功能置换模式、文博展示模式、改扩建与地区开发模式、废弃封存模式等6种保护与利用模式。

（4）为更好地欣赏铁路遗产之美，随书数字资源加入了第一届和第二届北京高校师生及京铁青年铁路摄影艺术展的部分优秀摄影作品，以图文并茂的形式帮助读者理解精美照片背后的历史人文故事。

3. 使用方法

在使用本书进行美育和特色人文素质教学时，建议将理论学习与案例分析相结合，将不同保护利用模式间的案例、同一保护利用模式内的案例、不同国家和地区的案例相比较，以实现铁路遗产多元价值的全面认识和深刻理解。

4. 应用对象

本书可作为美育教材，也可作为理工科的特色人文素养教材，还可作为政府、铁路、文旅企业、保护组织等相关从业者及铁路爱好者、热心民众等不同行业及社会角色的资料和参考书。

5. 撰写过程

本书得到北京交通大学一流教材、美育专项教改项目资助，得到北京市高教学会课题"工科院校特色美育校选课程建设研究与实践"项目支持。铁路科普作家、铁路摄影家罗春晓作为本书专业顾问，并提供了大量国内外实地考察照片；建筑师张允为本书专门绘制了30余幅插画；纪嘉伦教授提供了坦赞铁路的宝贵资料和图片；秦斌、黎熙、翁童、肖奔驰、孟超、袁明方、舒浩洋、张效通、陈文志、陈鸿、李光益、郭强、王攀、杨晨、李雪松、殷邵哲等先生为本书提供了珍贵图片；闫鹏和欣蕊为本书资料整理及排版多有贡献。再次对所有为本书提供帮助和付出努力的同仁们表示感谢。

作为教材，本书的视角选择及写作思路都是一次新的尝试与探索，不当之处敬请批评指正。

撰写组

2025 年 6 月

第一届北京高校师生铁路摄影
艺术展的部分优秀作品赏析

第二届北京高校师生与京铁青年铁路
摄影艺术展的部分优秀作品赏析

目录
Contents

01

第 1 章
铁路历史发展回顾

02

第 2 章
铁路遗产的保护与利用

03

第 3 章
铁路遗产价值认定

04

第 4 章
英国铁路遗产

05

第 5 章
欧洲大陆铁路遗产

06

第 6 章
美洲铁路遗产

07

第 7 章

亚洲铁路遗产

08

第 8 章

中国铁路遗产

09

第9章

大洋洲及非洲铁路遗产

10

第10章

结语：思考与倡议

Railway Heritage
Railway Heritage
Railway Heritage

第 1 章

铁路历史发展回顾

1.1 缘起、定义及分类

1.1.1 缘起

18世纪初，"铁路之父"史蒂芬森主持修建了英国第一条铁路。仅半个世纪后，铁路便进入了黄金年代，铁路运输逐渐取代了水路和陆路运输，成为最主要的交通方式之一。铁路是人类社会近代文明的重要成果之一，是工业革命和人类社会现代化进程的助推器，它既是物质的运输载体，也是经济、文化与价值交流的通道。穿越城乡的火车轨道和铁路建筑是工业时代不可缺少的特色景观，铁路被视为近代工业革命和交通运输领域革新的重要标志。图1-1为守望百年京张铁路的詹天佑像。

图1-1 百年相望——青龙桥车站的詹天佑像

人们从来没有吝惜将当时最先进的技艺运用于铁路的建造。作为迎来送往的城市门户，火车站也总被赋予极高的审美要求。第二次世界大战后，铁路在许多西方工业国家风光不再，公路运输逐渐取代了铁路运输的统治地位，特别是在19世纪中叶，随着私人汽车、飞机等新型交通工具的兴起和普及，可供人们选择的出行方式更加多元，使得铁路客流量急剧下降，许多铁路和车站面临更新换代，甚至淘汰或废弃，最后也难逃拆除的命运。铁路所蕴含的历史、艺术、科技等诸多价值也在拆除中消逝，令人痛惜。

处于第二次世界大战后恢复期的国家被一股追求新事物的狂热氛围所笼罩，战后重建运动拆除了众多19世纪建筑，激发了各界人士对建筑保护中"厚古薄今"的抗议，恰逢"工业考古学"概念的提出，象征着工业革命光辉历史的铁路遗产被重新认识。人们开始认知铁路遗产的多元价值，铁路遗产这一概念被提出，并有了针对性的保护实践。铁路遗产也因而成为一个时代的文化记忆，记载了人类工业文明演进和社会发展的变迁。时至今日，各个国家和地区对铁路遗产的保护利用日趋成熟，学习者、研究者和从业者得以成体系地学习不同国家和地区的保护经验与实践成果。

图1-2～图1-4为被拆除的火车站。

图1-2　美国宾夕法尼亚车站（1962—1964年间被拆除）

图1-3　津浦铁路济南站（1992年被拆除）

图1-4　中东铁路哈尔滨站（1959年被拆除）

从抵制到被动接受，从追赶到引领，中国铁路发展史是近现代以来中国从屈辱到自强、自豪的发展缩影。截至2023年底，全国铁路营业里程达到15.9万km，其中高铁4.5万km。

2019年，中共中央、国务院印发《交通强国建设纲要》，牢牢把握交通"先行官"定位，推动交通发展由追求速度规模向更加注重质量效益转变，由依靠传统要素驱动向更加注重创新驱动转变，构建安全、便捷、高效、绿色、经济的现代化综合交通体系，打造一流设施、一流技术、一流管理、一流服务，建成人民满意、保障有力、世界前列的交通强国，为全面建成社会主义现代化强国、实现中华民族伟大复兴中国梦提供坚强支撑。铁路遗产中蕴含的丰富价值要素和文化内涵，是交通强国事业的重要支撑和精神内核。

1.1.2　铁路遗产的定义

铁路遗产是一种特殊类型的工业遗产。1999 年，国际古迹遗址理事会首次提出"铁路遗产"这一概念，2003 年，国际工业遗产保护联合会（TICCIH）发表的《下塔吉尔宪章》中，将工业遗产定义为具有历史、科技、社会、建筑等价值的遗存：包括建筑、机械、车间、工厂、选矿和冶炼的矿场与矿区、货栈仓库，能源生产、输送和利用的场所、运输及基础设施，以及与工业相关的社会活动场所，如住宅和教育设施等，其中"交通基础设施"是工业遗产的重要组成部分。

因此，铁路遗产是指为铁路客货运输服务的交通基础设施中所蕴含、有价值的物质和精神历史遗存。根据入选世界遗产名录的突出普遍价值评定标准，铁路遗产的保护要素不仅包括铁路线及相关附属设施，还包括铁路沿线重要的建筑、城乡聚落及自然景观。

1.1.3　铁路遗产的分类

按照铁路的运营状态，可将铁路遗产分为 3 类。

1. 运营铁路

运营铁路（operating railway）是指仍在进行客货运输生产的铁路线路。著名的运营遗产铁路有塞默林铁路、雷蒂亚铁路、西伯利亚铁路、布达佩斯一号线、日本五能铁路、纽曼山货运铁路、京张铁路、滇越铁路、中东铁路、青藏铁路。部分兼作遗产铁路，如印度大吉岭喜马拉雅铁路、中国台湾平溪支线铁路。

2. 遗产铁路

遗产铁路（heritage railway）也称博物馆铁路或旅游铁路，是指还原历史场景来重现或保存过去的铁路。这类铁路曾是运营铁路线路，但由于运量不足或改线等原因停运，后被政府、非营利组织、企业、机构组织甚至个人接管而重开。遗产铁路通常保留或复制历史上该铁路的特征、外观和运营方式，部分采用原始的机车车辆和铁路设施，因而具有历史价值。通常采用老式的蒸汽、内燃或电力机车牵引，季节性或每周、每天定期运行，因而具有观光旅游、怀旧、教育和经济价值。著名的遗产铁路如日本嵯峨野线，新西兰泰里峡谷铁路观光线，中国台湾平溪线（兼运营）、四川芭石铁路嘉阳小火车观光线、个碧石铁路，等等。遗产铁路是铁路遗产主要的状态和利用类型。

3. 废弃铁路

废弃铁路（abandoned railway）是不再作为铁路运输目的的铁路线，铁路的土地、建筑和线路设施可能被封存或改作其他用途，例如，纽约高线公园、京张铁路遗址公园、哈勒姆峡河谷铁路游径、天津环城铁路是由废弃铁路改造而成的带状公园或纪念地。

铁路遗产的本体可以分为物质与非物质遗产,物质要素可以细分为不可移动遗产和可移动遗产。不可移动遗产要素包括铁路相关的线路、站房、工厂、仓库、设施、桥梁、隧道、沿线地貌景观、城镇分布等,可移动遗产要素包括铁路相关的工具用具、机器设备、仪器仪表、工业制品。非物质遗产包括工艺技术、口传心授的技法、档案文献中记载的设计方案、施工措施、管理方式,以及铁路文化、历史记忆、精神象征、生产生活等。表 1-1 为铁路遗产的构成类别与要素。

表 1-1　铁路遗产的构成类别与要素

遗产分类	遗产构成类别	遗产构成要素
不可移动遗产	铁路线路	轨道、道岔、站点、隧道、桥梁
	铁路运营管理设施	车站建筑、调度室、机务段
	铁路站房建筑	站房及其附属建筑
	铁路站场工程	铁路线路、停车库、服务站、维护设备、水塔、转盘、煤台
	铁路桥隧工程	桥梁结构、隧道设计、火车轮渡、码头
	铁路工厂、仓库	铁路制造厂、货场的场地及设施
	铁路聚落遗产	铁路沿线职工及其他社会形态的空间聚落、相关建筑、工人运动旧址、名人故居
可移动遗产	铁路交通设施	机车、车辆、信号装置、工具设备
	铁路文献及实物	文献资料、票证、证章、服装服饰、界碑牌石、图纸图册、勘探设计工具、通信设备、计时器等
非物质遗产	铁路文化	铁路庆典、相关传统技艺、铁路故事、铁路沿线聚落相关的人文习俗及数字化保护

因此,按照铁路的构成要素,可将铁路遗产分为 5 类:

1. 铁路线路及工程不可移动遗产

铁路线路及工程是指轨道线路及与铁路有关的轨道、路基、桥梁、隧道、站场的土木工程、机车、车辆等机械工程和信号工程。运营铁路和遗产铁路均包含较完整的铁路线路及工程。例如,塞默林铁路(Semmering Railway)是世界上第一条山区准轨铁路,1854 年建成,长 41 km,是地形复杂地区修建的高山铁路典范,沿途高架桥、隧道及其他工程的建造水平很高,铁路至今仍在运营,因而于 1998 年入选《世界遗产名录》。

2. 铁路建筑不可移动遗产

铁路建筑遗产包含铁路站房、检修厂、库房及附属医院、生活区域等建筑。铁路建筑遗产存在运营、功能置换或废弃等不同功能状态。一些废弃铁路在拆除线路及工程后仅保留或部分利用建筑设施，虽然也能展现铁路遗产的昔日荣光，但由于丧失了周边环境与在地属性，大幅降低了遗产价值完整性，如圣路易斯联合车站、奥赛美术馆、布法罗中央火车站、佐治亚州铁路博物馆。

3. 机车车辆等可移动遗产

机车即火车头，是牵引铁路车辆运行的自推进车辆；车辆是除了机车，其他各种在铁路行走的、用以运输旅客和货物的运载工具。车辆大部分是没有动力的，若干车辆连接在一起成为列车。历史机车和车辆是最受瞩目的可移动遗产。图 1-5 为中国最后一处承担生产运营任务的蒸汽机车。

图 1-5　中国最后一处承担生产运营任务的蒸汽机车（2020 年摄于哈密三道岭煤矿）

除仍在遗产铁路上运行的历史机车和车辆外，退役后并未拆除的机车车辆大部分被封存保留，部分在各地铁路公园或园区进行展示，特别有价值的能够入藏铁路博物馆。如沈阳铁路局大安北机车封存基地现存蒸汽机车 79 台，是我国目前封存蒸汽机车台数最多、机型最全的蒸汽机车陈列基地。著名的铁路博物馆如英国国家铁路博物馆收藏有超过 100 台机车、近 200 辆各型车辆，它们大部分在英国建造或营运过。

4. 铁路附属设施等可移动遗产

道岔、信号机等可移动的铁路附属设施是铁路运营生产的重要保障设施，也体现了不同时代铁路运行模式的特点，因而具有较高的技术和历史价值。

5. 铁路非物质遗产

铁路非物质遗产包括铁路相关的历史、故事、人物、庆典、传统技艺、民间习俗、表演艺术、工艺美术等非物质文化遗产及数字化保护，构成了铁路文化的多元面貌。与此同时，聚落遗产保留及记录了铁路沿线及周边的社会生活和文化氛围，为铁路文化提供了具体的历史场景，因而与铁路文化紧密相连。铁路文化中的相关传统技艺和民间习俗部分也源于铁路聚落遗产中的特定社区传承，形成了一种文化与物质的双向影响（见图1-6与图1-7）。

图1-6　南京长江大桥是长江上第一座中国自行设计建造的公铁两用桥

图1-7　大钟目睹了南来北往的旅客，也见证了城市百年变迁

俗语说"橘生淮南则为橘，生于淮北则为枳"，事物总要依附于其所处的环境。认识和保护铁路遗产需要以全面的视角，关注线路轨道、桥隧、机车转盘、堆煤仓、加水塔等不可移动铁路设备，以及机车、信号设备等可移动设备，认知铁路蕴含的物质与文化价值，保护和传承铁路遗产的原真性与完整性。

1.2 国外铁路发展历程

1.2.1 铁路开拓期（1825—1889 年）

1. 开拓期的铁路发展

工业、制造业的飞速发展对原材料和产品的运输效率提出挑战，火车因而取代了水运和马车等传统运输方式。1825 年，英国诞生了世界上最早的铁路——斯托克顿和达灵顿铁路（Stockton and Darlington Railway），斯蒂芬森制造的第一台蒸汽机车"达灵顿运动一号"就行驶在这条铁路上。英国铁路建设初期，恰逢政府采取无干涉主义的经济政策，铁路公司通过购买土地、开设新的线路便能获益，铁路这一朝阳产业因而蓬勃发展。

虽然是英国人发明了铁路，美国却后来居上。第一条铁路修筑的消息在美国引发了巨大的反响，美国人认识到铁路比运河更先进和有利可图。美国第一条铁路巴尔的摩和俄亥俄铁路于 1830 年建成，全长 21 km。19 世纪 50 年代，美国的筑路规模扩大，80 年代达到高潮。从 1850—1910 年的 60 年间，共修筑铁路 37 万余 km，年均筑路 6 000 余 km。

2. 开拓期的铁路建筑

1830 年，建成了世界上第一座铁路车站——英国曼彻斯特利物浦火车站。美国学者卡罗尔·米克（Carroll Meeks）通过追溯铁路车站的原型，发现早期火车站有的是模仿马车车站，或者是模仿谷仓、牲口棚等形式。早期车站的英文名称直译为仓库（depot），指的是用来停靠火车及装卸货物的大棚子（见图 1-8）。

19 世纪 40 年代，铁路客货运输能力大幅提升，需要修建能遮风避雨并有候车休息室的车站，火车站作为一种功能明确的公共建筑类型出现了。列车棚是铁路建筑发展演变中的重要特征。早期车站多选用木、石、砖为材料：石头多用于修建重要的车站，但建造速度慢且价格昂贵，优点是坚固耐久；更多早期的车站建筑则模仿当地民房的形制，多采用便于建造且相对便宜的木结构。

英国发明了多种火车站房的形制。1846 年，塞萨尔·戴利将火车站房的形式分为尽头式、线侧式、线上式、线下式 4 类，并沿用至今。

19 世纪 50—80 年代是铁路迅速发展时期。铁路客运量的激增要求火车站具有更高客运承载能力，使用铸铁与玻璃建造大跨度结构的技术革新催生了大跨度列车棚的出现（见图1-9）。

图1-8　1830年利物浦车站

图1-9　伦敦帕丁顿车站大跨屋顶

3. 开拓期的铁路与城市

这一时期的铁路对于工业区、城市中心等城市规划和布局产生了决定性的影响。另外，由于不同铁路公司之间的无序竞争，多条相似线路争夺乘客造成重复建设，降低了铁路网络的效率，也造成铁路对城市的分割，线路间不连通也加剧了城市交通的负担，例如，最高峰时伦敦曾经拥有10余座火车站，它们互不相通，也催生了1863年伦敦首条地铁，以及有轨电车、公交车等城市交通网络的完善。

1.2.2　铁路成熟期（1890—1939年）

1. 成熟期的铁路

19世纪中叶至20世纪上半叶，是世界铁路发展的黄金时期。英国铁路在20世纪30、40、60年代经历了3次建设高潮，铁路运输占据了交通统治地位，1890年形成全国性铁路网，1928年鼎盛时期的运营总里程达32 565 km。

早期美国铁路以私人资本投资为主，在政府引导下快速发展。政府采用赠送土地、减免税赋等优惠政策，鼓励大力发展铁路。新的铁路公司不断出现并竞争发展，形成了铁路建设的高潮。1910年，美国铁路公司数量达1 300个。1916年，美国铁路总里程曾达到历史最高峰（见图1-10），约41万km。铁路运输几乎垄断了运输市场份额，承担了98%的货运量和77%的客运量，也暴露出私人投资造成的线路重复、无序竞争等问题。

2. 成熟期的铁路建筑

随着乘客越来越多，火车站变得规模庞大、流线复杂，因此刺激了铁路车站建筑平面和形态创新，逐步形成宏伟的车站大楼与高大的列车棚相组合的铁路车站标准范式。作为联系各个城市之间、市中心与郊区的交通节点和城市门户，火车站成了不同铁路公司比拼财力的标志物，追求建筑风格和技术上的豪华气派与纪念性，例如，19世纪后期巴黎的法兰克福总站、奥赛火车站及20世纪初的纽约大中央车站、宾州车站。

20世纪初，随着社会生活节奏的加快，人们更加注重速度与效率。铁路建筑发展与当时兴起的"现代建筑运动"相同步。这个时期的火车站摆脱了烦琐的空间分割和刻意的豪华装修，布局追求紧凑和高效，造型更加简洁、明快，逐渐形成现代交通建筑的形象特征。美国辛辛那提联合车站、英国霍尔街终点站就是该时期的代表。

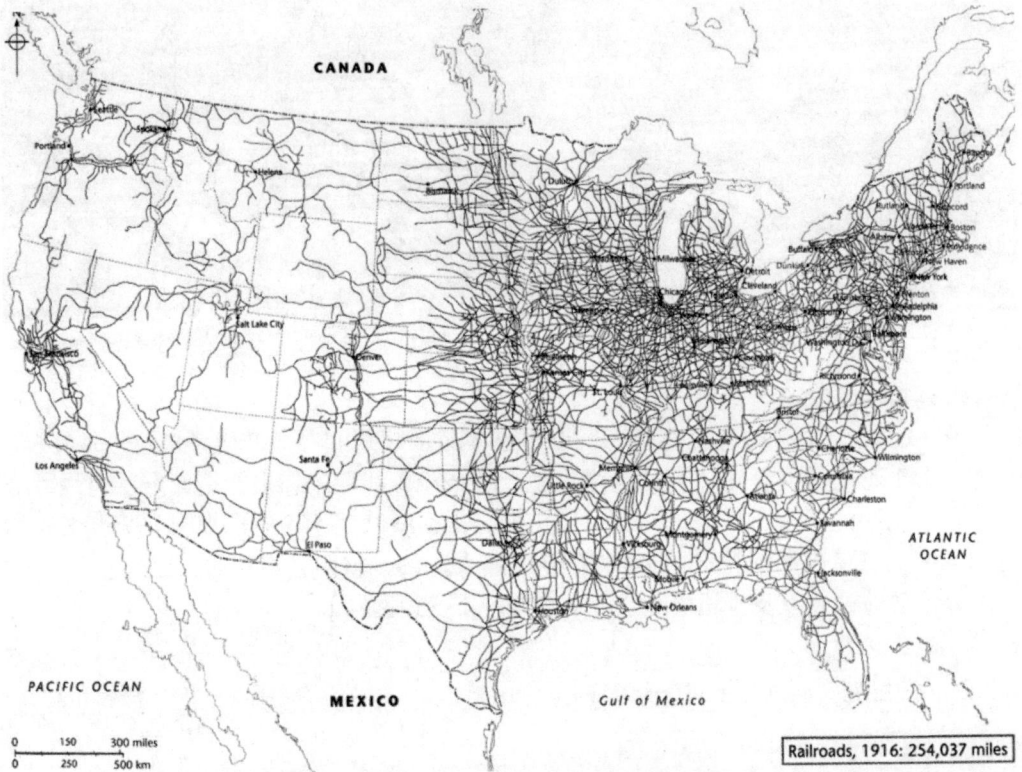

图 1-10　美国 1916 年铁路里程最高峰时的路网图

3. 成熟期的铁路与城市

这一时期是铁路支撑工业化与城市崛起的阶段，铁路推动了工业城镇的快速发展，交通便利也激发了周边工业、仓储、商业、居住、酒店和办公的开发需求。英国的土地所有者极力吸引铁路公司在他们的土地上修建铁路和火车站，以提升地价。

1830—1881 年是美国铁路网的形成期，也是美国铁路与城市化同步、工业革命推动城市快速发展的时期，铁路支撑了工业化与城市崛起，吸引了大量欧洲移民，城市大规模扩张。1881—1890 年的 10 年间，美国铁路里程由 15 万 km 增长到 26.3 万 km，是美国铁路史上发展最快的时期。1916 年的铁路营业里程达到历史最高峰，几次铁路飞跃发展对于美国城市空间演变有重要的引导作用。在美国第一次快速城市化的进程中，铁路与城市发展是同步的。

1.2.3　铁路衰落期（1940—1979 年）

1. 衰落期的铁路

为应对铁路运量减少，1921 年，英国交通部将所有铁路公司重组为四大公司。第二次世界大战前国家电网启用，工业不再依赖铁路来运输煤炭，加剧了铁路衰退。

1948—1969 年间，私人铁路被英国铁路局接管，英国实现了铁路国有化，虽然此时客货运需求大幅增长，但铁路系统仍缩减了 1/3，大规模线路被关闭，例如，1970 年，谢菲尔德与曼彻斯特之间的伍德黑德线路被关闭，谢菲尔德维多利亚车站被拆除，而公路交通份额则进一步加大。

为打破铁路垄断，促进公路和航空业的发展，美国政府采取了一系列铁路管制措施，强行分割铁路线路和运营公司，加大运输协调成本，导致铁路市场急剧衰退，许多铁路公司严重亏损，纷纷倒闭。出行需求方面，以飞机和私人汽车为代表的新兴交通工具的普及，新的生活方式取代了铁路出行，客流急剧下降使得美国的铁路运输迅速衰落。1970 年，被迫成立美国国家铁路客运公司（National Railroad Passenger Corporation of the USA，常用商标为 Amtrak，简称美国国铁或美铁）以接管全国性的客运业务。在管制调控、市场衰退的双重作用下，客运业务几乎完全丧失，超半数线路被废弃，从 1910 年的 41 万 km 骤减至 1980 年的 26.5 万 km，铁路被视为夕阳产业。之后，铁路运输主要是用来运货物，而人们一般都选择飞机和汽车出行。

2. 衰落期的铁路建筑

为降低高昂的运行费用，原本庞大的车站被弃用并停止维护，例如，美国国铁曾大规模停用各地的大型联合车站，在原有站房附近修建单层小型车站，为尚在运营线路提供客运旅客服务。

3. 衰落期的铁路与城市

一方面，由重工业转为轻工业及消费品的产业结构调整，使得英国铁路与城市中心传统工业区进一步脱节，铁路建设与城市规划两个系统难以有效协调，即使战后重建也未能挽救众多传统工业区及铁路货运运输。另一方面，在郊区化进程中，郊区新城与铁路新城建设产生了紧密联系，在郊区新城建设时铁路成了重要的通勤和商务交通工具。

美国铁路建设与城市化也进入分异阶段。一方面，美国城市化率不断提高，1920 年已超过 51%；另一方面，私人汽车加剧了郊区化。1956 年，美国国会通过州际高速公路法，开启了长达 35 年的州际高速公路网建设，城市发展的方向和模式不再与铁路发生紧密联系，转而更加依赖高速公路，也塑造了美国独特的多中心城市结构和"外高内低"的空间形态。

由于城市中心的铁路地位不保，1940 年之后的很多城市总体规划都尝试拆除效率不高的线路和车站，标志性的事件如 1962 年尤斯顿拱门拆除。

1.2.4　铁路复兴期（1980 年至今）

1. 复兴期的铁路

1980 年至今是铁路的复兴时期。人们逐渐认识到飞机、汽车等交通方式也存在缺点。能源危机造成空运价格高涨，汽车出行便利但容易制造交通拥堵，因此，铁路运输在经济、节能等方面的优势再次显现。此后，电气化、新型机车使得铁路运输更加高效环保。

美国铁路也因此进入产业复兴阶段。美国政府出台了一系列放松铁路管制的措施，包括允许将运量低或闲置的废弃线路转让给地方铁路公司。在政策引导下，各铁路公司增加投资，扩大改造，使得货运周转量、运输效率、企业年收入得到一定恢复。

2. 复兴期的铁路建筑

随着立体交通网络的建立，位于城市中的火车站逐步恢复客货运输功能，与地铁、轻轨、公交、有轨电车和其他交通方式形成功能复合、交通融合的城市综合交通枢纽。公共交通的复兴引导人们从郊区重新回归城市。柏林中央车站、滑铁卢国际客运站都是这个时期的代表。

3. 复兴期的铁路与城市

从 20 世纪 70 年代起，随着铁路重新回归城市中心，再次开启了铁路与城市的同向发展期。英国铁路不断改善城际交通、旅游和通勤服务，1980—1994 年间城市规划部门与铁路公司共同协作制定了城市发展规划，多方由此获益。1995 年至今，英国充分挖掘工业与铁路衰退留下的遗产，迎来新的城市化再生，火车站带动城市再生的案例有伯明翰布尔林火车站、利兹车站、曼彻斯特皮卡迪利站、伦敦国王十字火车站等，展现了铁路的新时代价值。

1.3　中国铁路发展历程

1.3.1　晚清时期（1840—1911 年）

1. 晚清时期铁路发展

鸦片战争打开了国门，林则徐、魏源、徐继畬等有识之士纷纷著书"睁眼看世界"，分别在《四洲志》（1839 年）、《海国图志》（1844 年）、《瀛环志略》（1848 年）

中介绍了国外的铁路、火车等科技信息，并称赞这种运输工具"可谓精能之至矣"。

　　早期清政府对火车等新科技持故步自封的态度。自 19 世纪 60 年代起，英、俄、法、美等国企图在中国修建铁路以攫夺路权，但均被清政府拒绝。1865 年，中国第一条铁路"德小铁路"诞生于北京宣武门外沿护城河，由英国商人杜兰德修建用以展示，仅长 0.5 km，却因"京师人诧所未闻，骇为妖物，举国若狂，几致大变"，旋即勒令拆除。1876 年，英国洋行未经允许擅自修建了 14.5 km 长的吴淞铁路，这是中国第一条运营铁路，1877 年被清廷赎买拆除。1881 年，在李鸿章等洋务派的操作下，修筑了唐胥铁路，将开平矿产煤运至塘沽，供给北洋水师舰队使用。唐胥铁路是中国第一条自办铁路，长仅 9.7 km，英国人金达为工程师，并陆续分别向西延筑至塘沽、天津、北京，向东延筑至秦皇岛，后成为关内外铁路、京奉铁路的一部分。为防止惊扰东陵，唐胥铁路先以骡马牵引列车，1882 年清廷才准改用蒸汽机车牵引。

　　19 世纪 90 年代之后，帝国主义为争夺在华利益，擅自在中国划分势力范围，争夺铁路的修筑权，强迫清政府签订了《马关条约》《中俄密约》《合办东省铁路公司合同章程》等不平等条约，通过直接投资和经营、合办铁路、铁路贷款等方式来控制中国铁路。直接投资和经营如胶济铁路（1904 年，德国）、滇越铁路（1910 年，法国）；合办铁路如中东铁路（1897 年，沙俄）；铁路贷款如芦汉铁路（1906 年，比利时）、正太铁路（1907 年，沙俄）、关内外铁路（1912 年，英国）、粤汉铁路（1936 年，德、英、法）。这一阶段，铁路建设虽然进展较快，但控制权掌握在外国手中，中国主权和利益遭受严重损害。

　　19 世纪末至 20 世纪初，清政府逐渐认识到铁路的重要性，开始自主修建铁路。图 1-11 为建于 1907 年的京门铁路永定河大桥。清政府为维护封建统治，于 1895 年颁布上谕施行"力行实政"，包括修铁路、铸钞币、造机器、开矿产等。1884 年，中法战争失败和沙俄筹划西伯利亚铁路后，清政府深知铁路对于民生和国防的重要作用，宣布"毅然兴办"，陆续出台商办铁路、官商督办铁路政策，粤汉铁路、京汉铁路、潮汕铁路从洋人手中赎回自办。1905 年，清政府成立了商办铁路总公司，开启了中国自主

图 1-11　2019 年，列车驶过建于 1907 年的京门铁路永定河大桥

修建铁路的新篇章。1911 年，清政府颁布"铁路干线国有"政策，引发湘鄂川粤四省爆发大规模保路运动，也称作"铁路风潮"，导致了清政府覆灭。

1909 年，詹天佑主持修建了中国第一条自主投资、设计和建造的干线铁路——京张铁路，中国陆续自主修建张绥铁路、新宁铁路、潮汕铁路、川汉铁路等，中外合营齐昂铁路、宁省铁路等。

从 1876 年修建吴淞铁路至 1911 年清政府灭亡，中国共修建了 9 100 km 铁路，但分布不均，其中关内各省 5 700 km，东三省 3 400 km。以北京为中心的京奉、京汉、京张、津浦 4 条干线及所连接的正太、汴洛、胶济、道清四线初步构成了华北铁路网。长江以南仅有沪宁、沪杭、株萍、株长四线。华南只有广九、广三、潮汕、漳厦等短途线。西南只有滇越线。

2. 晚清至民国早期铁路建筑

由于列强对于中国早期铁路的控制，使得各铁路沿线建筑风格受控制国影响较大，甚至确定了整条线路的整体风格，如胶济、中东铁路等，但也呈现时代性、多元化、地域化的特征。① 时代性特征。大多采用当时世界正在流行的建筑风格和建造技艺，从最初的舶来到与中国传统建筑符号杂糅，折中主义明显，但艺术性、功能性和建造工艺水平等整体均较高。② 多元化特征。源于列强、清政府、商办等多主体控制，使得文化、管理理念、建设目的等差异较大，风格和技术表征各异。③ 地域化特征。中国地域辽阔，气候、人文地理环境、生活习俗差异大。为融入当地风土，铁路建筑多吸取了传统建造理念，就地取材节约成本，因而各具地方特色，如图 1-12 与图 1-13 所示。

图 1-12　中东铁路香坊站的折中主义建筑风格

图 1-13　香坊站的给水塔

中东铁路建筑荟萃了俄式风格、当时席卷欧洲大陆的新艺术运动和折中主义，后期也运用了一些中国传统建筑语汇，如公主岭站（1901年）、阿什河站（1901年）。而京张铁路沿线的标准化三等站房采用中西合璧折中形式的外廊式单层砖木结构建筑风格，如清华园站、青龙桥站（见图1-14）、康庄站等均具有青灰色砖墙配红色门窗、圆拱形券廊、覆盖红色铁皮瓦双坡屋顶及城墙雉堞女儿墙等建筑特征。

图 1-14　市郊铁路 S2 线列车在青龙桥站进行换向作业

3. 晚清时期铁路与城市

依路兴城是早期铁路与城市关系的生动写照，很多新兴城市也被称作铁路拉来的城市。修建铁路、设站的区位优势转化为经贸往来，而迅速发展为城市，如哈尔滨市（1899年，中东铁路）、郑州市（1906年京汉铁路，1909年陇海铁路）。

以哈尔滨市为例。清末中东铁路修筑之前，哈尔滨所在地还是一座小渔村，江南地区（现哈尔滨城区）已有几百人的非农业人口聚集点，傅家店（今道外区）村落人口约 2 000 人，秦家岗（今南岗区）和码头区（今道里区）几乎没有人烟。秦家岗车站 1903 年通车后改名哈尔滨火车站，车站占地南北长 10 余 km，东西宽 10 余 km，并在铁路沿线圈划侵占大片土地作为铁路附属地。沙俄以莫斯科、巴黎为蓝本，1906 年由中东铁路管理局修订《哈尔滨及郊区规划图》，其中码头区与新城区共 7.83 km^2 为"哈尔滨自治市"市区。从 1897 年铁路开工到 1919 年哈尔滨开埠通商，城市建立并迅速扩张，1912 年，哈尔滨人口已达 6.86 万人，其中俄国移民约 4.3 万人。

1.3.2　民国时期（1912—1949 年）

1. 民国时期铁路发展

1912—1914 年，袁世凯政府沿用清政府"干路国有"政策，在"统一路政"的名义下，将四川、湖南、湖北、河南、山西、江苏、浙江、安徽等 8 省的干线商办铁路收归国有，除广东、江西两省外，各省商办铁路公司均告解散，结束了清末民族资本控制铁路干线、铁路国有与民有并存的时代，开启了铁路国有时代。客观上解决了商办铁路各自为政，无法长距离运输导致的经营艰难问题，但实际是将国有铁路抵借外债以应对财政困境，导致中国丧失了更多的铁路权益。

民国初期，孙中山先生提出铁路强国计划，10 年间建设 20 万 km 铁路，但愿望过于宏大，国力不济，终告失败。直至抗战爆发之前，铁路仍有巨额收益，1926—1936 年间的民国铁路大发展时期，国民经济增长率达到 8.3%，远高于民国期间平均 5.6% 的增长率。抗日战争爆发后，铁路更多地发挥了军事作用。

新中国成立前夕，中国铁路总里程约 2.6 万 km，包含抗战期间被拆除的 3 600 km，但线路状况不佳，有一半铁路需要恢复。空间分布上，大部分在东北、华北、华中、华南沿海等地势平坦、人烟稠密、经济相对发达的地区，东北铁路网占了中国铁路总里程的一半；而西南、西北等人烟稀少、经济落后、地势复杂的地区，则几乎没有铁路。运营管理权上，大部分线路仍由列强控制，外国贷款控制的国有铁路如京奉、沪宁、陇海、正太、道清、粤汉湘鄂段等铁路；中国政府直接管辖京汉、京绥、津浦、沪杭甬四路，自营线路不足一半。由于经营管理制度、规范各不相同，阻碍了铁路经济发展。

2. 民国时期铁路与城市

铁路是新兴城镇发展的关键动因。中东铁路所经之地多荒凉，自 1903 年中东铁路通车以来，交通就成为影响东北北部腹地经济开发、城镇发展的主要动力之一。1908—1928 年间东三省人口增加 60%。铁路沿线被逐步开发后，按照各自的交通地理位置、区域资源条件、历史基础等，各个城市的增速、角色和地位变化很大。至 1930 年，20 万以上人口的城市达到 3 个，10 万~20 万人口的城市达到 2 个，依次递增，1 万~3 万人口的城镇从 20 个增加到了 53 个。哈尔滨、齐齐哈尔、旅顺、牡丹江、四平、满洲里、海拉尔、绥芬河等都是因铁路经过、设站而建成的城市。

自民国政府成立以来，逐步收回中东铁路沿线各城的市政权，例如，针对哈尔滨自治市和铁路附属区的管辖进行统一的城市规划，1923 年，制定了《东省特别区哈尔滨市规划全图》，至 1931 年东省特别区哈尔滨市辖区面积已达 62.55 km^2。伪满政府时期推行大哈尔滨都市计划，城市沿着铁路交通线向东、南、西 3 个方向辐射扩展，修建了联系松花江两岸的松花江铁路桥。

既有城市的发展也受到铁路的深刻影响。1915 年，为解决北京城生产、生活粮煤的运输问题，民国政府修建京师环城铁路，串联京绥、京汉、京奉等干线铁路及京门、通州等支线及通向各地的放射形线路（见图 1-15）。环城铁路沿着北京城墙与护城河之间的"官荒地"修建，全长 13.2 km。由于交通功能逐步被新的铁路网络规划取代，环城铁路在 1958—1971 年间被陆续拆除。

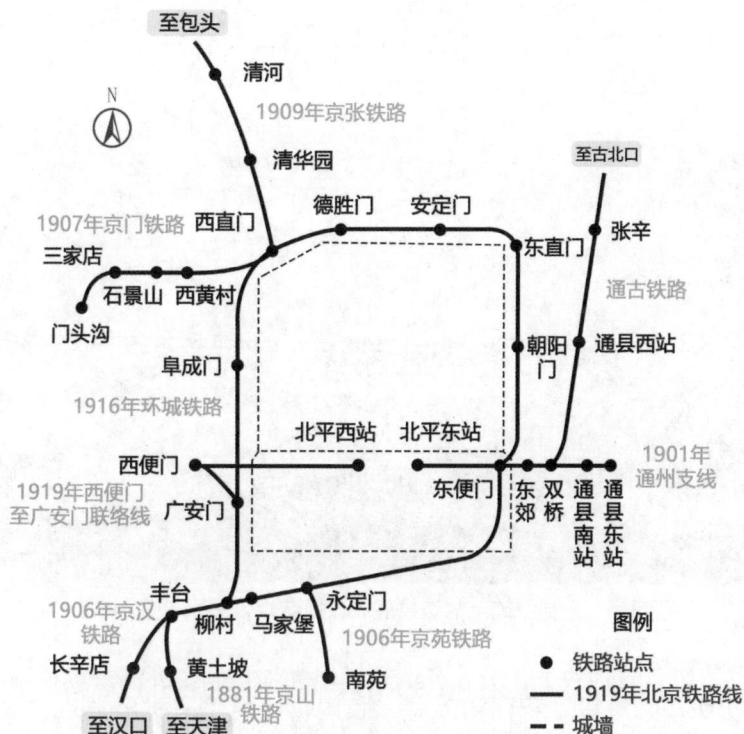

图 1-15　1919 年北京环城铁路及各条铁路干线

1.3.3　新中国初期（1949—1978 年）

1. 新中国初期铁路发展

新中国成立第 1 年就抢修恢复铁路 8 278 km，全国铁路营业里程达 2.2 万 km，到 1978 年，中国铁路的营业里程达 4.86 万 km，其中电气化线路里程 0.1 万 km。1952 年，中国政府提出了"交通先行"的发展方针。1952 年，成渝铁路通车，该线是新中国第一条自主设计、自主修建的铁路，填补西部地区的铁路空白。之后陆续修建宝成铁路（1958 年）、武大铁路（1958 年）、包兰铁路（1958 年）、外福铁路（1959 年）、萧甬铁路（1959 年）、京承铁路（1960 年）、兰新铁路（1962 年）、成昆铁路（1970 年，见图 1-16）、京原铁路（1972 年）。通过第一个和第二个五年计划，初步形成了覆盖全国的铁路网骨架。

建立并完善的铁路基础工业、制造技术、科技发展、管理方式、运营体制，为国民经济发展作出巨大贡献。1956 年，中国试制成功第一台自行设计制造的前进型干线货运蒸汽机车。1950 年，铁道部颁布《中华人民共和国铁路技术管理规程》并多次修订，第一次在全国实行统一的铁路技术管理，规范和提升了铁路运输设备在设计、建造、验收、保养维修和使用管理方面的水平。

图1-16　成昆铁路上的法拉展线迂回盘旋，5次跨越龙川江

2. 新中国初期铁路建筑

新中国初期，面对积贫积弱的现状，我国仍建成了一批经典铁路客站。例如，1959年建成的北京站将民族风格与现代技术相结合，规模庞大，气势巍峨。这一时期，由于铁路运量不大，城市交通也不发达，客站和站前广场功能相对单一，布局、流线程式化，车站造型追求城市大门的象征性和纪念性。2019年，北京站车站大楼被国务院公布为第八批全国重点文物保护单位。

3. 新中国初期铁路与城市

在铁路如火如荼建设的同时，城镇化率从1949年的10.64%逐年增长至2000年的36.22%。铁路事业在中国城镇化发展进程中的作用举足轻重。

1.3.4　现代化建设时期（1978—2008年）

1. 改革开放以来的铁路

20世纪70年代，中国铁路进入了现代化、信息化的新时期，引入先进技术和管理经验，提升铁路运输效率，为经济快速增长提供了强有力的支撑。这一时期，铁路在工业化的进程中扮演重要的角色，成为国家交通运输体系的骨干。从20世纪70年代起，减少高耗能蒸汽机车，逐步由内燃机车和电力机车取代。1975年，宝成铁路完成电气化改造，建成我国第一条电气化铁路，拉开了中国铁路现代化建设的序幕。80年代，为满足改革开放的需要，开始加强东部沿海交通建设，重点发展北方能源基地向沿海方向的能源外运货运通道，如新石线（1985年）、大秦线一期（1988年）等，并改造东部地区铁路干线，如京沪线、京广线、京沈线等。90年代，相继修建了一批重大路网干线，进一步强化路网布局，扩大运输能力，加快发展重载运输与快速运输，中国铁路进入了内燃机车、电力牵引的时代。1997—2007 年，中国铁路 6 次大提速（见表 1-2），走入高铁时代。截至 2008 年，我国铁路运输总里程达 7.25 万 km。

表 1-2　中国铁路 6 次大提速

轮次	时间	主要覆盖范围	速度
第一次	1997 年	京广、京沪、京哈三大干线	提速列车最高运行时速达到 140 km，全路客车平均时速提升到 54.9 km
第二次	1998 年	京广、京沪、京哈三大干线	最高时速可达到 140～160 km，全路客车平均时速提升到 55.16 km
第三次	2000 年	亚欧大陆桥陇海线、兰新线、京九线和浙赣线提速	全路客车平均时速提升到 60.3 km
第四次	2001 年	全国较大城市和大部分地区	全路客车平均时速提升到 61.6 km
第五次	2004 年	京沪、京哈等铁路干线	部分列车时速达到 200 km，全路客车平均时速提升到 65.7 km
第六次	2007 年	提速干线开行动车组列车	旅客列车时速可达 200～250 km，全路客车平均时速提升到 70.18 km

2. 改革开放以来铁路建筑

改革开放后，走出国门让客站建设开始借鉴国外客站的理念与形式，产生中国自己的铁路建筑语言。

1986 年初，铁道部提出"七五"期间大力提高干线铁路运输能力，陆续改扩建 15 个大型枢纽，包括新建上海站（1987 年）、改扩建天津站（1987 年）等。上海站站房面积达 9.7 万 m²，前后广场面积达 1 万 m²，创新提出南北开口、站房高进低出、跨线候车的新车站模式，国内许多大型火车站纷纷效仿。1996 年建成时，北京西站（见图 1-17）曾是亚洲规模最大的现代化铁路客站之一。1999 年，改造后的郑州站主站房投入使用。

图 1-17　6437 次非空绿皮公益列车驶出北京西站

这一时期，铁路客站设计依据"五性原则"，将功能性、系统性、先进性、文化性、经济性有机融合，体现了继承传统与发展创新的统一，追求物质功能和精神价值的统一，既满足时代要求，又顺应了国情条件。

1.3.5 中国高铁网"四纵四横"形成（2009年至今）

1. 新时期的铁路

至2023年底，中国高铁总里程达到4.45万km，占全球总里程的2/3。高铁网覆盖了大部分城市，极大地提高了铁路运输的速度和效率。中国铁路运输已跻身世界领先行列，高铁已成为展示中国文化自信与现代创新相融合的典范。

2. 新时期铁路建筑

随着近十余年间高铁的普及，开始探索与城市联动、更高效节能的铁路运输系统，车站也由功能单一的车站单体向城市交通综合体转变。

3. 新时期铁路与城市

随着高铁飞速发展、城市高速扩张、多层次交通格局不断变化，在第二产业向第三产业转型作用影响下，中国城市与铁路的矛盾和问题逐步显现，2020年，废弃的普速铁路里程达2万km，废线及周边对中国城市空间、城市群和大都市圈产生消极影响，是未来城市发展和管理中不可忽视的问题。如何将问题转变为城市复兴的动力，

图1-18　高速综合检测列车通过青荣城际铁路双岛湾大桥

需要各界齐心协力来推动铁路遗产利用与城市更新领域的理论和实践探索。

图 1-18 为高速综合检测列车通过青荣城际铁路双岛湾大桥，图 1-19 为平改立工程前的京哈铁路水南庄道口。

图 1-19　平改立工程前的京哈铁路水南庄道口

第 1 章　铁路历史发展 回顾／

021/

【图表来源】

图 1-1：肖奔驰摄影

图 1-2：History of the engineering, construction and equipment of the Pennsylvania Railroad Company's New York terminal and approaches

图 1-3：http://yx.iqilu.com/yxql/2016/1227/3291252.shtml

图 1-4：中国铁路百年老站（2012 年）

图 1-5、图 1-16、图 1-13：黎熙摄影

图 1-6：王攀摄影

图 1-7、图 1-12：胡映东摄影

图 1-8：station to station

图 1-9：station to station

图 1-10：The Great Railroad Revolution —The History of Trains in America

图 1-11：舒浩洋拍摄

图 1-14：翁童摄影

图 1-15：和欣蕊根据资料绘制

图 1-17：杨晨拍摄

图 1-18：李雪松拍摄

图 1-19：殷邵哲拍摄

表 1-1、表 1-2：夏海山制表

【参考文献】

[1] 金士宣，徐文述．中国铁路发展史：1876—1949[M]．北京：中国铁道出版社，1986．

[2] 亢宾．凝固的历史，永恒的遗存：解读全国重点文物保护单位中的铁路文化遗产 [M]．北京：中国铁道出版社，2014．

[3] 中国铁路史编辑研究中心．中国铁路大事记：1876—1995[M]．北京：中国铁道出版社，1996．

[4] 铁道部档案史志中心．新中国铁路五十年：1949—1999[M]．北京：中国铁道出版社，1999．

[5] 颜吾佴，颜吾芟，许勇，等．北京交通史 [M]．北京：北京交通大学出版社，2008．

[6] 覃力，严建伟，王兴田．国外交通建筑 [M]．哈尔滨：黑龙江科学技术出版社，1995．

[7] 罗惇曧，李岳瑞．太平天国战纪·春冰室野乘 [M]．重庆：重庆出版社，1998．

[8] 《中国铁路建设史》编委会．中国铁路建设史 [M]．北京：中国铁道出版社，2003．

[9] 夏海山．废弃铁路与城市再生研究综述 [J]．世界建筑，2020（7）：10-16．

[10] 王渝生．中国铁路百年史话 [J]．科学世界，2014（2）：96-97．

[11] 董一平，侯斌超．工业遗产价值认知拓展：铁路遗产保护回顾 [J]．新建筑，2012（2）：22-27．

[12] 高志华．李鸿章与中国早期铁路 [J]．学术界，1999（3）：45-50．

[13] 段文，王似璞．世界铁路遗产保护与可持续利用的经验与启示 [J]．工业建筑，2023，53（S1）：6-12．

[14] 朱从兵．孙中山对近代世界铁路的认知述论 [J]．学术论坛，2003（5）：113-117．

[15] 牛淑贞．近代中东铁路东线各区域的中心城镇 [J]．地域文化研究，2023（6）：35-46．

[16] 王玉芝．中国第一条民营铁路：一个碧石铁路的启示 [J]．红河学院学报，2009，7（4）：15-19．

[17] 何悦，周莲．革命英雄主义精神对成昆铁路建设的推动作用研究 [J]．现代商贸工业，2023，44（10）：39-41．

[18] 中国铁路编辑部. 铁路第六次大提速为中国经济发展注入活力 [J]. 中国铁路, 2007 (6): 81.

[19] 胡鞍钢. 中国迈入全面建设世界经济强国新征程 [J]. 北京工业大学学报 (社会科学版), 2024, 24 (1): 1-22.

[20] 魏笑雨, 刘松茯. 中东铁路历史建筑 多种艺术风格的荟萃 [J]. 中国文化遗产, 2013 (1): 20-27.

[21] 刘抚英, 王倩, 王嵬, 等. 京张铁路北京西直门火车站考析 [J]. 新建筑, 2020 (3): 145-149.

[22] 才军, 董健菲, 萨莎. 舶来、耦合与内聚: 中东铁路站舍建筑的文化演化及现代影响研究 [J]. 当代建筑, 2023 (9): 116-119.

[23] 崔罡, 崔啸晨. 中国铁路史研究综述及展望 [J]. 西南交通大学学报 (社会科学版), 2016, 17 (5): 8-21.

[24] 马超, 郭军利, 张晓东, 等. 美国铁路发展历史及现状 [J]. 铁道运输与经济, 2011, 33 (9): 58-61.

[25] 彤新春. 从跟随到赶超: 中国铁路技术进步的策略分析 (1949—2019) [J]. 社会科学家, 2020 (7): 86-92.

[26] 宓汝成. 中国近代铁路发展史上民间创业活动 [J]. 中国经济史研究, 1994 (1): 66-89.

[27] 杨哲. 改革开放四十年来铁路思想政治工作成就及启示 [J]. 理论学习与探索, 2019 (2): 40-42.

[28] 韩福文, 王芳. 工业遗产的体系结构及其基本属性——以东北地区工业遗产为例 [J]. 沈阳师范大学学报 (社会科学版), 2011, 35 (6): 16-19.

[29] 范玉洁. 小议铁路交通性景观 [J]. 资源与人居环境, 2010 (24): 68-69.

[30] 董振平. 信息传递与五四运动 [J]. 齐鲁学刊, 2010 (2): 44-49.

[31] 闵杰. 民国初年商办铁路的收归国有 [C]// 中华民国史 (1912—1949) 国际学术讨论会论文集. 北京: 中国社会科学院近代史研究所, 2002: 269-282.

[32] 胡映东, 关一立. 北京市郊铁路遗产演进、现状与转型研究: 以门大线、良陈线及东北环线为例 [C]// 第七届建筑遗产保护与可持续发展天津学术会议论文集. 天津: 天津大学出版社, 2023: 181-188.

[33] 贾本义. 刍议中国铁路历史年代的划分 [C]// 北京市文物局, 北京博物馆学会. 北京博物馆学会第四届学术会议论文集. 北京: 北京燕山出版社, 2004: 620.

[34] 中国铁路太原局集团有限公司湖东电力机务段党委. 大秦重载精神 负重争先扛起重载铁路旗帜 勇于超越打造运输战略通道 [N]. 人民铁道, 2021-08-24 (2).

[35] 贾超. 文化线路视角下胶济铁路建筑遗产的研究与保护 [D]. 济南: 山东建筑大学, 2014.

[36] 闫鹏. 再利用视角下的美国铁路建筑遗产保护体系初探 [D]. 北京: 北京交通大学, 2021.

[37] 殷玥. 以转型为导向的铁路建筑遗产适应性再利用设计策略研究 [D]. 南京: 东南大学, 2017.

[38] 严田田. 哈尔滨城市空间营造研究: 多族群共同影响下的空间博弈 [D]. 武汉: 武汉大学, 2017.

[39] 张好真. 京汉铁路河南段站场聚落及建筑遗存研究 [D]. 武汉: 华中科技大学, 2022.

[40] 邱铁鑫. 文化自信视域下新中国铁路文化建设研究 [D]. 成都: 西南交通大学, 2020.

[41] 张晓龙. 陇海铁路宝兰段文化遗产构成与价值研究 [D]. 兰州: 兰州交通大学, 2022.

[42] 马国友. 铁路旅客车站设计研究: 以青岛站设计为例 [D]. 天津: 天津大学, 2008.

[43] 熊积红. 改革开放初期铁路企业思想政治工作研究: 对《人民铁道》报的内容分析 (1979—1982) [D]. 成都: 西南交通大学, 2022.

[44] 中国国家铁路集团有限公司. 我国高铁运营里程达到 4.5 万公里 [EB/OL] (2024-01-12) [2024-08-06]. http://www.china-railway.com.cn/xwzx/zhxw/202401/t20240112_132652.html.

第 2 章

铁路遗产的保护与利用

2.1 国外铁路遗产的保护与利用历程

2.1.1 价值认知期（1950—1970 年）

1. 以价值认知为基础

很长时期内铁路遗产的价值被忽视，甚至不被认作一类遗产，从消极保护到积极利用更是走过了漫长的六十余年。铁路遗产的命运改变是从人们重新认识其价值开始的。

在民间层面，第二次世界大战后随着城市重建和追求新事物的热潮，市区内大量工业革命时期的工业建筑被拆毁或改造，引发了一系列抗议和保护运动，许多与人们日常公共生活紧密联系，集技术与美学于一身的铁路和车站遭到废弃和拆除。怀旧心理与工业考古学激发了普通民众对 19 世纪遗产的认知与保护意识。1951 年，非营利组织"泰勒林铁路保护协会"成立，从破产的铁路企业手中买下铁路所有权，并重新运营。泰勒林铁路（Talylyn Railway）成为世界上第一条受保护的铁路线，是早期支线铁路线路保护和运营的典范。

在政府层面，政府开始用法律保护铁路遗存，受到如纽约宾州车站拆除事件的直接影响，1966 年，美国出台了历史建筑保护法律《国家历史保护法》。价值认知期间的事件、法案或保护机构见表 2-1。应该说，民间和政府在铁路遗产保护方面都发挥了巨大作用，也奠定了美国的遗产保护体系。

表 2-1　价值认知期间的事件、法案或保护机构

时间	事件	国家	民间 / 官方
19 世纪中期	1955 年，迈克尔·雷克斯《工业考古学》出版，"工业考古学"理论诞生	英国	民间
1951 年	泰勒林铁路保护协会成立	英国	民间
1963 年	纽约宾夕法尼亚车站被拆除	美国	民间
1964 年	《威尼斯宪章》颁布，即《国际古迹保护与修复宪章》	威尼斯	民间
1966 年	《国家历史保护法》颁布	美国	官方
1966 年	法国遗产保护联盟成立	法国	民间
1967 年	火车站历史协会成立	美国	民间
1967 年	《城市文化设施法案》提倡保护历史建筑与地段	英国	官方
1967 年	火车站历史协会（Railroad Station Historical Society）成立	英国	民间
1968 年	伦敦工业考古学会（GLIAS）成立	英国	民间
1968 年	《城乡规划法案修正案》颁布	英国	官方
1969 年	《历史性的美国工程记录法案》颁布	美国	官方

2. 拆除一座车站，诞生一部法律

1963 年，纽约宾夕法尼亚车站（New York Pennsylvania Station，简称为纽约宾州车站）被拆除，推动了美国一部重要遗产保护法律《国家历史保护法》的诞生。

1906 年前，纽约市中心曼哈顿岛的旅客若要搭乘火车，必须乘坐渡船渡过哈得孙河并在对岸乘坐火车，因此曼哈顿对岸的泽西市被 5 家铁路公司的火车站挤得水泄不通（见图 2-1）。哪家铁路公司能把铁路铺进曼哈顿岛，哪家就控制了纽约交通。纽约中央铁路公司建成了大中央车站。1910 年，宾夕法尼亚铁路公司建造铁路地下隧道并建成宾州车站。

纽约宾州车站是一座由花岗岩、钢和玻璃建造，以希腊多立克式柱廊环绕的庞大古典风格建筑，也是一座交通高效、设施齐备的综合交通枢纽（见图 2-2）。车站内商店、餐厅、休息室等设施一应俱全，铁路、地铁、公交、出租车等交通工具在地下和地上方便地换乘衔接。该站每天到发大量城际列车，每年迎送旅客达 1 800 万人。

为应对铁路衰退和经营危机，1961 年，宾夕法尼亚铁路公司决定拆除车站并出让铁路上方土地。作为 20 世纪 60 年代铁路大萧条的标志性事件，车站拆除引发国内外众多争议和公众人物抗议。纽约时报编辑评论："直到第一次爆破拆除之前，没有人相信宾州车站会被拆除；没有人会相信纽约政府竟然容忍这种有着罗马时代典雅、高大、精致的建筑瑰宝，遭受史无前例的破坏！"

纽约宾州车站拆除等事件造成巨大的社会反响，推动政府立法以保护历史遗存。1965 年，诞生了纽约市地标保护委员会（New York City Landmarks Preservation Commission）和纽约《城市地标保护法》，法案称不仅要保护物质层面的地标，更要保护经历时间沉淀和人们生活记忆累积而成的精神地标。1966 年，联邦政府出台《国家历史保护法》，奠定了美国遗产保护体系的基础。一座车站的死亡，保护了美国众多优秀的历史建筑免遭拆除。

与此相似，1962 年，"尤斯顿拱门"事件对于英国遗产保护、英国建筑登录制度等相关立法及执行都产生了深远影响。保护实践让人们逐渐认识到，历史、艺术、社会等多元价值认知只有与经济价值相统一，转变为铁路所有者直接的经济利益，才能有效推动铁路遗产保护，为下一阶段铁路遗产的利用开启了新的时代。

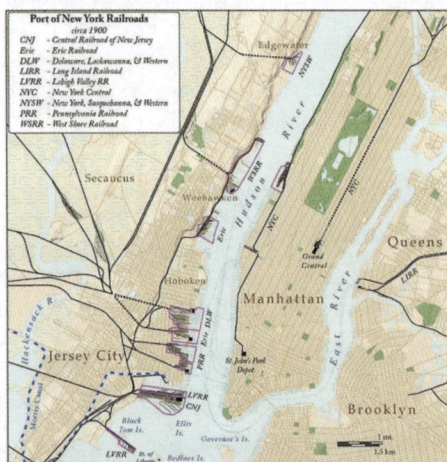

图 2-1　曼哈顿对岸的多座火车终点站

图 2-2　纽约宾州车站拥有神殿般宏伟壮美的大厅

2.1.2　铁路遗产的利用初始期（1970—1985 年）

1. 从保护走向利用

从 20 世纪 70 年代起，西方已形成较系统的工业遗产认识价值体系，更重视工业遗产的利用和价值拓展，从早期的大拆大建转向通过翻新来提高建筑的物理品质。越来越多的铁路遗产得到重生，例如，法国奥赛火车站在 1983 年被改造为奥赛美术馆，美国圣路易斯联合车站在 1985 年被改造为集商业、餐饮、酒店于一体的商业综合体（见图 2-3），英国曼彻斯特中央车站在 1979—1986 年间被改造为会展中心。

图 2-3　圣路易斯联合车站于 1985 年被改造为商业休闲综合体

伴随着大规模的线路关闭，政府和民众也在寻求废弃线路的用途，包括恢复铁路运营、保留原铁路公司未来的通行权下改造为铁路绿道等休闲设施（《铁路储存法案》，1983 年），以及用作市中心的商业设施开发。适用初始期的事件、法案或保护机构见表 2-2。

表 2-2　适用初始期的事件、法案或保护机构

时间	事件	国家	民间/官方
1972 年	联合国教科文组织《世界遗产公约》	国际	官方
1975 年	遗产保护机构 Save Britain's Heritage 成立	英国	民间
1975 年	利物浦路车站保护协会	英国	民间
1978 年	奥赛车站被登记保护，并于 1986 年改造为美术馆	法国	官方
1979 年	《巴拉宪章》，提出遗产保护应包含"场所"	澳大利亚	民间

时间	事件	国家	民间/官方
1980 年	美国《斯塔格斯铁路法》解除铁路管制，允许线路废弃	美国	官方
1981 年	《联合车站再开发法案》通过	美国	官方
1983 年	利物浦路车站被等级保护，改造为工业与科学博物馆	英国	官方
1983 年	《铁路储存法案》通过，解决废弃铁路再利用的权属问题，废弃铁路变为游憩、慢跑等线性绿地成为可能	美国	官方
1984 年	"铁路遗产信托"成立，为铁路登录建筑保护提供经费	英国	民间

2. 曼彻斯特利物浦路车站和中央车站的保护利用

曼彻斯特地区是英国工业革命的发源地，铁路高架桥、运河及码头、多层红砖仓库构成了工业城市的景观要素。20 世纪 70 年代末至 80 年代，政府通过如利物浦路车站改造为科学与工业博物馆（Science and Industry Museum）、中央车站改造为城市会展中心等项目，以公共项目带动周边环境和人气提升，挖掘工业遗产价值。

在 1962 年开始的"工业文物普查"中，利物浦路车站站长楼、候车楼和 1830 年的仓库被列为一级登录建筑，建于 1880 年的大西仓库被列为二级登录建筑。1975 年，该站关闭后，在"利物浦路车站保护协会"等民间组织大力倡导下，1975 年最终得到政府和铁路局的支持，车站得到改造并举办利物浦—曼彻斯特线通车 150 周年纪念活动。铁路局以 1 英镑的象征性价格将车站及土地转让给博物馆的管理方——大曼彻斯特议会，并出资 10 万英镑用于维修改造。1983 年，科学与工业博物馆开馆，维持了原有建筑风貌，并保留了一段轨道以供古老蒸汽机车的乘坐体验。

曼彻斯特中央车站 1880 年投入运营，是一座典型的 19 世纪维多利亚式车站，单跨跨度 64 m，高 27 m，长 169 m，艺术和工程技术价值极高。该车站于 1969 年停运，1978 年，该市议会购买并将其改造为多功能会展中心。作为卡斯菲尔德地区重要的城市更新项目，大量的行业展会促进了地区商贸交流，吸引许多地产开发公司效仿加入对该区工业遗产的改造，吸引大量资本和人员涌入，增加了地区活力。

2.1.3 改造升级期——片区更新（1985—2000 年）

1. 保留与改变

20 世纪中叶以来，英国城市政策的核心是城市再开发和城市更新，特别是 70 年代经济萧条使得国家无力控制，反而促使地方和社区在经济与社会方面寻求自我发展和更新的动力。当时的背景下，遗产再生不仅是改善建筑环境，更多的是为了实现经济、社会及环境的可持续发展。1994 年，英国铁路施行私有化，以降低政府财政压力。一系列围绕车站的再生实践，如伯明翰布尔林火车站的城市中心区再生、曼彻斯特皮卡迪利车站改扩建，提高了民众和政府对铁路的认可度，围绕火车站展开的新一轮城市开发使得铁路重新回归城市中心，长途及短途旅游的铁路客运量也大幅回升到了1950年的水平。

自1985年以来，随着高速铁路的问世，铁路车站不断被改造升级，车站由原先功能单一的车站单体建筑向城市交通综合体转型，成为城市门户并带动区域更新发展。改造升级期的事件、法案或保护机构见表2-3。

表2-3 改造升级期的事件、法案或保护机构

时间	事件	国家	民间/官方
1985年	铁路遗产信托基金（Railway Heritage Trust）设立	英国	官方
1986年	铁路变游径保护协会（Rails-to-Trails Conservancy）成立	美国	民间
1990年	铁路遗产委员会（RHC）成立	英国	官方
1998年	塞默林铁路是第一条入选世界遗产名录的铁路线	国际	民间
1999年	印度大吉岭喜马拉雅铁路入选世界遗产名录	国际	民间

2. 历史车站激活的工业遗产片区更新

19世纪60年代后，伦敦国王十字片区不仅有2座著名车站及大片铁路用地，还拥有工业革命时期遗留的众多登录保护建筑，如仓库、煤气罐等，铁路衰落而使得这里沦为贫民窟，土地价值低但投资开发潜力大。1989年，英国铁路局提议将它打造为一个集交通、商业、教育、娱乐、居住于一体的新兴片区，这符合伦敦当时的有机疏解政策，能减少去往伦敦市中心的通勤量。目前，该片区成为新的城市门户形象，也是职住平衡的典范。

圣潘克拉斯车站（Sint Pancras railway station）坐落在大英图书馆和国王十字车站之间，于1868年开始运营，比1852年的国王十字车站要晚26年。但与国王十字车站持续运营和繁荣不同，圣潘克拉斯车站经历了繁荣—衰败—复兴的起伏，20世纪30年代因其"伪中世纪"的哥特式建筑外表而险遭推倒重建。1967年，该站被列入保护建筑登录名单，但此时运营线路已寥寥无几，车站面临关闭而不再维护，被改作临时仓库，周边区域人烟稀少而不安全。1993年，因被选作英法海底隧道枢纽站得以重生，这座1998年被英国遗产协会认定为"高危建筑"的车站才得到修复和加建，成为2000年欧洲之星国际列车的停靠站。这一座传统与时尚并举的现代交通枢纽，与国王十字车站共同促进了片区更新。

2.1.4 多元利用期——整体保护（2000年至今）

1. 多元价值保护与利用

自从1998年第一处铁路遗产入录《世界遗产名录》以来，至今已有4条线路和1处火车站被收录，全方位展现了世界遗产对于铁路遗产普遍性价值和独有价值的认定标准，也为各国铁路遗产保护指明了方向。

铁路遗产由散点或单一线路的保护利用，向多类型、多层面、成体系方向发展。某一区域或铁路遗产廊道内的一系列遗产，被环环相扣或以层层嵌套的方式进行整合，使得各种遗产形态都有适合的保护与利用方式，例如，一条正常运营线路可以兼作遗产铁路，串联起交通线路及相关设施，还包括沿线的车站、铁路工厂、库房等重点建筑要素，以及城乡聚落和自然景观资源。点状建筑设施可作为文博展示、商业开发等用途，机车等可移动铁路遗产得以静态展示或动态乘坐体验，最重要的是物质遗产背后的文化和精神属性得到重视和传承。

以美国最大的城市更新项目——亚特兰大铁路环线为例，长约 37 km 的环形废弃铁路见证了百年来工业的发展和衰落。改造内容包括把旧铁轨变为有轨电车、步道和骑行道组成的城市公共交通系统，并串联一系列城市公共空间、邻里社区和景点，对公共空间进行活化，实现"汽车主导"的城市蔓延向"以人为本"城市的转变，以对抗大城市病。多元利用期的事件、法案或保护机构见表 2-4。

表 2-4　多元利用期的事件、法案或保护机构

时间	事件	国家	民间 / 官方
2003 年	工业遗产保护的《下塔吉尔宪章》发布	国际	民间
2004 年	贾特拉帕蒂·希瓦吉终点站入选世界遗产名录	国际	民间
2008 年	阿尔布拉／贝尔尼纳景观中的雷迪亚铁路	国际	民间
2013 年	历史铁路遗产（Historical Railways Estate）由交通局设立，与铁路遗产信托基金共同负责英国铁路遗产的保护和登录	英国	官方
2021 年	伊朗横贯铁路入选世界遗产名录	国际	民间

2. 世界遗产伊朗纵贯铁路的整体保护实践

伊朗纵贯铁路（Trans-Iranian Railway）是最新被列入《世界遗产名录》的铁路遗产，被视为伊朗近代经济、政治、商业、社会、文化乃至如今旅游发展的转折点，促进了与西亚国家及欧洲和其他地区的国际贸易和文化交往，极大推动了伊朗现代化进程。该铁路始建于 1927 年，1938 年竣工，全长 1 394 km，连接了东北部的里海与西南部的波斯湾，沿途有 89 个车站。该工程因克服陡峭路线和其他困难而闻名，涉及多处大规模的山体切割，建造了 174 座大型桥梁、186 座小型桥梁和 224 条隧道，其中包括 11 条螺旋隧道。

虽然起步较晚，但该铁路吸取了其他国家铁路建造的经验教训，如国家出资以避免外国投资和控制、采用标准轨距以便未来与欧洲相连；尽管山区崎岖但控制了适度的坡度；启用强大的牵引机车；航空摄影测量来优化路线；聘请世界上最好的设计人才等。

在保护方面，该铁路接受世界遗产和国家的双重保护，沿线划定了 5 784 hm² 保护范围和 32 755 hm² 保护缓冲区，22 处被列入国家文保的铁路遗产建筑和构筑物受到伊朗法律保护和国际遗产组织监督。伊朗文化遗产、旅游和手工艺品部（IMCHTH）与伊朗铁路公司共同实施保护，下属指导委员会进行管理和内外、跨部门协调。制订了

全面的管理与保护计划,包括清点、规划、实施、恢复、维护、监督、评估和反馈的遗产保护与管理计划。因此,铁路的铁轨、隧道、桥梁、火车站、建筑物和其他附属物在位置、环境、形式、风格、材料、功能等各个方面状态完好,即使某些元素已经升级或更换,如部分路段被扩大或改造、电气化运营,但基本维持了真实性、完整性、技术功能及社会用途。

在利用方面,作为一条仍在正常运营的线路和旅游铁路,列车运营为当地村庄和城镇提供服务,定期举办展览和文化节推介文化特色和当地产品,并促进南部游牧移民使用该线路,保护了传统生活方式。通过对车站、轨道、车间和辅助建筑设施、历史机车车辆、档案、铁路相关物品的清点,设立德黑兰火车站等8处铁路博物馆,收集散落在沿线的旧机车车辆,并开展生态旅游、餐饮、休闲体育等功能的再利用探索和实践。

2.2 中国铁路遗产的保护与利用现状

2.2.1 保护与利用概况

1. 不可移动铁路遗产保护

中国的铁路遗产保护和利用起步较晚。在中国铁路遗产保护进程中,许多关键性事件改变了政府、铁路及社会团体、个人对于铁路遗产的认识,如1992年拆除津浦铁路济南车站引起了巨大争议。该站建于1899年,是当时亚洲最大的火车站。它的拆除推动了铁路行业、文物等政府主管部门、学界对于我国铁路发展历程中具有重要历史和技术价值的关键历史遗存的高度重视,不可移动的铁路建筑物、构筑物也开始进入文物保护领域。

按重要性可将遗产分为国家级、区域级和地方级。全国重点文物保护单位、国家工业遗产名单是通过国家政策干预方式对重要的铁路遗产予以保护和传承;省级文物保护单位是对区域内重要交通枢纽及其历史风貌和技术成就的保护与传承;地方级则更重视当地独特铁路遗产风貌,记录当地科技人文的变化。

20世纪80年代初,铁道部科学技术馆成立、印发《铁路科学技术档案管理规则》,标志着铁路历史文化和遗存保护工作正式起步。2000年前后,铁路遗产保护逐渐得到政府层面重视,2014年,铁路不可移动文物首次进入第五批全国重点文物保护单位名单,截至第八批已有28处入选。铁路遗产保护体系在国家层面形成3种管理途径,分别是全国重点文物保护名单、中国工业遗产保护名录、国家工业遗产名单,形成了一个多层次、多角度的保护框架。

1)全国重点文物保护名单

表2-5为第五~八批全国重点文物保护名单中相关的铁路遗产。

表 2-5　第五～八批全国重点文物保护名单中相关的铁路遗产

批次	入选总数	名称	年份	地址
第五批	518 处 增补 3 处	大智门火车站	1903 年	湖北省武汉市
		武汉詹天佑故居	1912 年	湖北省武汉市
第六批	1 080 处 增补 1 处	五家寨铁路桥	清代	云南省屏边苗族自治县
		鸭绿江断桥	1911 年	辽宁省丹东市
		钱塘江大桥	1937 年	浙江省杭州市
		中东铁路建筑群	清代	黑龙江省海林市
		鸡街火车站	1921 年	云南省个旧市
第七批	1 943 处 增补 1 处	京张铁路南口段至八达岭段	1901 年	北京市
		长辛店"二七"大罢工旧址	1923 年	北京市
		塘沽火车站旧址	1888 年	天津市
		老天津西站主楼	1910 年	天津市
		滦河大桥	1894 年	河北省滦州市
		辽宁总站旧址	1930 年	辽宁省沈阳市
		奉海铁路局旧址	1931 年	辽宁省沈阳市
		吉海铁路总站旧址	1929 年	吉林省吉林市
		浦口火车站旧址	1914 年	江苏省南京市
		原胶济铁路济南站现代建筑群	1915 年	山东省济南市
		济南泺口黄河铁路大桥	1912 年	山东省济南市
		京汉铁路总工会旧址	1923 年	湖北省武汉市
		广九铁路石龙南桥	1907 年	广东省东莞市
		滇越铁路碧色寨车站	1909 年	云南省蒙自县
		武汉长江大桥	1957 年	湖北省武汉市
第八批	762 处	北京站车站大楼	1959 年	北京市
		新开河火车站旧址	1903 年	天津市
		白塔火车站旧址	1921 年	内蒙古呼和浩特市
		津浦铁路淮河大铁桥	1911 年	安徽省蚌埠市
		兴隆庄火车站站舍旧址	1915 年	河南省开封市
		滇缅铁路禄丰炼象关桥隧群	1942 年	云南省楚雄彝族自治州
（注：未列入并入前批次名单的项目，未列入部分包含铁路遗产的项目）				

2）中国工业遗产保护名录

中国工业遗产保护名录由中国科协调研宣传部认定，2018—2023 年间已认定并发布了 3 批共 300 项。根据中国铁道博物馆 2023 年的数据统计，其中以铁路元素为主体的有 41 项，包括唐山铁路遗址、中东铁路、胶济铁路、滇越铁路、京张铁路、京奉铁路、京汉铁路、成渝铁路、成昆铁路等线路，二七机车厂、浦镇机厂、津浦铁路局济南机器厂、株洲总机厂、唐胥铁路修理厂等铁路工厂，滦河铁桥、郑州黄河铁路桥、济南泺口黄河铁路大桥等铁路桥梁，以及北京站。另有以其他元素为主体，但主要遗存中包含铁路元素的 37 项。

3）国家工业遗产名单

国家工业遗产名单的认定机构是工业和信息化部。2017—2021 年已认定并发布了 5 批共 194 项，主要遗存中含有铁路元素的有 30 项。表 2-6 为第三～五批国家工业遗产名单中相关的铁路遗产。

表 2-6　第三～五批国家工业遗产名单中相关的铁路遗产

批次	入选总数	名称	年份	地址
第三批	49 项	龙江森工桦南森林铁路	1953 年	黑龙江省佳木斯市
第四批	62 项	津浦铁路局济南机器厂	1910 年	山东省济南市
		粤汉铁路株洲总机厂	1936 年	湖南省株洲市
第五批	31 项	常州戚墅堰机厂	1936 年	江苏省常州市

注：未列入主要遗产中含有铁路元素的项目。

截至 2023 年 6 月，全国铁路行业有可列为工业遗产的不可移动文物和建筑 327 处（见图 2-4～图 2-6）。从年代上，建于清代的占 54%，建于民国时期的占 39%，建于新中国成立后的占 7%。包括中东铁路、京张铁路南口至八达岭段、胶济铁路、云南米轨铁路等不同时期的铁路建筑群，都具有重要的历史和文化价值。

图 2-4　京张铁路青龙桥车站人字形铁路

图 2-5　建于 1903 年的中东铁路横道河子扇形机车库

2. 可移动铁路遗产保护

建立了各级铁路专题博物馆，针对机车、车辆、设备、信号系统等铁路设施，以及资料、票证、证章、服装服饰、界碑碑石、图纸图册、勘探设计工具等文献与实物，进行系统整理、收藏、展陈、研究和教育，如中国铁道博物馆（1978 年）、香港铁路博物馆（1985 年）、上海铁路博物馆（2004 年）、沈阳铁路陈列馆（2011 年，见图 2-7）、中国铁路源头博物馆（2018 年）、广州铁路博物馆（2022 年），成为多维度呈现铁路发展史的重要窗口。其中中国铁道博物馆 2012 年完成首批馆藏文物等级鉴定，认定国家一级文物 44 件套、二级文物 21 件套、三级文物 12 件套，包括第一代"毛泽东号"蒸汽机车、东风 4 型 0001 号内燃机车等国家一级文物。

图 2-7　沈阳铁路陈列馆（苏家屯）展陈的各式历史机车

3. 多种形式的铁路遗产保护与利用

早年间，在交通设施升级改造时常会拆除历史站房，在原址上建造新站，从如今的视角看会认为这种方式存在不足。目前国内铁路遗产保护与利用的方式更多元，但

图 2-6　建于 1935 年的牡丹江机务段扇形检修库

总体而言功能置换和文博展示的比例较大，而能够正常运营和作为遗产铁路线路进行文旅开发的比例相对较小，大量潜在遗产尚未得到挖掘和重视。保护与利用模式见表 2-7。

表 2-7　保护与利用模式

保护类型	名称	保护 / 利用时间	基本特征
正常运营	个碧石铁路	—	1915 年运营至今，2015 年在建水东至团山间开行米轨铁路的建水古城旅游小火车
	京张铁路	—	京张铁路南口段至八达岭段第七批全国重点文物保护单位，2008 年开行市郊铁路 S2 线
文旅开发	四川芭石铁路嘉阳小火车	2004 年	活态的铁路与工业遗产文旅线路、复古列车
功能置换	胶济铁路坊子段	2008 年	坊茨小镇、文化艺术园区
	鹰厦铁路延伸线	2011 年	厦门铁路文化带状公园
	京张铁路	2023 年	京张铁路遗址公园全长 9 km，一期于 2023 年开放，首个铁路与地方共同合作建设的公园
文博展示	北京正阳门火车站	2010 年	中国铁路博物馆正阳门馆
改扩建与地区开发模式	成都机车厂（中车成都公司前身）	2019 年	中车共享城占地 422 亩，原厂区打造成一个多功能共享微城市
废弃封存模式	77 台各型蒸汽机车	2010 年	大安北机车封存基地是全国机型最全、台数最多的机车封存基地

2.2.1　保护与利用的不足

国外也同样经历了铁路遗产不被认知、遭受破坏的时期，但在政府、保护组织、铁路爱好者的推动下已建立了较完整的保护体系，探索了多样化的利用途径。与铁路遗产保护中拥有完善的法律法规、利益相关者与民众的广泛参与、多渠道的资金激励措施的国家对比，中国还有诸多不足之处，具体如下。

1．未能充分尊重利益相关者诉求

获得利益相关者的认同，在保护中寻求合适的经济目标，是铁路遗产保护需要考虑的重要因素。缺乏保护与利用机制，使得很多铁路遗产和线路走上一条"老化—退出运营—维护缺失—安全隐患—废弃拆除"的不归之路。应增进相关铁路企业、城市管理者、企业、组织、民众的参与及各自利益诉求的满足，有利于更协调、有效、可持续地实行保护和利用。

2．调查研究不足

中国铁路已愈百年历史，目前又处于高速铁路网络优化的建设时期，线路和车站设施因而面临调整甚至关闭，不断有运营线路和建筑、设施等潜在遗产因脱离生产状态而被忽视或失控，一部分铁路遗产因历史信息的缺乏而遭受损坏或拆除。因此，持续且全面的普查和价值评估、遗产数据化和信息网络化、建立遗产和潜在遗产项目库、保持日常跟踪都十分必要。

3．忽视整体保护

应加强环境观和系统观，开展遗产保护规划，鼓励维护线路的运营状态。仅关注铁路本身等核心区域，而忽视铁路沿线视线所覆盖的遗产缓冲区内的自然和历史环境，会让遗产成为"孤岛"。

4．建设引起破坏

平衡保护与发展的问题。避免铁路设施升级改造对铁路遗产造成不经意的破坏，或者因追逐经济利益而让步于地产开发。

5．利用方式较单一

利用方式以铁路博物馆和铁路主题公园为主，未能充分发掘遗产铁路活态运营及铁路遗产功能置换带来的经济和文化价值。动态保护的机制有待建立，吸引民众的关注和铁路部门、文旅企业等更多保护力量的投入。如果只保护而不善加利用，轻则削弱其价值，重则因其脱离时代与环境而加速损坏。应加强铁路遗产营销推广，在利用中更好地保护。

6．缺乏民众参与

除了完善的保护制度和机制，铁路线路设施的安全使用和日常维护，以及民众监督和参与至关重要，也避免疏于维护而不得已进行损坏性大的修复。遗产活化利用大多由政府主导，加上路地双方权益不明，民间组织和公众力量微薄，缺乏民间非营利组织的信托资金支持，参与机制不健全等困境，常阻碍了各方有效参与到铁路遗产保护博弈中。

2.3 铁路遗产的保护与利用模式

1. 正常运营模式

维持铁路正常运营是世界遗产认定标准中明确肯定、各国普遍认同的铁路遗产保护利用方式。代表案例如塞默林铁路、印度大吉岭喜马拉雅铁路、印度贾特拉帕蒂·希瓦吉·摩诃罗阇终点站、布达佩斯一号线、纽约中央车站、日本五能线、泰国美功铁道市场、西伯利亚铁路、中东铁路、青藏铁路等。

2. 文旅开发模式

采用租借、收购或合作的方式，维持其原有线路的铁路运输功能，或开行旅游小火车，维持铁路的真实性和完整性。对于交通运输量不足而濒临或已经废弃拆毁的线路，让铁路用起来、活起来是较为理想的方式。代表案例如京都嵯峨野观光线、雷蒂亚铁路、阿根廷乌斯怀亚火车站、达尼丁火车站峡谷观光列车、滇越铁路、台湾平溪线等。

3. 功能置换模式

将铁路设施和建筑进行功能置换，改为线性公园、休闲步道、产业园区、商业零售、酒店、会展中心及功能综合体，实现社会、历史、艺术、经济、情感等铁路遗产多元价值的实现。代表案例如纽约高线公园、京张铁路遗址公园、哈勒姆峡河谷铁路小径、辛辛那提联合车站博物馆中心、圣路易斯联合车站等。

4. 文博展示模式

采用静态展出和动态体验结合的收藏、数字化及展示方式。体验方式包括但不限于进入机车和车辆参访、乘坐运营车辆、虚拟驾驶模拟、信号场景还原等，满足人们对于铁路的好奇心和探索欲。代表案例如英国国家铁路博物馆、佐治亚州铁路博物馆、奥赛美术馆、中国铁道博物馆东郊展馆、新南威尔士州铁路博物馆等。

5. 改扩建与地区开发模式

通过交通设施功能提升和铁路建筑改扩建，赋予铁路遗产更多公共服务、商业休闲、文化教育等复合功能，引导并实现城市更新和区域复兴。代表案例如国王十字车站、圣潘克拉斯、丹佛联合车站。

6. 废弃封存模式

废弃封存也是遗产保护的一类状态，但并非弃之不顾，除定期检查和维修，更应积极寻找机遇。很多案例是非营利组织经过多年的守护和培育后才获得新生，需要积极联络铁路资产所有者、政府、相关利益者，寻求恰当的租借、转让机会与价格，并吸引公众关注和参与，为遗产恢复运营或功能置换奠定基础。代表案例如布法罗中央火车站。

【图表来源】

图 2-1：https://www.douban.com/note/657941054/

图 2-2：https://www.douban.com/note/657941054/

图 2-3、图 2-6、图 2-7：胡映东摄影

图 2-4：袁明方摄影

图 2-5：罗春晓摄影

表 2-1~表 2-7：胡映东制表

【参考文献】

[1] 段丹洁. 工业遗产里的中国铁路故事：访中国铁道博物馆馆长李春冀 [EB/OL]（2023-07-06）
    [2024-08-01]．https://www.cssn.cn/skgz/bwyc/202307/t20230706_5666250.shtml.

[2] 亢宾. 凝固的历史，永恒的遗存：解读全国重点文物保护单位中的铁路文化遗产 [M]. 北京：中国
    铁道出版社，2014.

[3] BURMAN P, STRATTON M. Conserving the Railway Heritage[M]. London：Taylor & Francis Group，
    1988.

[4] 刘伯英，冯钟平. 城市工业用地更新与工业遗产保护 [M]. 北京：中国建筑工业出版社，2009.

[5] 铁道部档案史志中心. 新中国铁路五十年（1949—1999）[M]. 北京：中国铁道出版社，1999.

[6] 谢彬. 中国铁道史（下）[M]. 北京：知识产权出版社，2015.

[7] 夏海山. 废弃铁路与城市再生研究综述 [J]. 世界建筑，2020（7）：10-16.

[8] 代书剑，夏海山. 基于再生价值的城市废弃铁路沿线空间重构策略：亚特兰大环线对我国废弃铁
    路再生的启示 [J]. 世界建筑，2020（7）：34-39.

[9] 田璐瑶，宁雅萱，尹豪. 英国铁路遗产景观发展历程与保护利用策略 [J]. 工业建筑，2021，
    51（9）：222-229.

[10] 常江，宋昱晨，高祥冠. 我国铁路工业遗产保护利用研究进展 [J]. 中外建筑，2021（10）：94-99.

[11] 张红喜，魏卫. 美丽中国视角下的铁路文化活化与国家铁路旅游品牌建设 [J]. 旅游学刊，2021，
    36（12）：5-6.

[12] 时寅，陈鹏. 城市更新视角下超大城市铁路遗产区域的保护更新策略初探 [J]. 工业建筑，2023，
    53（6）：51-58.

[13] 张如彬. 美国的历史文化遗产保护及其与其他发达国家的发展比较 [J]. 中国名城，2011（8）：
    51-58.

[14] 戴小犇，杜量. 纽约与深圳的两个 100 年 [J]. 世界建筑导报，2014，29（6）：16-19.

[15] 赵梅. 正阳门东站的历史变迁：中国铁道博物馆主馆馆址的由来 [J]. 中国博物馆，2012（1）：
    81-83.

[16] 袁梦茹. 津浦铁路界碑：火车拉来城市的物证 [J]. 文物鉴定与鉴赏，2021（11）：33-35.

[17] 殷玥. 以转型为导向的铁路建筑遗产适应性再利用设计策略研究 [D]. 南京：东南大学，2017.

[18] 闫鹏. 再利用视角下的美国铁路建筑遗产保护体系初探 [D]. 北京：北京交通大学，2021.

[19] 韩沛书. 英国铁路建筑遗产保护理论与实践研究 [D]. 西安：西安建筑科技大学，2016.

第3章

铁路遗产价值认定

3.1 铁路遗产价值构成

铁路是工业化进程的见证、区域经济发展的推动力、对外交流与殖民侵略等复杂国际关系的历史见证，对增强区域之间的经济和文化交流，促进国家的统一和稳定具有重要意义。因此，铁路遗产要素是由多层级构成的，按照铁路遗产要素的形态分为3个层次的要素类型：物质要素、运输要素、精神要素（见图3-1）。以物为基础，承载人的活动和交通伴生的行为，最终凝练成以时间为基础的历史凝练的精神。

1. 物质（器物）要素

物质要素涵盖建筑遗产、技术设备、空间环境等实物遗产。包括铁路站房、桥梁、隧道等铁路基础设施相关的建筑物，也包括机车、机器设备、信号系统等与铁路运营维护相关的技术和设备，还包括沿途线路的自然风景、地貌、水体等与铁路相互作用的自然元素等。物质（器物）要素是铁路建设与运营发展的基础，具备重要的历史、文化和艺术价值，是工程器物层面的文化要素。

2. 运输（行为）要素

运输要素主要包括生产建设、运营活动、管理机制等行为层面的要素，是铁路运输生产与生活过程中能够留存的各种活动记忆和记录。

3. 精神（观念）要素

精神要素包括人物事件、历史记忆、铁路精神等，包括与铁路相关的理论观念、文化理想、人文精神，是观念与意识形态等精神层面的文化要素。精神要素是更高层级的要素，是在铁路生产生活之上体现出与铁路价值表达相关的铁路精神、文化记忆等，如詹天佑精神。

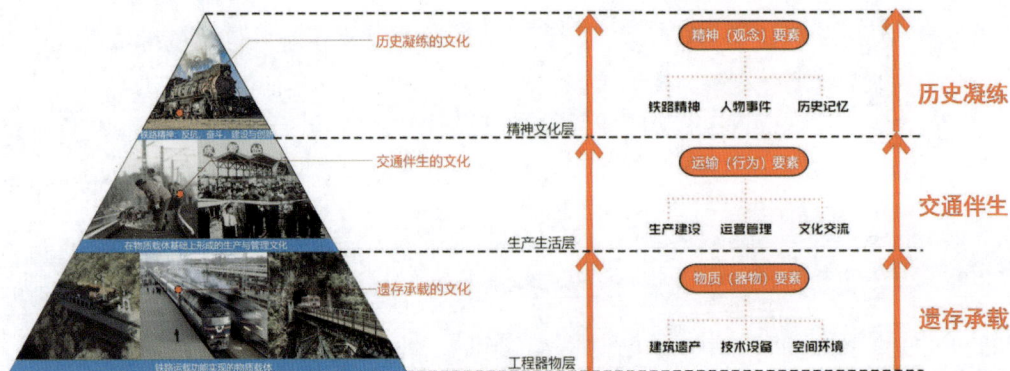

图 3-1 铁路遗产要素的构成层级

遗产的价值认知是遗产保护和再利用的基础。1984年，美国学者威廉·莱普（Willam D. Lipe）曾以文化价值和经济价值来建构遗产的价值体系。2000年，澳大利亚学者戴维·思罗斯比（David Throsby）提出文化经济的概念，在其著作《经济学与文化》中也将遗产价值分为文化价值和经济价值。铁路遗产要素的 3 个形态层级见表 3-1。

表 3-1 铁路遗产要素的 3 个形态层级

类型	范畴	内涵	实例
物质（器物）要素	建筑遗产	铁路站房、车站建筑、桥梁、隧道、仓库等铁路基础设施相关的建筑物	
	技术设备	机车、车辆、设备、信号系统等与铁路运营和维护相关的技术和设备	
	空间环境	沿途线路的自然地貌、环境特征等与铁路环境相互作用的廊道空间环境	
运输（行为）要素	生产活动	反映铁路建造过程的施工建造、劳动制度、生产组织等方面的生产活动	
	运营管理	与铁路相关的铁路运营组织与管理	
	管理机制	铁路对当地社会经济、文化、社交关系等方面的影响，以及铁路建设和运营中的社会参与和治理机制	
精神（观念）要素	历史人物	铁路历史上的人物、决策，以及铁路在国家或地区历史中的地位和作用	
	重大事件	铁路历史上的重要运动、建设事件等	
	铁路精神	铁路发展过程中的精神，体现社会变迁和文化进步	

3.1.1 文化价值

遗产的文化价值早在 1931 年第一届历史纪念物建筑师及技师国际会议上通过的《关于历史性纪念物修复的雅典宪章》（简称《雅典宪章》）中就有明确阐述，可细分为历史价值、艺术价值与科学技术价值。《雅典宪章》第一次以国际文件的形式确定了古迹遗址保护的原则，并达成国际共识。

1. 历史价值

铁路遗产承载着特有的历史信息，伴随并记录了铁路建造和时代演进，见证了 19 世纪以来社会、政治、经济、文化的发展、变迁和更替。从不同国家的纲领文件中，可以看到各国对遗产历史价值的不同理解，关注生产、生活、思想、风俗和社会风尚的方方面面。铁路遗产不仅经历了诸多历史大事件，也见证了平常百姓的日常生活，因而被赋予丰富的内涵和历史价值（见表 3-2 与图 3-2）。

表 3-2　英、加、美 3 国纲领文件定义的历史价值

国家	英国	加拿大	美国
历史价值	1. 历史重要性、重要历史成就、人物（著名技师、工程师、建筑师、企业家、公司等）或事件。 2. 展示历史上的重要方面，如国家社会、经济、文化或军事史方面	1. 重要的国家历史人物或事件。 2. 联想和象征价值全部或部分地阐释或象征了某一文化传统、生活方式或精神理念。 3. 对某一文化团体有重要象征性，对某一地区发展有重要影响。 4. 有教育和展示价值	1. 与重要的历史事件或人物有关联。 2. 为国家或地区的历史和发展作出贡献。 3. 象征某些伟大理念或理想
纲领文件	《在册古迹总体评定标准》和《登录建筑总体评定标准》	《标准，通用导则 & 专门导则评估——具有国家历史意义潜力的对象》和《考古资源的管理导则》	《国家历史地标标准》和《土木工程地标的标准》

1）伦敦帕丁顿车站

自 1938 年以来，帕丁顿车站（Paddington Station）一直是大西部铁路（Great Western Railway）在伦敦的终点站，1901 年曾作为维多利亚女王送葬队伍的中转站。第二次世界大战期间，该站遭受破坏但主体结构得以保留。为纪念车站设计者，保护机构在站台立了一尊工程师布鲁内尔的坐像。

2）哈尔滨中央车站

建于 1904 年的哈尔滨中央车站是中东铁路的枢纽站。这里发生过震惊世界的朝鲜爱国人士安重根刺杀伊藤博文的事件。1909 年 10 月 26 日，日本前内阁总理大臣伊藤博文乘专列到哈尔滨，在车站月台上被朝鲜志士安重根击毙。

3）尚志站

1933 年，抗日英雄赵尚志在乌吉密河建立了抗日游击队，在铁路工人配合下多次袭击日本军车、线路和车站，令日寇闻风丧胆。1947 年，为纪念这段抗日传奇，将建于 1899 年的珠河站改名为尚志站。

（a）1901 年维多利亚女王送葬队伍到达帕丁顿车站　　（b）哈尔滨中央车站　　（c）尚志站

图 3-2　铁路遗产承载的历史价值

铁路留住了对逝去人物和事件的记忆，见证了人文情怀、民俗变迁，反映了当时的社会状况。它不仅是象征性的纪念物，更是收纳回忆的时间容器。

2. 艺术价值

作为时代的产物，铁路相关的线路、站房、工厂、仓库、设施、桥梁、隧道、沿线地貌景观、城镇聚落及各式机车车辆的风格各具特点，被烙刻下不同地域、文化和时代的审美印记，留下难以忘怀的视觉享受。世界各地的交通建筑或雄伟、或壮观、或古朴、或风雅、或现代。在不同国家的纲领文件中，对于遗产的艺术价值予以分类和表述，包括设计、装饰、结构、规划等方面（见表3-3与图3-3）。

表3-3　英、加、美3国纲领文件中对艺术价值的理解

国家	英国	加拿大	美国
艺术价值	1. 建筑美学，包括建筑设计、装饰、工艺、结构构造或规划形式等； 2. 群组美学； 3. 机器美学	在概念或设计、技术或规划方面的美学成就	1. 建筑艺术； 2. 杰出独特的设计
纲领文件	《在册古迹总体评定标准》和《登录建筑总体评定标准》	《标准、通用导则 & 专门导则——评估具有国家历史意义潜力的对象》和《考古资源的管理导则》	《国家历史地标标准》和《土木工程地标的标准》

1）巴黎北站

巴黎北站初建于1846年，是法国国铁在巴黎的七大火车站之一，是巴黎连接欧洲北部各大城市的高速铁路"欧洲之星""西北列车"的起点站。拿破仑三世时期，推行了"奥斯曼巴黎改造计划"，重新划分城市辐射状的街道形态，以建设全世界最美丽的城市。在此背景下，巴黎北站于1865年被重建并拥有了现在这个庄重的新古典主义风格立面，毫不逊色于巴黎市区的宫殿。目前它仍是欧洲最繁忙的铁路车站。

2）伦敦国王十字车站

国王十字车站（King's Cross Railway Station）位于伦敦市中心的国王十字地区，1852年投入使用。为迎接2012年伦敦奥运会，拆除了1972年后期增筑的部分，新建一个4 500 m²的半圆形候车大厅。由于该站是英国遗产协会认定的一级保护建筑，因此车站改扩建工程在外观与内饰方面均有严格的保护规范，最终的设计采用现代的单跨钢结构与原有红色砖墙衔接，以确保加建部分与维多利亚时代的历史结构连为一体。改造后的车站较好地融合了古典与现代的美感。

3. 科学技术价值

在19世纪，铁路被视为近代工业革命和交通运输领域革新最重要的标志，铁路建筑也因此占据了19世纪西方最宏伟绚丽建筑名录中的重要部分，新技术、新材料、新工艺被率先用于铁路建设，创新了铁路独有的结构形式和建筑样式，为人类技术进步作出了重大贡献（见表3-4与图3-4）。

（a）新古典主义风格的巴黎北站　　　　　（b）伦敦国王十字车站扩建与改造前后风格的对比

图3-3　铁路遗产的艺术价值

表3-4　英、加、美3国纲领文件中对科学技术价值的理解

国家	英国	加拿大	美国
科学技术价值	建筑技术、工艺、结构构造、设计和规划上的创新	1. 阐释了概念或设计、技术或规划在某一重要时段的成就、重要的创新或发明、工程成就或建设壮举； 2. 阐释了人类居住与行为、人类与环境的关系或资源多个时期的演变	说明或解释美国的历史、建筑、考古、工程技术或文化方面，可以获得一种对历史更好的理解和欣赏
纲领文件	《在册古迹总体评定标准》和《登录建筑总体评定标准》	《标准、通用导则＆专门导则——评估具有国家历史意义潜力的对象》和《考古资源的管理导则》	《国家历史地标标准》和《土木工程地标的标准》

1）美国辛辛那提联合车站

辛辛那提联合车站（Cincinnati Union Terminal）建于1933年，钢结构建造的半圆形穹顶曾是西半球之最，直径达55 m，高32 m。19世纪早期被称为铸铁时代，1840年随着锻铁（又称熟铁）和铆钉连接技术的发展，使得19世纪后半叶铸铁结构逐渐被锻铁结构所取代，1870年后大量应用钢材，20世纪初的焊接技术、1934年高强螺栓的出现推动了钢结构的普及。

2）云南五家寨铁路桥

云南五家寨铁路桥也称人字桥，建于1907年，是滇越铁路线上一座肋式三铰拱钢梁桥，桥长71.7 m，宽4.2 m，架设在一道深102 m的峡谷之上，由法国桥梁工程师保罗·波登设计，桥身重达179.5 t，其10 000多件质量在100 kg以内，长度不超过2.5 m的钢板、槽钢、角钢、铆钉等零件在法国生产，由骡子驮进河谷在现场组装。该桥是滇越铁路的标志性工程，2006年被列入第六批全国重点文物保护单位名录。

（a）半穹顶钢结构施工中的辛辛那提车站   （b）1908年建设中的五家寨铁路桥

图 3-4 新结构形式和建筑样式展现的科学技术价值

3.1.2 经济价值

铁路建筑遗产与空间功能性、环境场所感及使用人群的情感密切关联，因此可将经济价值方面分为使用、环境、情感三大价值。遗产价值的当代建构是以社会发展为前提的，脱离社会发展的具体要求，将无法传承遗产的价值。因此，在建构遗产价值时应坚持发展的眼光，而非简单的怀旧思维。

1. 使用价值

英国学者费尔顿认为维持文物最好的方法是恰当地使用它们，避免成为摆设的古董。对于铁路遗产，合理利用不仅是最佳的保护形式，而且遗产承载的历史文化等附加价值有利于获得持续的经济与社会效益。

在遗产铁路或废弃线路、遗址上，可通过对线路、设施、建筑等加以利用，改造成观光铁路或休闲、旅游的文化再生场所，如京都嵯峨野观光线、厦门铁路文化公园、台湾台东铁道艺术村等铁路遗产利用项目，吸引众多游客，为区域旅游带来持续的经济效益。

1）厦门铁路文化公园

厦门铁路文化公园又称老铁路休闲公园，是利用鹰厦铁路延伸段废弃铁路线改造成的一个集市民娱乐、休闲、步道健身于一体的开放带状公园。该公园于2011年建成，宽约12～18 m，全长约4.5 km，含铁路隧道697 m，沿线串起金榜公园、万石植物园、虎溪岩、凝山公园等主要景区，市民和游客沿废线的各个城市道口均可进出公园。

2）京都嵯峨野观光线

这条观光铁路路线由1990年成立的嵯峨野观光铁道株式会社运营，往返于京都西郊的嵯峨站与龟冈站之间，全长7.3 km。线路原为1899年投入使用的山阴本线旧线的一段，位于嵯峨岚山至马堀之间，由于大致与保津川重合，因而具有较高的铁路文旅价值。铁道之旅约为25 min，单程成人票价800日元，使用复古内燃机车牵引一节开敞式车厢和四节封闭式车厢，游客能很好地欣赏保津峡两岸四季变换的美丽景致（见图 3-5）。

图 3-5　乘坐嵯峨野观光线小火车欣赏保津峡两岸景色

2. 环境价值

在 2005 年国际古迹遗址理事会（ICOMOS）第 15 届大会发表的《西安宣言》中，在建筑遗产认知方面重点提及"环境"的概念，强调环境对认知遗产的重要性。自然环境和历史环境共同组成了铁路遗产重要的环境价值。

自然环境包含了铁路遗产经过城镇或聚落的气候条件、区域景观（见图 3-6），以

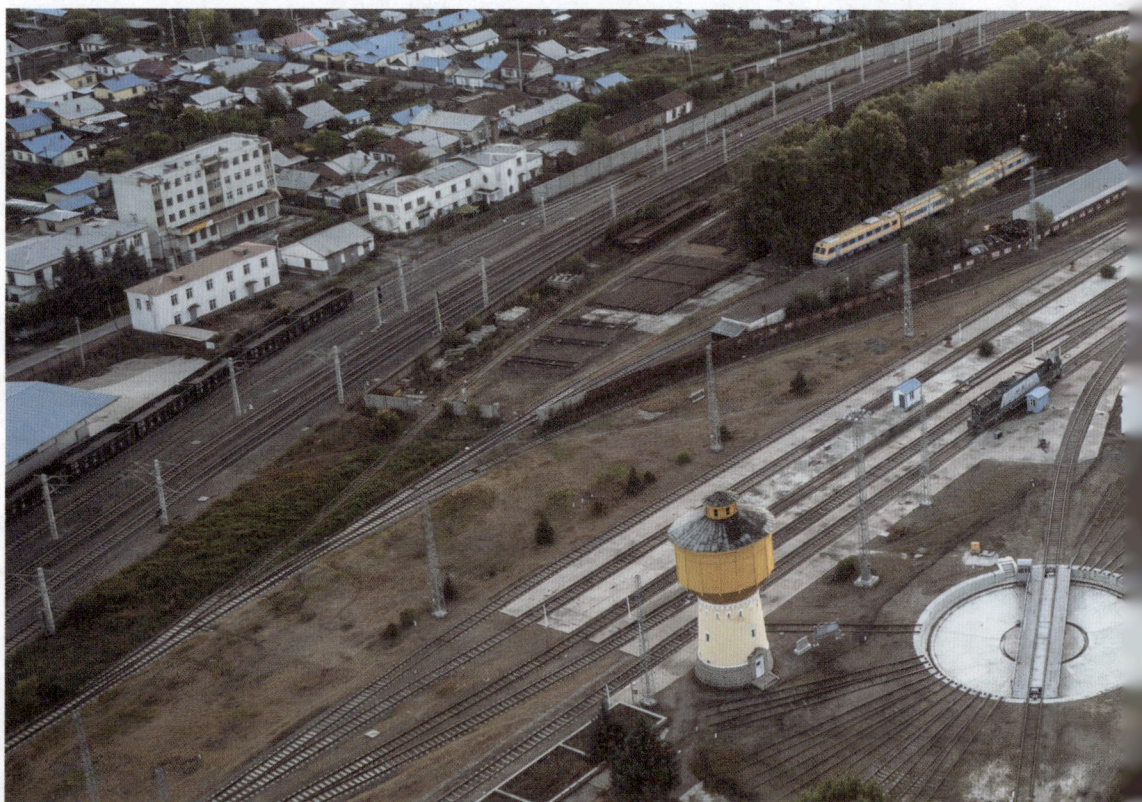

图 3-6　中东铁路百年小镇博克图与自然景观融为一体

及为铁路提供原材料的自然资源等。自然要素赋予了遗产独特而鲜明的地方个性。

历史环境是指具有特定历史意义的建成区、铁路遗产经过城镇、聚落及其人文景观要素，包括单体建筑共同营造出的历史街区整体风貌、反映周边历史环境特征的构筑物、景观等共同组成的记忆空间。历史环境体现为城镇肌理、广场、街道等公共空间的形态与组织脉络。

3. 情感价值

长久以来，铁路和车站在城市角色及民众心目中，不仅是一种交通工具或一座公共建筑，更构建了城市记忆的场所。找回集体对于铁路与城市文化的认同感和归属感，应是让这些过去的记忆场所重新焕发生机的方法。

1）巴黎北站

小说、电影等文艺作品常将站台渲染为离别悲怆的分别，喧嚣在此刻仿佛静止。车站老照片更是反映了当时经济社会和文化的特征，展现了缤纷的日常生活场景及人物群像。

2）20 世纪快车

"20 世纪快车"是由纽约中央铁路公司（NYC）运营、运行于纽约与芝加哥之间的一列夜间客运快车，于 1902 年首次开行，由于停站极少，因而将旅途时间缩短为 20 h，比之前的列车减少 4 h，后期速度更是接近 100 km/h，1967 年，随着铁路客运衰落而停运。它拥有流线型的蒸汽机车和亮丽的油漆外壳（见图 3-7），是当时时尚的长

途出行方式，《纽约时报》将其描述为"65年来世界上最伟大的客运火车"。

该列车开创了高级列车服务的"红地毯礼遇"标准（见图3-8）：旅客们沿着专门设计的深红色地毯走向列车；在餐车享受鱼子酱、牛排等美食；休闲车厢的调酒师调配着各式饮品，因而受到上流社会和商务旅客的青睐，至今仍是众多顶级铁路旅游列车效仿的对象（见图3-9）。

图 3-7　20世纪30年代末牵引"20世纪快车"的流线型哈得孙型机车，背景为纽约帝国大厦

图 3-8　"20世纪快车"充满仪式感的红地毯礼遇

图 3-9　"20世纪快车"海报里优雅的餐车和休息间

3.2　世界遗产名录中的铁路遗产

3.2.1　世界遗产保护制度的建立

20世纪50年代，伴随着英国"工业考古"的兴起，热潮迅速延伸到其他国家，并得到国际社会关注，恰逢一系列国际遗产保护组织相继诞生，其中包括政府间组织、非政府组织和民间机构。

1972年，联合国教育、科学及文化组织（United Nations Educational, Scientific and Cultural Organization，UNESCO，简称联合国教科文组织）第十七届会议通过《保护世界文化和自然遗产公约》，建立起一套永久性遗产保护和国际合作、援助系统，即世界遗产保护制度，以促进整个国际社会通过提供集体援助来参与保护具有突出普遍价值的文化和自然遗产。保护制度由世界遗产保护组织体系和世界遗产的申报、登录制度两部分组成。文化遗产保护的代表性国际组织见表3-5。

表 3-5　文化遗产保护的代表性国际组织

类别	国际组织和机构	成立时间
政府间的公共组织机构	联合国教科文组织（UNESCO）	1945 年
	国际文化财产保护与修复研究中心（ICCROM）	1959 年
专业性非政府组织	国际古迹遗址理事会（ICOMOS）	1965 年
	国际工业纪念物大会（PICCIM）	1973 年
	国际产业遗产保护联合会（TICCIH）	1978 年
	现代主义运动记录与保护国际组织（DOCOMOMO）	1990 年
	20 世纪遗产国际科学委员会（ICOMOS ISC20C）	2000 年
地区性政府间的组织	欧盟理事会	1974 年
与历史城市保护相关的合作机构	世界遗产城市组织（OWHC）	1993 年
研究性机构	世界文化遗产基金会（WMF）	1965 年

图 3-10 为世界遗产保护制度的建立。

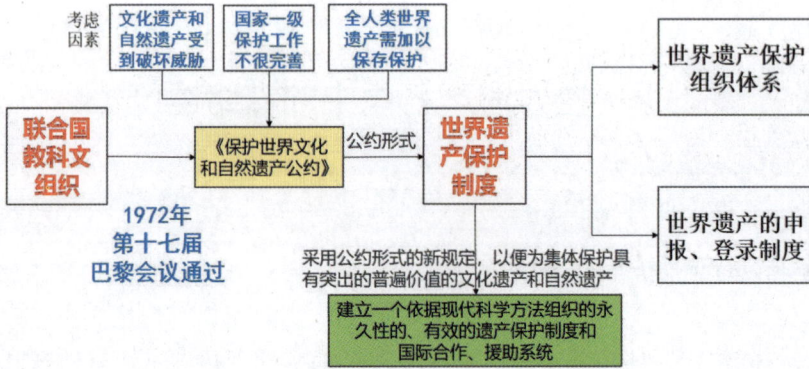

图 3-10　世界遗产保护制度的建立

图 3-11 为世界遗产的申报、登录制度流程。

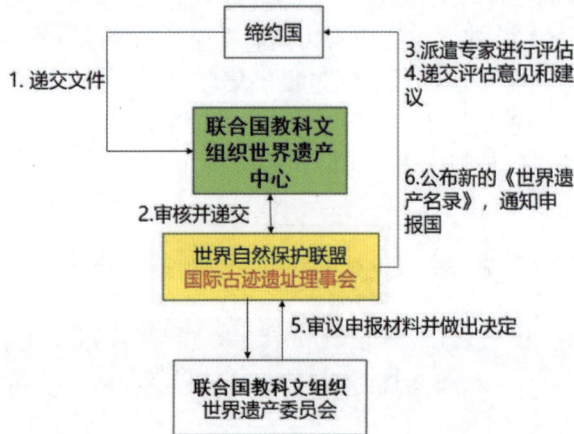

图 3-11　世界遗产的申报、登录制度流程

3.2.2　世界遗产名录中的铁路遗产

联合国教科文组织将世界遗产分为文化遗产、自然遗产和自然文化混合遗产，铁路遗产属于文化遗产。目前，世界遗产名录的 1 199 处遗产中有 5 处铁路遗产，其中铁路线路 4 条、车站 1 座。印度拥有 2 处，奥地利、瑞士及意大利、伊朗各有 1 处。此外，在各国提交的世界遗产预备名单（tentative lists）中还有 7 处铁路遗产，分别位于英国、巴西、秘鲁、印度、厄瓜多尔、沙特阿拉伯和斯洛文尼亚。

按照 2019 版《世界遗产公约实施操作指南》，申报世界遗产名录的基本条件须符合突出普遍价值（outstanding universal value，OUV）评定标准 10 项中的至少 1 项。突出普遍价值是指遗产的文化和（或）自然意义非常独特、超越国家和民族的界限、对人类现在及未来都具有重要意义，或者对世界文明与社会进步有所贡献。表 3-6 为世界遗产名录中的铁路遗产，目前 5 处铁路遗产均符合标准第 (ii)、第 (iv) 两项（见表 3-7）。

表 3-6 世界遗产名录中的铁路遗产

名称		国家	建设时间	轨距/mm	遗产特点	入选标准	入选时间
塞默林铁路		奥地利	1848—1854 年	1 435	世界上第一条高山铁路，复杂地形上的土木工程	（ii）（iv）	1998 年
印度山地铁路	大吉岭喜马拉雅铁路	印度	1879—1881 年	610	第一条山地客运铁路，是具有旅游开发价值的线性文化遗产	（ii）（iv）	1999 年
	尼尔吉里山地铁路		1891—1908 年	1 000	世界上规模最大的齿轨传动铁路	（ii）（iv）	2005 年扩增
	卡尔卡 - 西姆拉铁路		1899—1903 年	762	当时世界最高的高架桥和最长的隧道	（ii）（iv）	2008 年扩增
贾特拉帕蒂·希瓦吉终点站		印度	1878—1888 年	—	融合西方经典和印度传统建筑风格，是英联邦印度次大陆的象征	（ii）（iv）	2004 年
阿尔布拉 / 贝尔尼纳景观中的雷迪亚铁路	阿尔布拉线	瑞士、意大利	1898—1904 年	1 000	阿尔卑斯山 20 世纪初期铁路系统，世界落差最大的线路之一	（ii）（iv）	2008 年
	贝尔尼纳线		1906—1910 年		穿越阿尔卑斯山，是高海拔山地铁路的典型	（ii）（iv）	
伊朗横贯铁路		伊朗	1927—1938 年	1 435	跨区域文化和社会交流的典范，体现人类价值观的多元交流	（ii）（iv）	2021 年

表 3-7 入选铁路遗产所对应的两项突出普遍价值评定标准

名称	第 (ii) 项标准 展示一定时期内或某一文化区域内人类价值观在建筑、技术、艺术、城镇规划或景观方面的重要交流	第 (iv) 项标准 是一种建筑、建筑群、技术整体或景观的典范，展现人类历史一个 (或几个) 重要阶段	价值要素
塞默林铁路	早期铁路修建中采用技术方案克服地形等自然难题的杰出代表	19 世纪中期，铁路让人们方便到达自然景观，与当地住宅、休闲设施共同塑造新文化景观类型	技术、景观
印度山地铁路	殖民时期的技术与文化输出，影响多文化地区社会和经济发展的典范	19 世纪铁路对地方社会和经济产生了深远影响，见证并代表了高山地区铁路发展的不同阶段	技术、发展、见证

名称	第 (ii) 项标准	第 (iv) 项标准	价值要素
	展示一定时期内或某一文化区域内人类价值观在建筑、技术、艺术、城镇规划或景观方面的重要交流	是一种建筑、建筑群、技术整体或景观的典范，展现人类历史一个（或几个）重要阶段	
贾特拉帕蒂终点站	展示了维多利亚时代意大利哥特式复兴建筑和印度传统建筑的融合，英联邦印度次大陆主要港口城市的象征	19 世纪末英联邦铁路建筑的杰出代表，是维多利亚哥特式复兴和传统的印度特色相融合，以及先进的结构和技术解决方案	文化、技术
雷蒂亚铁路	杰出的技术、建筑和环境的复合体，见证了山区铁路技术发展中人类和文化价值的实质性交流	20 世纪初期高海拔地区山地铁路发展的杰出代表，提供了多样化的人文景观，是这个时期人与自然和谐发展的重要标志	技术、景观
伊朗横贯铁路	体现了人类价值观多方面的交流，东西方铁路建设经验的交流，对伊朗的建筑风格、文化线路产生了深远影响	20 世纪早期西亚人类技术和经济活动发展的代表，促进了伊朗现代化进程，增强伊朗与其他国家之间的贸易、文化和经济关系	技术、发展、见证

1999 年，ICOMOS 开展铁路遗产价值标准的专题研究，对铁路遗产价值评估和阐释提出了更具体、具有指导性的建议，可从 4 个方面对铁路遗产价值进行评估：① 杰出人才和集体智慧的创造性工程；② 创造性技术的影响与传播；③ 具有典型的示范价值，特别关注铁路遗产应保持真实性和完整性特征；④ 见证了经济与社会的发展。

1. 塞默灵铁路

塞默灵铁路（Semmering Railway）是奥地利铁路正在运营的主要干线之一，建于 1848—1854 年，穿行于崇山峻岭中，全长 41 km，是最伟大的土木工程之一，也是铁路建筑史上的里程碑（见图 3-12）。沿途隧道、高架桥及其他工程的建造水平很高，

图 3-12　塞默灵铁路双层高架石桥

并沿用至今。铁路两侧是雄伟高山，景色十分壮观。铁路开通后，塞默灵变成了旅游胜地，整个地区得到了开发，铁路沿线相继建立了度假酒店、人工滑雪场、登山、高尔夫球和骑马等运动和休闲设施。塞默灵铁路的核心保护范围为156.18 hm²，遗产缓冲区面积达8 581.21 hm²，是第一条入选的世界遗产铁路。

欧元流通之前，曾将一座双层高架石桥横跨阿尔卑斯山山口的景致印在1967年版奥地利纸币上，被誉为"20先令美景"。尽管当时欧洲钢铁工业发达，设计师卡尔·冯·盖加仍坚持使用砖石等自然材料建造桥梁隧道，使得铁路工程与自然景色浑然一体。

2. 印度山地铁路

入选的印度山地铁路（Mountain Railways of India）项目由3条高山窄轨铁路组成（见图3-13）：大吉岭喜马拉雅铁路（Darjeeling Himalayan Railway）是第一条，也是最著名的一条，堪称山区客运铁路的典范，于1881年开始运营，解决了穿越复杂地形的机车牵引难题；尼尔吉里铁路（Nilgiri Mountain Railway）是一条46 km长的窄轨单线铁路，位于泰米尔纳德邦，1854年计划建造，但因山势险峻，工程直至1891年才开工，1908年竣工；卡尔卡-西姆拉铁路（Kalka Shimla Railway）是一条96 km长的单线窄轨铁路，建于19世纪中叶。为了减少建造成本，适应较大的路线坡度，线路采用762 mm窄轨，从海拔高度326 m加尔加开始，一直向上爬升至2 203 m的高原小镇西姆拉，代表了当时的最高水平，象征着通过铁路解除山区与世隔绝难题的技术和努力。3条铁路目前仍在全线运营，是推动当地社会、经济发展的主要动力之一。印度山地铁路的核心保护范围为88.99 hm²，遗产缓冲区面积达644.88 hm²。

图3-13　印度山地铁路列车通过高架桥

21世纪初，印度铁道部成立了一个高山铁路运营机构负责管理铁路，并与私人企业合作经营。同时，印度官方积极推广铁路旅游，提高铁路旅游效益。

3. 阿尔布拉／贝尔尼纳景观中的雷迪亚铁路

瑞士雷迪亚铁路（Rhaetian Railway in the Albula / Bernina Landscapes）公司运营的两条历史悠久线路——阿尔布拉和贝尔尼纳（见图3-14与图3-15），这两条铁路线位于瑞士东南部和意大利北部，穿越瑞士阿尔卑斯山。西北部的阿尔布拉线于1904年开通，全长67 km，是20世纪第一个在高海拔建设的铁路。优秀的山区铁路技术是建筑及土木工程的伟大成就，包括42条隧道和棚洞，以及144座高架桥和桥梁。61 km长的贝尔尼纳山口线有13条隧道和棚洞，以及52座高架桥和桥梁。该铁路是20世纪初利用铁路克服中阿尔卑斯山制约定居点的典范，对山区生活产生了重大而持久的社会经济影响，它将杰出的技术、建筑并与它们所经过的环境景观相协调。雷迪亚铁路的核心保护范围为152.42 hm²，遗产缓冲区面积达109 385.9 hm²。

这条铁路另一项重要的贡献是提出了文化景观的概念。此前无论是塞默灵铁路还是印度大吉岭喜马拉雅铁路均将申遗的重点放在铁路遗产本身，而雷迪亚铁路将文化景观这一因素添加入铁路遗产，扩充了铁路遗产的内涵，并将文化遗产关注重点由静态扩展到动态，为后来者提供了一个新思路。

瑞士雷迪亚贝尔尼纳快车之旅是著名的风光之旅。如画的风景与随处可见的古朴、静谧风情的建筑有机融合在一起，吸引着众多的游客，提高了瑞士全球营销"旅游天堂"的国家形象与声誉。

图3-14 雷迪亚阿尔布拉／贝尔尼纳铁路

图 3-15　雷迪亚铁路上壮观的兰德瓦萨大桥

4. 贾特拉帕蒂·希瓦吉终点站

贾特拉帕蒂·希瓦吉终点站（Chhatrapati Shivaji Terminus）位于孟买市区（见图 3-16），是印度中央铁路公司的总部，也是印度最繁忙的火车站之一，1887 年由英国建筑师史蒂文斯（F.W.Stevens）设计，设计参考了伦敦圣潘克拉斯火车站的维多利亚时代哥特式复兴风格，融合了印度传统建筑的特点。车站引人注目的石圆顶、塔楼、尖拱门、建筑平面均与传统的印度宫殿建筑非常接近。

图 3-16　贾特拉帕蒂·希瓦吉终点站

该车站为纪念维多利亚女王继位 50 周年而命名为维多利亚终点站（Victoria Terminus）。1996 年，改名为贾特拉帕蒂·希瓦吉终点站。2004 年，它被列入世界遗产名录。车站的核心保护范围为 2.85 hm^2，遗产缓冲区面积达 90.21 hm^2。

5. 伊朗横贯铁路

伊朗横贯铁路（Trans-Iranian Railway）始建于 1927 年，全长 1 394 km，连通该国东北部的里海与西南部的波斯湾，穿越两座山脉及众多河流、高原、森林和平原，跨 4 个气候区（见图 3-17）。这条铁路因其规模、克服陡峭路线和其他困难而闻名，崎岖的地形导致工程有多处大规模的山体切割，并建造了 174 座大型桥梁、186 座小型桥梁和 224 条隧道，其中包括 11 条螺旋隧道。与大多数早期铁路项目不同，跨伊朗铁路的建设是由国家税收资助的，以避免外国投资和控制，并由伊朗政府与来自多个国家的 43 家建筑承包商合作设计、实施。在 2021 年福州举行的第 44 届世界遗产大会上，伊朗横贯铁路入列《世界遗产名录》。

图 3-17　伊朗横贯铁路南线及运行的通勤客运列车

3.2.3　借鉴和启示

目前入选世界遗产名录中的铁路遗产存在一定的规律。在运营状况上，均为持续运营的铁路线路，是否维持全线运营是判定遗产真实性和完整性的重要依据，活态是申遗成功的关键基础；在建成时间上，主要分布在 19 世纪中期到 20 世纪早期；在技术难度上，多为高山、窄轨铁路，体现了不同时期和地区铁路技术的发展；在价值体系上，体现了铁路发展对地区社会、经济、文化、经济之间的相互促进，铁路的修建对当地的社会经济发展至关重要，这是铁路遗产得以持续利用的基础；在保护要素上，均划定了核心保护范围并覆盖乘客在火车上能够看到的所有区域，即遗产缓冲区。保护的不仅是铁轨、车站、附属的建筑物和构筑物，还包括铁路周边的自然环境、农业景观和城乡聚落；在责权机制上，均有较完备的遗产立法、可持续的遗产管理规划、清晰的管理模式。

围绕文化景观、活化和地方特色等关键词，世界各国都在积极开展本国铁路遗产的保护与利用工作。

（1）活态运营：原真性与可持续性。铁路系统的持续运营是遗产原真性与可持续性的重要基础，延续它们的"突出普遍价值"才能充分展现其技术、艺术、历史、文化、整体环境。铁路、机车、站房建筑及设施等应维持其运输功能，或者改造为观光旅游线路。这是铁路遗产区别于一般工业遗产的显著特征。

（2）强化地方特色，扩大辐射影响。重视铁路遗产对沿线地区的社会、经济、文化等多方面的影响不容忽视，促进发展与相互交流，保护文化多样性，以点带线，促进铁路遗产廊道的建设。

（3）整合人文与自然。铁路所经之地大多拥有丰富的历史人文资源和自然资源，建设人文与自然景观，共同推进对周围更广地区的辐射和影响，增强旅游吸引力。

（4）保护与利用并重。积极开展沿线区域产业发展，协调保护与利用的关系以实现双赢，注重景观、环境、资源、人文等整体保护与利用。

【图片来源】

图 3-1：夏海山绘制

图 3-2 （a）Station to station

图 3-2（b）、图 3-2（c）：中国铁路百年老站

图 3-3 （a）维基百科

图 3-3 （b）ArchDaily 网站

图 3-4（a）Renovation/Restoration Plan For The Cincinnati Museum Center（2007 年）

图 3-4（b）、图 3-16：维基百科 https://en.wikipedia.org/

图 3-5：嵯峨野观光线官网 https://www.sagano-kanko.co.jp

图 3-6：肖奔驰摄影

图 3-7：https://www.trains.com/

图 3-8：https://www.pinterest.com/

图 3-9：https://www.douban.com/note/364108995/

图 3-10：根据联合国公约与宣言检索系统 https://www.un.org/zh/documents/treaty/files/whc.shtml 文件改绘

图 3-11：根据《世界工业遗产空间分布趋势及对中国的启示》《世界遗产保护发展及类型体系研究》等改绘

图 3-12：世界遗产委员会官网 https://whc.unesco.org，作者 Amos Chapple

图 3-13：世界遗产委员会官网 https://whc.unesco.org，摄影 Ana Draskovic

图 3-14：https://chur.graubuenden.ch/en/unesco-world-heritage-rhaetian-railway

图 3-15：罗春晓摄影

图 3-17：世界遗产委员会官网 https://whc.unesco.org，摄影 Hossein　Javadi

表 3-1：夏海山制表
表 3-2、表 3-3、表 3-4：根据《英美加三国工业遗产价值评定研究》整理
表 3-5：来源：根据城市文化遗产保护国际宪章与国内法规选编整理
表 3-6：根据世界遗产委员会官网整理
表 3-7：来源：根据世界遗产委员会官网、《世界铁路遗产保护与可持续利用的经验与启示》《世界铁路遗产"突出普遍价值"的共性研究》等整理

【参考文献】

[1] ATTLEE J. Station to station[M]. London：Guardian Books，2015.

[2] 于磊，青木信夫，徐苏斌 . 英美加三国工业遗产价值评定研究 [J]. 建筑学报，2016（2）：1-4.

[3] 夏海山 . 废弃铁路与城市再生研究综述 [J]. 世界建筑，2020（7）：10-16.

[4] 段文，王似璞 . 世界铁路遗产保护与可持续利用的经验与启示 [J]. 工业建筑，2023，53（S1）：6-12.

[5] 张军，王室程 . 中东铁路建筑遗产价值指标评价体系研究 [J]. 山西建筑，2017，43（6）：16-17.

[6] 刘伯英，李匡 . 工业遗产的构成与价值评价方法 [J]. 建筑创作，2006（09）：24-30.

[7] 董一平，侯斌超 . 工业遗产价值认知拓展：铁路遗产保护回顾 [J]. 新建筑，2012（2）：22-27.

[8] 韩旭红，陈晨 . 中国铁路文化精神的育人价值及实现路径探析 [J]. 石家庄铁道大学学报（社会科学版），2020，14（3）：90-95.

[9] 田永秀，曲成举 . 从"贻害无穷"到"民命国脉"：近代中国人铁路认知历程分析 [J]. 西南交通大学学报（社会科学版），2018，19（1）：1-7.

[10] 崔卫华，杨成林 . 中国近代铁路遗产的时空分布与遗产价值研究 [J]. 中国文化遗产，2018（1）：100-105.

[11] 卫华 . 20 世纪影视文学中的"火车"意象与现代性想象 [J]. 湖南工业大学学报（社会科学版），2017，22（5）：63-67.

[12] 解飞，夏海山 . 美国新英格兰地区铁路再生策略及其支撑体系解析 [J]. 建筑师，2024（2）：89-98.

[13] 中国铁路总公司宣传部 . 培育和践行新时期铁路精神宣传提纲 [N]. 人民铁道，2014-04-11（A02）.

[14] 张好真 . 京汉铁路河南段站场聚落及建筑遗存研究 [D]. 武汉：华中科技大学，2022.

[15] 殷玥 . 以转型为导向的铁路建筑遗产适应性再利用设计策略研究 [D]. 南京：东南大学，2017.

[16] 代书剑 . 基于再生价值的城市废弃铁路空间潜力量化评价及更新策略研究 [D]. 北京：北京交通大学，2020.

[17] 柴栋梁 . 工业遗产中铁路文化遗产的保护与开发研究 [D]. 郑州：河南大学，2014.

[18] 林晓丹 . 现代遗产保护的国际现状及其发展趋势 [D]. 西安：西安建筑科技大学，2012.

[19] WORLD HERITAGE COMMITTEE. World heritage list[EB/OL] [2024-08-01]. https：//whc.unesco.org/en/list.

[20] 嵯峨野观光线 . 嵯峨野观光铁道 [EB/OL][2024-08-01]. https：//www.sagano-kanko.co.jp.

[21] NATIONAL RAILWAY MUSEUM. Visit [EB/OL][2024-08-01]. https：//www.railwaymuseum.org.uk./visit.

[22] AMERICAN HERIGAGE RAILWAYS. Durango & Silverton narrow gauge railroad[EB/OL] [2024-08-01]. https://www.americanheritagerailways.com/visit-us/durango-train/.

第4章

英国铁路遗产

4.1 火车站催化的城市更新
——伦敦国王十字车站、圣潘克拉斯火车站

案例小档案：

项目名称：国王十字车站、圣潘克拉斯火车站，英国伦敦

英文名称：King's Cross, Sint Pancras Railway Stations, London, United Kingdom

初建年代：1852 年

遗产类型：运营铁路 / 铁路建筑不可移动遗产

遗产风格：哥特式建筑、维多利亚风格

项目规模：约 27 hm²

利用模式：改扩建与地区开发模式

导读与知识点：

（1）两个车站是遗产铁路与城市更新动态演变的典范。先衰败，后复兴和转型，实现了从单一的交通枢纽到城市地标、从途经点到目的地的华美转变。

（2）历史车站复兴不仅是建筑的重生，更是城市更新的引擎，国王十字片区在更新后成了伦敦最具活力的区域之一，也带动了一系列工业遗产的开发再生。

4.1.1 车站历史：繁荣、衰败、复兴

图 4-1 国王十字车站

国王十字车站（见图 4-1）与圣潘克拉斯火车站位于伦敦市中心北部，是两个紧邻建造的车站。国王十字火车站于 1852 年启用，是通往英国北部城市的起始站。1863 年，伦敦第一条地铁大都会线（Metropolitan Line）经过该火车站。

引申：《哈利·波特》中的9¾站台

小说和电影《哈利·波特》中虚构的9¾站台位于国王十字车站内（见图4-2）。国王十字车站对《哈利·波特》的作者J·K·罗琳有重大意义，当年她的双亲从该站出发前往苏格兰，在车上邂逅，加上车站名字容易背诵，她才将这里设定为《哈利·波特》的重要场景。9¾站台的电影场景是在国王十字车站的第4号和第5号站台之间拍摄的。作为纪念，国王十字车站在第9和第10台之间的墙上，添上了"9¾站台"的标志和插入墙内的手推车，吸引哈利·波特粉丝前来打卡。

图4-2　国王十字车站内的9¾站台

1868年，一街之隔的圣潘克拉斯火车站（见图4-3）建成，是通往英国中部的起始站。它们共同构成了英国最大、最繁忙的交通枢纽。

（a）圣潘克拉斯车站枢纽综合体外观　　　　　　　　　（b）车站入口

图4-3　圣潘克拉斯车站

与国王十字车站的风格迥异，圣潘克拉斯站因其维多利亚风格，常被昵称为"铁路大教堂"。车站由工程师威廉·亨利·巴罗设计建造，是当时最大的单跨建筑。车站正面的伦敦圣潘克拉斯万丽酒店是一座典型的维多利亚式与哥特复兴式的历史建筑。

20世纪以来，两座火车站经历了两次世界大战，加上战后伦敦由工业城市转型成为服务业城市，工业加快衰败使得火车站附近的工业仓储用地被荒废，而变得贫穷和不安全。1987年的大火加剧了该地区的衰败，沦为伦敦市中心地价和租金最低的片区。

区域复兴的转折点来自1995年英国政府通过修建一条穿越英吉利海峡的高速铁路（High Speed 1），并将圣潘克拉斯火车站作为起始站的决议。2007年，圣潘克拉斯火车站被改造成为欧洲之星列车（4.2节将具体介绍）在英国的终点站，将英国与主要欧洲城市连接起来。

与此同时，国王十字车站也耗资 5 亿英镑进行了改造，包括新建客票大厅、拆除部分建筑作为开放广场、修复历史建筑、改善与圣潘克拉斯车站的联系。项目历时 7 年，于 2012 年伦敦奥运会前完工。新增的西侧大厅是欧洲最大的单跨站台结构（见图 4-4）。

作为最具商业价值的两座英国火车站，它们目前每年旅客量均达 3 000 多万人次，还成了游客和市民乐于光顾的地方，带动了周边片区的发展。

图 4-4　改造后的国王十字车站西侧大厅与站台

4.1.2　国王十字片区——两座火车站带动的城市更新

如今在伦敦，伦敦人提到"国王十字"的第一反应不再只是一座车站，而是车站及周边的"国王十字"片区。在更新启动前，铁路公司就意识到了这一国际高铁、火车及多条地铁线交会的重要交通枢纽的潜在价值，便与开发商 Argent 合作，将火车站改扩建和片区重建结合起来。

两座车站的改造升级对片区整体品质的提升至关重要，如今成了伦敦价值增长最快的片区。车站复兴并带动周边 27 hm² 的城市重建计划。

两个车站位于片区南端，各自铁轨包围的是旧铁路物流用地，包括大量废弃的仓库、煤气厂和工业污染土地，从图 4-5 中可以看到改造前的大北方酒店（Great Northern Hotel）、国王十字车站与圣潘克拉斯车站。

图 4-5　改造前的国王十字区

国王十字片区被摄政运河（Regent's Canal）分为两部分（见图 4-6）：南侧聚集了大部分写字楼和高层建筑，北侧以谷仓广场作为开放空间，多是修复后的历史建筑。

政府与开发商 Argent 共同成立了国王十字中心有限合伙企业（KCCLP），建设一个充满活力、可持续的混合用途开发项目，利用交通可达性，融合历史建筑，为当地居民和社区带来了实质性收益。图 4-7 为图王十字区建成鸟瞰图。

1—圣潘克拉斯车站；2—国王十字车站；
3—潘克拉斯广场；4—谷仓广场（Granary Square）；
5—煤场院子（Coal Drops Yard）。

图 4-6　国王十字片区的规划总图

图 4-7　国王十字区建成鸟瞰图

引申：国王十字片区更新后的功能指标

·截至 2022 年 1 月已建成约 1 100 个住宅单位，在建 600 个住宅单元，包含 40% 经济适用房；

·已完成约 40 万 m^2 办公面积，包括谷歌、耐克、环球音乐等 120 家企业；

·已完成约 4.2 万 m^2 商业零售面积；

·拥有 90 个酒店房间；

·2019 年年访客量 1 100 万人次；

·总区域面积中 40% 是街道、广场、公园等公共领域；

·实现了碳中和：100% 可再生能源的电力和燃气。

4.1.3 片区城市更新中的关键节点

1. 世界顶尖的设计学院——中央圣马丁艺术与设计学院

19 世纪用于储存林肯郡小麦的谷仓大楼，被改造为中央圣马丁艺术与设计学院，也是该地区创意与文化的中心。以学校为锚点，聚集一群有创意、有活力的学生，用以打造年轻时尚的地区气氛，吸引更多向往这种氛围的人群、企业及为他们服务的零售业。这是一片老少皆宜的核心公共空间，散发着身处闹市却不觉喧闹的低密度舒适感（见图 4-8）。

图 4-8　谷仓广场与面向运河的大台阶开放空间

2. 零售和娱乐

煤场院子（见图 4-9）被改造为零售和餐饮中心。改造由伦敦赫斯维克设计工作室（Heatherwick）完成，该工作室的另一名作是 2019 年建成的纽约哈得孙广场地标景观"容器"（Vessel）。煤场院子的两栋主体建筑建于维多利亚时期，"煤场"的名字体现了建筑的原本用途——存放由伦敦北部运来的煤。

3. 住宅

国王十字片区计划建造约 1 700 个新住宅单元，类型从 4 间卧室的公寓到学生工作室，并涵盖不同的租赁形式（见图 4-10）。

（a）改造后的内院　　　　　　　　　　　（b）保留的煤场建筑山墙

图 4-9　煤场院子

图 4-10　维多利亚时代的气罐改造而成的住宅

4. 绿色交通设施

除了两个火车站和 6 条地铁线，区域内鼓励低碳出行，建有 5 000 余个自行车停车位，并与 6 号超级自行车高速路等多条隔离自行车道相连，融入城市自行车网络。区域内尽量避免小汽车穿越，实现了小汽车停车位最少化。

国王十字片区的发展历史述说了铁路与城市相互促进、隔阂再到交融的演变过程。车站已从单一的交通功能转变为建筑和文化地标，反映了更广泛的社会、经济和技术变化，强调了保护和改造历史基础设施以满足现代需求的重要性。

参访小贴士：

如何到达：乘坐 6 条地铁线路可到达国王十字 - 圣潘克拉斯站：环线、北线、维多利亚线、大都会线、东方市郊线和皮卡迪利线。

最佳参访时间：车站全天 24 h 开放，国王十字片区全年都有各类活动，夏季尤其频繁。

周边景点：除了谷仓广场、煤场院子，这里还有世界上文献收藏最丰富的图书馆之一——英国国家图书馆（British Library）。

4.2 跨越国界的工程奇迹——英法海底隧道与欧洲之星

案例小档案：

项目名称：英法海底隧道、欧洲之星列车，英国、法国

英文名称：The Channel Tunnel / Eurostar, United Kingdom, France

初建年代：1994 年

遗产类型：运营铁路 / 铁路线路及工程不可移动遗产 / 铁路非物质遗产

遗产风格：现代工程技术与跨国合作的典范

项目规模：50.45 km（海底部分 37.9 km）

使用模式：正常运营模式

导读与知识点：

（1）英法海底隧道的构想早在 1802 年就有记录，但直到 1994 年才建成开通。11 台掘进机和 1.3 万名工人参与隧道施工，是当时世界上最昂贵的建设项目之一。

（2）该隧道是世界水下部分最长的海底隧道，最深处达海下 75 m。

（3）自 1994 年起，欧洲之星列车开始从伦敦直达巴黎和布鲁塞尔的运营，极大地改善了英国与欧洲大陆的交通连接。

4.2.1 英法海底隧道的早期构想

作为连接英国和法国的伟大工程，英法海底隧道的构想可追溯至 19 世纪早期。19 世纪中叶，随着工业革命和技术的发展，修建英法海底隧道逐渐从纸上谈兵变为可能。然而，这项宏伟工程不仅面临技术挑战，英国和法国两国也对隧道的安全性和战略影响深有顾虑。

为创造一种新的、更快捷的连接英国和欧洲大陆的方式，早在 1802 年，法国工程师阿尔贝·马蒂厄（Albert Mathieu）就提出了一项大胆的计划：建造一条供马车通行的海底隧道和一个人工岛作为通气站（见图 4-11）。这一设想为未来的工程设计打下了基础。

图 4-11　英法海底隧道的早期构想

4.2.2　工程启动与建设

两国政府和工程师逐渐认识到项目的潜在价值。20 世纪 60—70 年代，地质勘探和隧道建设技术更加先进和精确，特别是盾构机技术的进步，使得建造海底隧道成为可能。

当时的国际局势为两国之间开展大型交通基础设施合作创造了有利条件，他们共同评估了隧道的技术可行性、成本估算及预期的经济和社会效益。工程于 1988 年开工。

最终实施了安全性和效率均较高的双隧道方案，即两条平行、直径约 7.6 m 的单向铁路隧道，以及一条位于中间的服务隧道，用于维修和紧急情况，各隧道之间相距 15 m。隧道从英国肯特郡的福斯通和法国加来的桑格特两端同时开挖（见图 4-12）。

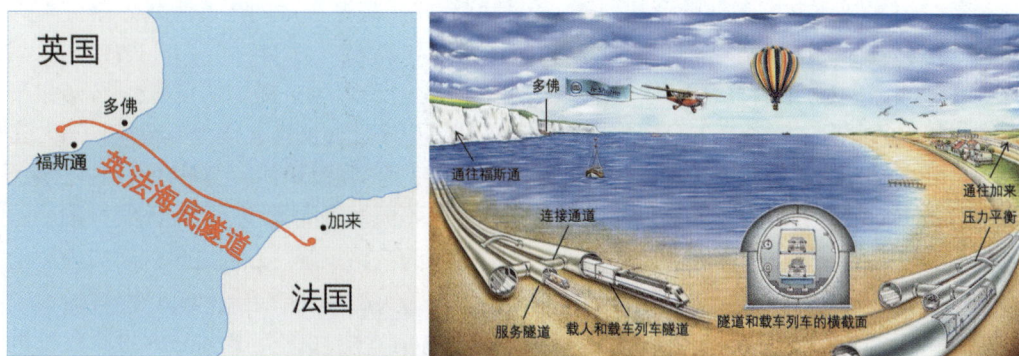

图 4-12　英法海底隧道地图与剖面示意

隧道的海底部分是一项巨大的工程挑战，需应对复杂的地质条件，包括软泥和硬岩层（见图 4-13）。为此，采用了先进的盾构机技术、精密的导航系统和地质监测技术在海底精确挖掘，同时安装混凝土衬砌来稳固隧道壁。隧道的大部分区段都是在白垩土（Chalk Marl）地层中推进的。白垩土有利于隧道掘进，具有不渗透、易挖掘和高强度等特性。

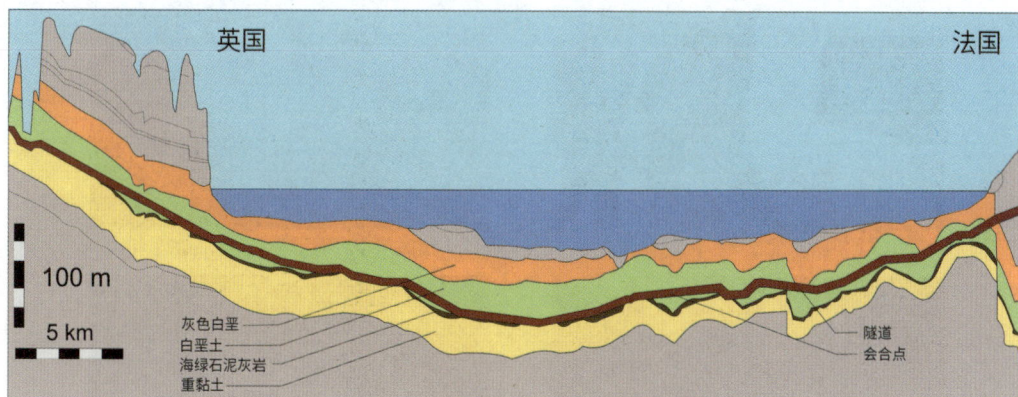

图 4-13　隧道建成后的地质剖面图

英法海底隧道的总长度达到 50.45 km，其中海底部分 37.9 km，是当时世界上海底部分最长的隧道。隧道最深点位于海平面下 75 m。英法海底隧道的建设耗时 8 年，造价 150 亿英镑。1994 年，美国土木协会将其选为世界七大工程奇迹之一。

引申：世界上最长的海底隧道——日本青函隧道

日本青函隧道（Seikan Tunnel）是世界上最长的海底隧道（含铁路隧道和公路隧道）。全长约 53.85 km，其中 23.3 km 穿越津轻海峡底部。青函隧道是连接本州岛和北海道的关键交通枢纽，隧道于 1966 年动工，1987 年竣工，但从创意构思到隧道贯通共耗时 42 年。该工程使用了多种当时先进的工程技术，包括盾构法和新奥法，充分考虑了地震和海底地质的挑战，采用了特殊的防震措施和结构强化技术，保障隧道的稳定性和长期运营的安全。

4.2.3　客运服务：欧洲之星列车

英法海底隧道支持多种类型的列车，包括欧洲之星高速客运列车、专载公路货车的驮背列车、载运其他公路车辆（如大客车、一般汽车、摩托车、自行车）的驮背列车。

1994 年，隧道最著名的客运服务——欧洲之星正式营运，提供从伦敦到巴黎和布鲁塞尔的直达服务，逐渐扩展到阿姆斯特丹和马赛等更多欧洲城市，成为英国与欧洲大陆间的重要交通工具。列车设计速度达 300 km/h，缩短了跨境旅行时间，如从伦敦到巴黎仅需 2 h 15 min。欧洲之星列车能提供跨国高速服务，在不同国家间无缝运行而无须换乘。由于列车的兼容性，使得欧洲之星能适应不同欧洲国家的铁路系统。欧洲之星列车成为从伦敦至巴黎铁路路线之间最受欢迎的列车，垄断经营横跨英法海底隧道的国际铁路客运。

1994 年 5 月，在欧洲之星正式对公众开放运营前 6 个月，英国女王伊丽莎白二世和菲利普亲王在伦敦滑铁卢国际车站为欧洲之星开业剪彩，并乘坐列车前往巴黎，成为欧洲之星的第一批游客［见图 4-14（a）和图 4-14（b）］；1998 年，查尔斯王子和哈里王子乘坐欧洲之星前往巴黎，观看英格兰与哥伦比亚之间的世界杯足球赛［见图 4-14（c）］；2006 年，汤姆·汉克斯、伊恩·麦克莱恩等电影《达·芬奇密码》的演员们，乘坐欧洲之星列车从滑铁卢车站前往戛纳电影节［见图 4-14（d）］。

（a）伊丽莎白二世和菲利普亲王　　（b）伊丽莎白二世和菲利普亲王在车厢内

（c）查尔斯与哈里　　（d）知名演员们

图 4-14　众多名人乘坐过欧洲之星列车

欧洲之星是在伦敦与巴黎、布鲁塞尔和阿姆斯特丹之间运行的高速列车运营品牌，也是目前唯一穿越英法海底隧道运营的高速列车。1994 年投入运行的初代欧洲之星高速列车是基于法国 TGV 高速列车研发的动力集中高速动车组，在英国铁路定型为 Class 373 型高速列车，也称为"欧洲之星 E300"，最高设计速度 300 km/h。2015 年，由德国西门子公司基于 Velaro 技术平台制造了第二代欧洲之星高速列车，在英国铁路定型为 Class 374 型，也称为"欧洲之星 E320"，最高设计速度 320 km/h。

1994 年，伦敦滑铁卢车站扩建了 5 个新站台用于停靠欧洲之星列车；从 2007 年开始，欧洲之星列车从滑铁卢车站迁至圣潘克拉斯车站。图 4-15 为欧洲之星列车。

(a) 停靠在圣潘克拉斯车站的欧洲之星列车　　　　(b) 停靠在巴黎北站的欧洲之星列车

图 4-15　欧洲之星列车

欧洲之星列车车厢内部设计宽敞舒适（见图 4-16），二等座（standard）车厢为一排四座，一等座（comfort）车厢为一排三座。

与短途飞行相比，乘坐欧洲之星从伦敦到巴黎陆上旅程时间接近，但碳排放减少了 90%，是一种更环保和可持续的旅行方式。而且车厢内部设计注重乘客的舒适性和便利性，包括宽敞的座椅、无线网络连接和其他服务。

图 4-16　欧洲之星一等座车厢内部

第 4 章　英国铁路遗产

4.3 英国铁路的历史宝库——英国国家铁路博物馆

案例小档案：

项目名称：英国国家铁路博物馆，英国约克

英文名称：National Railway Museum, York, United Kingdom

初建年代：1975 年

遗产类型：废弃铁路 / 机车车辆等可移动遗产

遗产风格：工业建筑

项目规模：约 8 hm²

利用模式：文博展示模式

导读与知识点：

（1）英国国家铁路博物馆的历史起源于 1862 年，与英国铁路发展紧密相连。

（2）英国国家铁路博物馆是了解英国乃至世界铁路发展史最直观的地方。馆内展出了历史名车、车厢及铁路历史相关的各类物品，反映了英国铁路技术的演进及对社会发展、生活方式的影响。

4.3.1 博物馆历史

英国国家铁路博物馆位于历史名城约克，是英国科学博物馆集团的一部分。作为全球最大的火车博物馆之一，1975 年开馆以来，它不仅是铁路爱好者的天堂，更是探索英国近代工业发展、英国铁路历史和技术的重要窗口。

博物馆原址位于英国国铁的约克北车厂，曾是一处存放蒸汽火车的仓库。建立后，博物馆接管了位于克拉彭的英国运输博物馆及皇后街的约克铁路博物馆的藏品（见图 4-17）。

图 4-17 英国国家铁路博物馆鸟瞰与曾经的内部仓库

1927 年，伦敦和东北铁路公司（LNER）在约克市皇后街开设了一家公共博物馆——约克铁路博物馆，这是英国国家铁路博物馆的前身。1968 年，英国运输法出台，鼓励英国铁路公司与科学博物馆合作组建国家铁路博物馆。1975 年，英国国家铁路博物馆在约克市建立。

1975 年建馆时，它是伦敦以外的第一个国家博物馆。伦敦科学博物馆（当时称知识产权局博物馆）收藏了"火箭"号蒸汽机车（见图 4-18）。"火箭"是世界上第一台将多管锅炉与排汽诱导通风相结合的蒸汽机车，基于此原理全世界建造了 60 万辆蒸汽机车。

图 4-18　博物馆的"火箭"号蒸汽机车复制品

4.3.2　馆藏和展览

英国国家铁路博物馆馆藏以英国铁路历史为主，包括 103 辆机车和近 200 辆车厢，大多数是在英国制造或运行过的，还收藏了与社会、科技和工业、文化相关的大量珍贵历史资料。博物馆内设大厅（Great Hall）和站台大厅（Station Hall）两个主展厅，以及仓库厅（Warehouse）、工作坊（The Workshop）及室外展览区域（South Yard）等不同类型的展览区域（见图 4-19）。

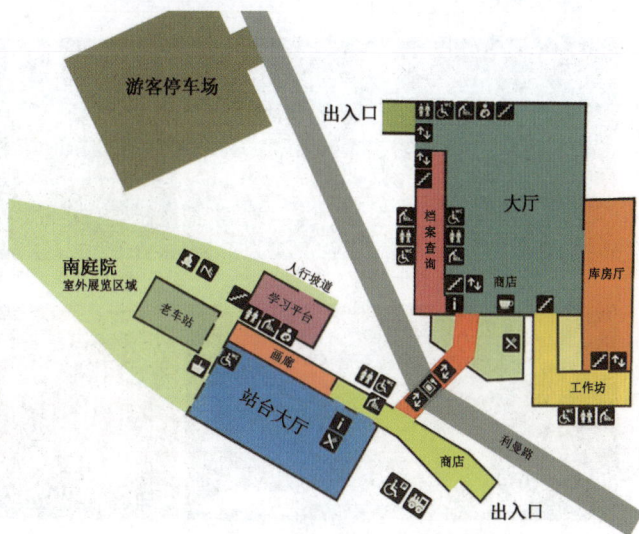

图 4-19　博物馆导览图

1. 位于大厅的机车展示

大厅是核心展区之一，围绕机车转盘展示了多种机车（见图 4-20）。这种展陈方式不仅突出了不同时代的铁路机械演变，旋转展台也让游客能够全方位地观赏到各式机车的精细构造。陈列的机车涵盖 19 世纪早期到现代的各种类型，包括蒸汽机车、内燃机车和电力机车等，展示了英国铁路技术的进步和工业革命对铁路发展的影响。

图 4-20　博物馆大厅全景和机车转盘展示区

2. 站台大厅的车厢体验

通过还原欧洲火车站的站台形态，站台大厅展现 19 世纪以来的铁道车厢的历史发展。部分代表某一时代的皇室座车或其他重要历史时刻的车厢虽无法进入，但透过玻璃窗能看到豪华复古的家具和装饰。普通车厢允许游客进入体验，能更直观地感受不同时期铁路旅行的乘坐风格变化。

从图 4-21 可以看出，两列车厢的间隙采用了开放式的设计，用餐区域被巧妙地融入展区之中，营造出一种身临其境的历史体验。最后一张图是博物馆中展出的一节早期车厢，那时候的车厢并没有纵贯的过道，乘客通过各个独立小间门直接上下。一等、二等与三等车厢也是完全隔离的。

（a）展厅序厅　　　　　　　　　（b）展厅内的巨幅海报

（c）展厅内的休闲区　　　　　　（d）历史站台场景模拟

图 4-21　博物馆站台厅

3. 仓库厅的铁路"周边"

仓库厅展品涵盖了火车相关的照片、旧车票、站牌、报纸、文献、笔记及复古海报等，可全面了解铁路历史和技术。

4. 工作坊用于机车维护的动态展示

工作坊动态展示了如何维护和修复机车，并在特定时间进行现场演示（见图 4-22）。

工作坊为游客提供了一个独特的视角，可以近距离观察工程师对各种机车进行检修、维护和修复的过程，深入了解铁路技术和机车维护的复杂性。

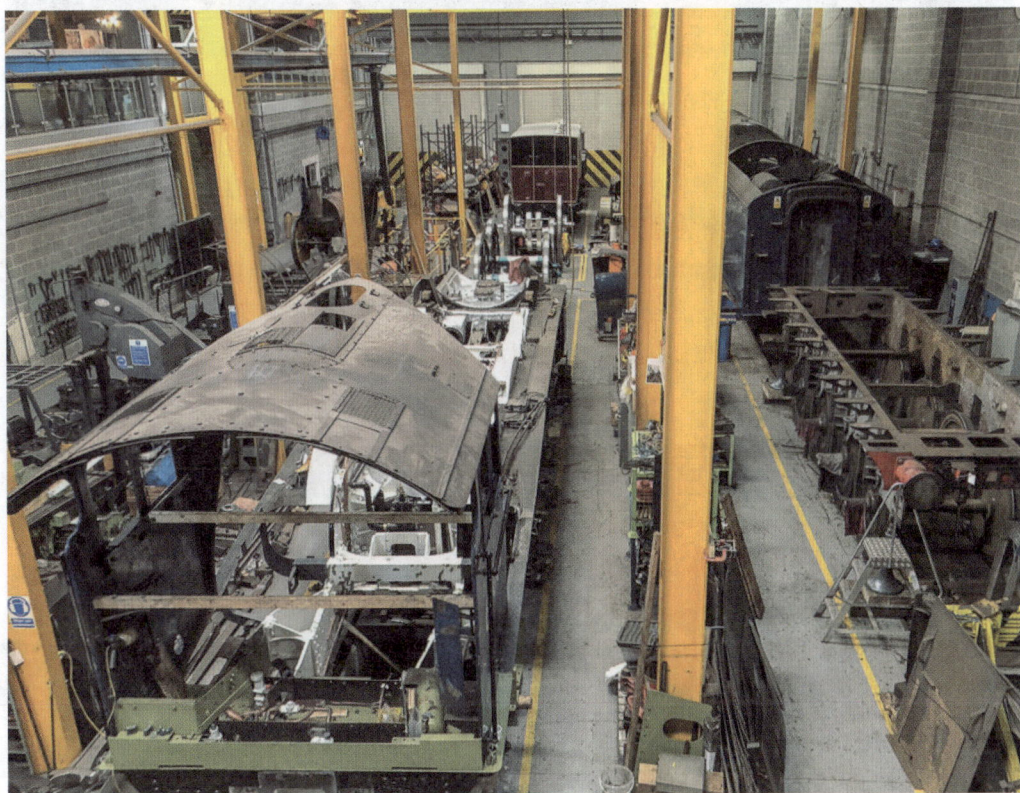

图 4-22　博物馆工作坊

4.3.3　不可不看的机车与车厢

1. 皇家列车与女王寝室

英国国家铁路博物馆展出了许多世界知名的车厢，包括霍格沃茨特快列车、维多利亚女王乘坐过的豪华专列等（见图 4-23）。

图 4-23　皇家列车与女王寝室

2. 全世界第一种高速列车——日本新干线 0 系

日本新干线 0 系是第一代新干线列车，也是世界上首款投入运营的高速列车，于 1964 年随东海道新干线通车投入使用。新干线 0 系采用与飞机相似的车头设计，极具速度感，蓝白主色的简洁涂装令人眼前一亮。

作为世界上首款投入运用的高速列车，0 系不仅在很长时间内是新干线的象征，更以在世界范围内开辟高速铁路新时代而载入史册。作为世界铁路诞生国的国家铁道博物馆，英国国家铁路博物馆收藏并展出一节 0 系头车（见图 4-24），是向日本高铁开拓者的致敬。

图 4-24　日本新干线 0 系头车

3. 粤汉铁路曾使用过的 KF1 型机车

1933 年，在修筑粤汉铁路韶关株洲段时，需要一种轴重小、爬坡力强的机车。1933—1936 年，应尚才主持设计并赴英国武尔坎铸造厂监造了 KF1 型 4-8-4 轮列客货两用蒸汽机车。应尚才是机械工程专家和教育家、中国铁路技术标准的开拓者之一，在 1950 年后任北京交通大学教授。

解放战争后，21 辆 KF1 型机车被修复使用，直到 1976 年由东风内燃机车所取代。英方向我方提出购买一台 KF1 机车。1981 年，我国将上海机务段的 KF1 型 7 号机车整修后赠送给英国（见图 4-25），于 1983 年在英国国家铁路博物馆交接。KF1 型 6 号机车则在中国铁道博物馆东郊展馆陈列。这是中国人首次自行设计的大型蒸汽机车，采用了当时最先进的技术，成功地减轻了大功率机车的动轮轴重。

（a）机车外观　　　　　　　　　　　　　（b）驾驶室内保留的中文提示

图 4-25　中国铁路 KF1 型 7 号机车及内部标语

作为英国乃至世界铁路历史的重要见证者，英国国家铁路博物馆是英国工业遗产保护和传承的典范，全面展示了铁路技术的演进（见图 4-26），也间接映射出不同时期的社会、经济和文化，因而吸引全世界铁路迷和爱好者前去探索。

（a）野鸭号蒸汽机车　　（b）英国第一代 IC125 高速动车头车　（c）欧洲之星列车与英法隧道模型

图 4-26　博物馆内的其他机车

参访小贴士：

地址：位于英国约克市，地址是：Leeman Rd, York YO26 4XJ, UK。

如何到达：博物馆临近东海岸主线（East Coast Mainline）的约克站（York Station）。从伦敦国王十字车站出发，约 2 h 车程可到达约克站，步行 5 min 便抵达博物馆。

最佳参访时间：博物馆全年开放，开放时间为早上 10 点到下午 5 点，最后入场时间是下午 4:30。夏季延长至晚上 6 点关闭。

周边景点：博物馆步行范围内有保存完好的中世纪街道集市街（The Shambles）和介绍维京人在约克历史的约维克维京中心（Jorvik Viking Center）。

【图片来源】

图 4-1、图 4-2、图 4-3（a）、图 4-15（a）、图 4-18、图 4-20（a）、图 4-24、图 4-25（a）、图 4-26：
　　罗春晓拍摄

图 4-3（b）、图 4-4、图 4-21、图 4-23、图 4-25（b）：孟超拍摄

图 4-5：https://www.alliesandmorrison.com/projects/kings-cross

图 4-6、图 4-7、图 4-9（b）、图 4-10：https://www.kingscross.co.uk/

图 4-8：https://www.alliesandmorrison.com/projects/kings-cross

图 4-9（a）：https://architizer.com/

图 4-11、图 4-12、图 4-13：维基百科

图 4-14：https://www.bbc.com/

图 4-15（b）、图 4-16：杨诗雨拍摄

图 4-17、图 4-21（a）、图 4-21（b）：yorkpress.co.uk

图 4-19：https://www.euansguide.com/

图 4-21（b）：creativetourist.com

图 4-21（c）：expedia.co.uk

图 4-22：thecravetraveler.com

【参考文献】

[1] KCCLP. King's Cross Central[EB/OL][2024-08-01]. https：//www.kingscross.co.uk/.

[2] King's cross, London[EB/OL][2024-08-01]. http://en.wikipedia.org/wiki/King%27s_Cross,_London.

[3] ARCHITIZER. 2019 A+awards project of the year：heatherwick studio's coal drops yard [EB/OL][2024-08-01]. https：//architizer.com/blog/inspiration/stories/2019-a-awards-project-year-heatherwick-studio-coal-drops-yard/.

[4] ALLIS，MORRISON.King's cross[EB/OL][2024-08-01]. https：//www.alliesandmorrison.com/projects/kings-cross.

[5] URBAN LAND INSTITUTE. King's cross project snapshot[EB/OL] [2024-08-01]. https：//urbanplan.uli.org/resources/overview/project-snapshots/kings-cross/.

[6] EUROSTAR. Home[EB/OL] [2024-08-01]. https：//www.eurostar.com/.

[7] BBC. In pictures: Eurostar celebrates 25 years of service[EB/OL]. [2024-08-01]. https://www.bbc.com/news/uk-50418077.

[8] NATIONAL RAILWAY MUSEUM. Home[EB/OL][2024-08-01] . https：//www.railwaymuseum.org.uk/.

[9] YORK PRESS. Standards 'have improved greatly'[EB/OL]. [2024-08-01]. https://www.yorkpress.co.uk/news/10804954.standards-have-improved-greatly/.

[10] THE CRAVE TRAVELER. How to take a day trip to York from London[EB/OL]. [2024-08-01]. https://www.thecravetraveler.com/london-to-york/.

第5章

欧洲大陆铁路遗产

5.1 穿越阿尔卑斯的世界遗产
——瑞士阿尔布拉与贝尔尼纳铁路

案例小档案：

项目名称：阿尔布拉与贝尔尼纳铁路，瑞士

英文名称：Rhaetian Railway in the Albula / Bernina Landscape, Switzerland

初建年代：1904 年

遗产类型：运营铁路、遗产铁路／铁路线路及工程不可移动遗产

遗产风格：穿过阿尔卑斯山区的高山铁路

项目规模：128 km

利用模式：正常运营模式、文旅开发模式

导读与知识点：

（1）恶劣山区条件下修筑铁路的多技术解决方案，是 20 世纪初中央阿尔卑斯山地区铁路发展的典范，2008 年列入《世界文化遗产名录》。

（2）包括两段著名线路和两款明星旅游列车，被誉为"穿越阿尔卑斯山区的最高线路"和"世界上最慢的特快列车"。

5.1.1 世界文化遗产：基础设施与景观融合的典范

雷蒂亚铁路（Rhaetian Railway）公司是一家瑞士的私营铁路运输公司，总部设在库尔，经营瑞士格劳宾登州的窄轨铁路网。雷蒂亚铁路公司所辖线路中最为出名的两条铁路，当属阿尔布拉铁路与贝尔尼纳铁路。前者起自小镇图西斯（Thusis），穿过螺旋隧道，越过高架桥，沿着阿尔布拉山谷攀升至著名滑雪胜地圣莫里茨（St. Moritz），于 1904 年开通，全长 67 km；后者则由圣莫里茨出发，向南翻越贝尔尼纳山口，直到意大利北部小镇蒂拉诺（Tirano），全长 61 km，包括 13 个隧道和棚洞，以及 52 座高架桥和桥梁。

2008 年，因这两条铁路悠久的历史、独特的工程造诣和沿途美丽的风景，共同列入《世界文化遗产名录》，成为欧洲继奥地利塞默林铁路后，第二项入选《世界文化遗产名录》的铁路项目。

雷蒂亚铁路乘客中有 40% 是本地通勤者，但 80% 的客运收入来自旅游交通。阿尔布拉和贝尔尼纳铁路不仅提供了便捷的交通方式，更是游客体验打卡的目标。图 5-1 为雷蒂亚铁路公司运营的完整铁路线。

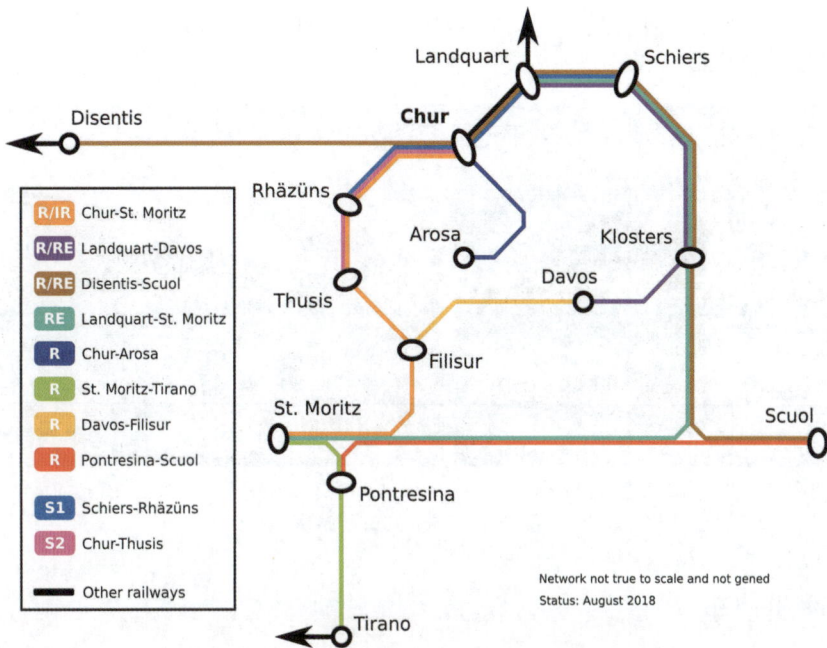

图 5-1　雷蒂亚铁路公司运营的完整铁路线

在 2008 年该线路被收录进世界文化遗产名录时，联合国教科文组织评价："整个线路是 20 世纪初铁路用于克服中央阿尔卑斯山区定居点的典范，对山区生活产生了重大而持久的社会经济影响。它是将卓越技术、建筑和自然环境合为一体的代表。"（见图 5-2）。

图 5-2　阿尔卑斯山区极具工程造诣的连续 180° 展线

《孤独星球》说，有一种浪漫，只有在瑞士火车旅行中可以找到。列车经过高山、峡谷，穿越小镇中心（见图 5-3）。

（a）在小镇街道上如有轨电车行驶的列车　　　（b）贝尔尼纳铁路上一处石头建造的百年站房

图 5-3　瑞士火车及站房

5.1.2　冰川快车

冰川快车（Glacier Express）是雷蒂亚铁路上重要的观光列车，自 1930 年开行，是世界十大顶级豪华列车之一。其起点和终点分别位于阿尔卑斯两个知名山峰——马特峰（Matterhorn）和贝尔尼纳峰（Piz Bernina），连接了瑞士阿尔卑斯山区的两个滑雪度假胜地——采尔马特（Zermatt）和圣莫里茨，其中图西斯至圣莫里茨路段属于世界遗产线路。线路全年运行，在夏季还会开通前往达沃斯（Davos）的支线。达沃斯是达沃斯论坛（World Economic Forum，世界经济论坛）的举办地，每年聚集全球工商、政治、学术、媒体等领域的领袖人物。

图 5-4　冰川快车纪念玻璃杯

冰川快车其实名不符实，"快车"是表达在全程 291 km、约 8 h 内乘客不必换乘，但实际上平均时速仅 36 km，也被称为"世界上最慢的特快列车"。冰川快车经由的整条线路可分为东西两段，其中西段由雷蒂亚铁路公司运营，采用传统轮轨铁路；东段由马特峰圣哥达铁路公司（MGBahn)运营，在部分区段采用齿轨铁路翻越陡峭的山岭。

冰川列车在爬坡或进入螺旋隧道时，玻璃杯里的饮料会倾斜。纪念玻璃杯因此采用了倾斜的底座设计（见图 5-4）。

> **引申：齿轨铁路**
>
> 齿轨铁路（rack-and-pinion railway）是一种登山铁路。齿轨系统由齿条和小齿轮组成。齿轨铁路在普通铁轨中间的轨枕上另外放置一条特别的齿轨系统来帮助列车爬升陡峭的坡道。与同样常见于登山铁路中的缆索铁路系统相比，齿轨铁路可以在平地与登山铁路两套系统间自由切换，适合更长、更复杂的线路，也拥有更强的运输能力。

轮轨铁路的最大爬坡能力为 40‰~60‰，特殊情况下可以达到 90‰。在山区或陡峭地形中，齿轨能提供额外的牵引力，解决轮轨黏着力不足的问题，最大坡度可达 480‰，图 5-5 为齿轨系统示意。

朗德瓦萨高架桥是冰川快车经过阿尔布拉铁路段上最壮观的地标。桥高达 65 m，横跨朗德瓦萨山谷（见图 5-6）。高架桥修建时仅使用了两台起重机而非脚手架，因此被称为一项杰出的建筑壮举。

图 5-5　齿轨系统示意

图 5-6　壮观的朗德瓦萨高架桥

冰川快车是世界上最受欢迎的全景观列车之一，游客能更好地欣赏美丽壮观的自然风光（见图 5-7）。全程票价并不便宜，分为两档，一等座 268 瑞士法郎，二等座 152 瑞士法郎（瑞士法朗与人民币的换算汇率约为 8）。

（a）列车与四季景色　　　　　　　　（b）全景车厢内景
图 5-7　采尔马特到圣莫里茨的四季景色及冰川快车全景车厢

5.1.3　贝尔尼纳快车

贝尔尼纳快车（Bernina Express）由库尔开往蒂拉诺，全程 144 km，行驶时间约 4 h。其中图西斯—波斯基亚沃—蒂拉诺路段属于世界遗产线路。

与冰川快车一样，贝尔尼纳快车并非高速火车，主要作观光用途。图 5-8 展示了海拔 2 140 m 的贝尔尼纳山口（Bernina Pass）在铁路修建前的景象。从图中可以看出，在修建之初，铁路距离冰山非常近，随着气候变化，冰山逐渐退化，形成了近处绿荫远处冰川的情景。

（a）如今的列车与冰川　　　　　　（b）百余年前修建时的冰川景象

图 5-8　贝尔尼纳铁路与冰川

贝尔尼纳铁路线上的一处重要景观与工程奇迹是位于布鲁西奥（Brusio）和坎帕斯基奥（Campascio）火车站之间的布鲁西奥螺旋高架桥。为将铁路坡度限制在 70‰ 以内，建造了这条从山谷底部盘旋上升 360° 的展线（见图 5-9）。螺旋高架桥长 110 m，水平曲率半径为 70 m。

图 5-9　螺旋形展线（布鲁西奥大回旋）与九孔桥是贝尔尼纳铁路的名片

在贝尔尼纳铁路建设过程中，工程师们决定最大限度地遵循和适应自然景观，尽量避免不必要的复杂性。同时，该线希望能适用于客货两用，因此没有采用载重能力较低的齿轨铁路。贝尔尼纳快车配备有延伸到车顶的270°观光车窗，夏季还有开敞车厢（见图5-10）。

5.1.4 阿尔布拉铁路博物馆

2012年，位于贝尔京的阿尔布拉铁路博物馆（Albula Railway Museum）全新亮相

（a）1910年代的明信片，背景是帕卢冰川（Palu Glacier）

（b）夏季的开敞车厢

图5-10　贝尔尼纳快车

（见图5-11）。博物馆由军械库改造而成，游客可以登上1926年制造的、活态保存的"鳄鱼"火车头，缅怀往昔的铁路岁月。馆中有1:87比例的地形铁路线模型，以及活化保存的老式登山机车。

（a）沙盘模型

（b）历史机车

图5-11　阿尔布拉铁路博物馆

参访小贴士：

如何到达：从瑞士的主要城市均可乘坐瑞士国铁的列车前往库尔，开启雷蒂亚铁路之旅，也可以从意大利米兰乘坐火车前往蒂拉诺，体验贝尔尼纳快车。

最佳参访时间：最佳时间是5月至9月的春夏季，天气适宜赏景和户外活动。另外，阿尔卑斯山区冬季有如画的雪景，适合滑雪等冬季运动的游客。

周边景点或美食：库尔作为瑞士最古老的城市，可前往历史遗址和瑞士国家公园；圣莫里茨以奢华旅游著称，包括高端商店和冬季运动设施；蒂拉诺有迷人的历史景观和当地餐馆，这些餐馆供应地区特色菜肴。

5.2　全世界最长的铁路——俄罗斯西伯利亚铁路

案例小档案：

项目名称：西伯利亚大铁路，俄罗斯

英文名称：Trans-Siberian Railway，Russia

初建年代：1891 年

遗产类型：运营铁路 / 铁路线路及工程不可移动遗产

遗产风格：世界上最长的铁路线路，工程传奇

项目规模：9 298 km

利用模式：正常运营模式

导读与知识点：

（1）西伯利亚铁路从莫斯科一直延伸到俄罗斯远东的符拉迪沃斯托克（海参崴），是迄今世界上最长的铁路，全长 9 298 km，是 19 世纪最雄心勃勃的铁路工程。

（2）西伯利亚铁路途经贝加尔湖、乌拉尔山脉等自然景观，为旅行者呈现了俄罗斯广袤的壮美景色。沿线湖泊、山脉、森林和平原交织在一起，提供了令人惊叹的自然美景。

（3）西伯利亚铁路见证了俄罗斯帝国的扩张、苏联时期的变革及现代俄罗斯的发展，也是如今"一带一路"倡议下的重要铁路线。

5.2.1　修建背景

1977 年，作家 Eric Newby 在完成一场跨西伯利亚铁路旅程后发出感慨："世界上再没有长度可与之媲美的铁路旅程了。只有横跨西伯利亚才是火车大旅行，其余的都不足挂齿。"跨西伯利亚大铁路横贯亚欧大陆，从俄罗斯的心脏莫斯科延伸到遥远的太平洋港口符拉迪沃斯托克（海参崴），全长 9 298 km，如果加上通往纳霍德卡港的连接线，总长达到 9 441 km，是 19 世纪最雄心勃勃的铁路工程，也是迄今世界上最长的单一铁路系统。而莫斯科到符拉迪沃斯托克（海参崴）这段车程，要经过 90 个城市、近 100 度经度、8 个时区，从莫斯科到符拉迪沃斯托克（海参崴）总计 144 h。

这条铁路的建设是为了连接俄罗斯的欧洲部分和遥远的东部地区，同时加强对偏远地区的控制和开发。它的建成不仅加速了俄罗斯的工业化进程，也促进了沿线地区的经济和文化发展，使得俄罗斯与亚洲的联系更加紧密。

作为一条历史悠久的铁路，西伯利亚铁路在技术和设计上也不断更新。从最初的蒸汽机车到现代的双线、电气化铁路系统，新技术提高了运输效率和旅客舒适度，并提升了抵御极端天气条件和永久冻土融化的基础设施能力。

5.2.2　沿途风景与旅游体验

西伯利亚铁路横跨俄罗斯广阔的土地，沿途风景壮丽多变，从乌拉尔山脉的壮观山景到贝加尔湖的清澈湖水，再到西伯利亚广袤的森林和草原。乘客可以体验从欧洲到亚洲的独特文化和自然景观的变化（见图5-12）。

建成之初，为鼓励外国旅行者搭乘，并帮助他们打发车上的漫长时光，编写了一本500页的《西伯利亚大铁路指南》（*Guide to the Great Siberian Railway*），用丰富的照片和图表描绘了一幅俄罗斯乡村生活的浪漫美丽的图画，展示了途经之地的风土人情。

图5-12　西伯利亚铁路上的红色列车

引申：从东向西打卡西伯利亚铁路的沿途城市

很多人选择从北京坐车到蒙古国，再从蒙古国开始旅行，但这是从西伯利亚铁路的中段开始，无法完整体验全程。从国内出发体验全程的建议路线如下。

（1）第一站：符拉迪沃斯托克（海参崴）。这座城市是西伯利亚铁路的东端点，港口和铁路网络使其成为连接俄罗斯与太平洋沿岸国家的枢纽。城市拥有众多欧式建筑，著名景点有"玻璃沙滩"。

（2）第二站：伊尔库茨克。从符拉迪沃斯托克（海参崴）搭乘火车到达伊尔库茨克需要四天三晚。这里靠近贝加尔湖，下车便可以坐巴士游玩贝加尔湖（见图5-13），

图5-13　贝加尔湖畔的列车

再继续乘坐火车，两天时间到达新西伯利亚，短暂停留后再乘坐 20 余小时的火车到达下一站叶卡捷琳堡。

（3）第三站：叶卡捷琳堡。是俄罗斯最古老的城市，位于俄罗斯乌拉尔地区，是一座历史悠久且现代化的城市，融合了文化、历史和自然景观，是著名作家陀思妥耶夫斯基的故乡。

（4）第四站：莫斯科。体验俄罗斯首都的特有文化与风貌，游客也可以换乘快车继续前往圣彼得堡。

雅罗斯拉夫火车站（Yaroslavsky Rail Terminal）是莫斯科的九大火车站之一，车站的名称来源于铁路线上的第一个大城市——古城雅罗斯拉夫。图 5-14 是远方来客 K3 列车到达莫斯科时的场景。

火车全程中的每一站都可以下车（见图 5-15），欣赏当地人不同的衣着风格，与人攀谈或购物。

图 5-14　西伯利亚铁路起点莫斯科雅罗斯拉夫火车站

图 5-15　列车停靠在乌兰乌德站

5.2.3　铁路的战略影响

在 1917 年的俄国十月革命和第二次世界大战期间，这条铁路发挥了重要的军事和经济作用（见图 5-16），不仅是运输兵力和物资的要道，还成为许多犹太人逃离欧洲的途径。

这条铁路为"一带一路"倡议提供了直接的陆路联系，促进了贸易和文化交流，物资和人员能够往来于俄罗斯、欧洲与中国及其他亚洲国家。

（a）起点纪念牌

（b）历史机车

图 5-16　西伯利亚铁路起点纪念碑及沿途的蒸汽机雕塑

参访小贴士：

如何到达：从国内出发，既可以搭乘北京站始发的 K3 次国际列车，从二连浩特出境经乌兰巴托到达跨西伯利亚铁路中段，也可以飞抵铁路最东端的符拉迪沃斯托克（海参崴），乘坐火车一路向西到达莫斯科。

最佳参访时间：最佳游玩时间是 5 月至 8 月底的夏季，也可延长至 10 月。期间日照时间充足，增强了途经广阔景观的多样体验。特别需要注意，铁路横跨了多个时区，抵达一个新的城市请务必将手表调整为当地时间，以防错过火车。

推荐美食：沿途品尝当地的俄罗斯美食，且美食品种和口味会因地域而异。例如，在西伯利亚可尝试以贝加尔湖本地鱼为特色的菜肴，或者反映俄罗斯烹饪传统的西伯利亚炖菜。

5.3 世界上首个城市高架绿地——法国巴黎"高线公园"

案例小档案：

项目名称：巴黎"高线公园"，法国巴黎

英文名称：Planted walkway of Rene Dumont, Paris, France

初建年代：1859 年

遗产类型：废弃铁路 / 铁路线路及工程不可移动遗产

遗产风格：工业风

项目规模：4.7 km

利用模式：功能置换模式

导读与知识点：

（1）巴黎"高线公园"前身是一条废弃铁路——文森铁路线，经改造成为世界上首个城市高架公园。

（2）该公园设计独特，结合了现代城市绿化与历史铁路遗迹的元素。公园沿线种植了多层次的植被，为城市提供了独特的自然体验。

（3）高线公园成功改造，激发了纽约高线公园等不同城市的工程案例。

5.3.1 从文森铁路线到巴黎"高线公园"

巴黎"高线公园"（法文名 Coulée Verte René-Dumont）也称巴黎绿荫步道，是世界上首个城市高架绿地项目，也是一个具有里程碑意义的城市更新项目。1859 年，文森铁路线（Vincennes Railway）曾是连接巴黎市中心与东部地区的交通动脉，每天开行有著名"玫瑰班车"，将文森种植的玫瑰运至巴士底（见图 5-17）。

随着地铁和区域快速交通 A 线（RER）的建设，这条铁路连接巴黎与东郊的功能

（a）巴士底广场的文森火车站，是该线起点　　（b）19 世纪末从桥上穿越雷德鲁 - 罗兰大道的列车

图 5-17　历史上的文森火车站与铁路线

逐渐失去，最终于1969年关闭。巴黎到文森区间的废弃铁路线路一度被视为巴黎东部地区城市发展的障碍。

20世纪90年代初，巴黎市政府面对这条历史悠久但废弃多年的文森铁路线，选择了一个大胆且创新的改造方案，将其改造为一条近5 km长、绿意盎然的高架步行道（见图5-18）。这一决定不仅改变了这条铁路线的命运，也为城市景观注入了新的活力。

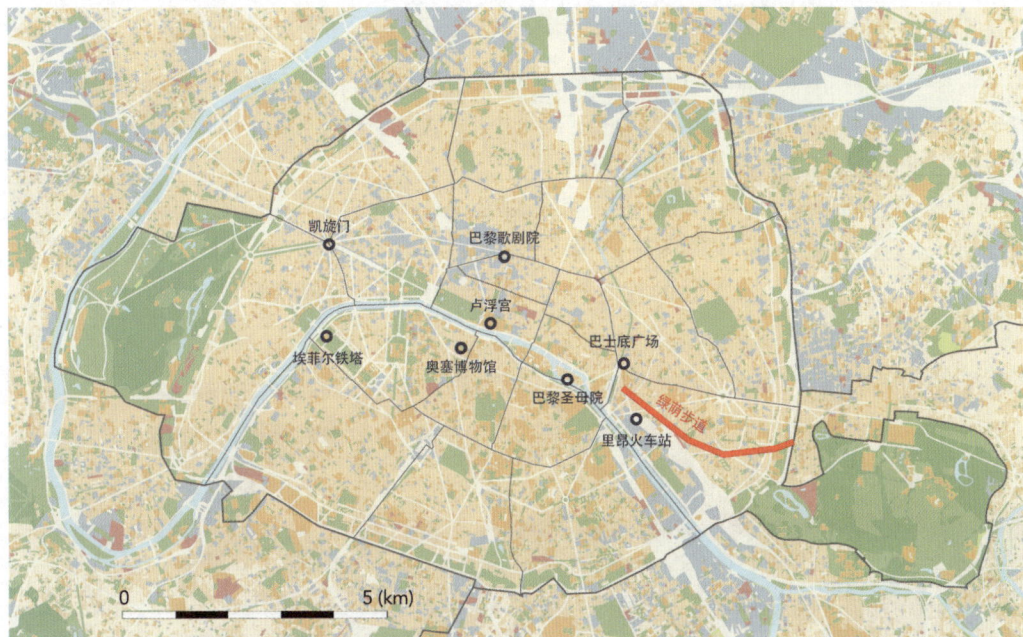

图 5-18 绿荫步道在巴黎城市中的位置

1986年，巴黎市政府从法国国营铁路公司手中分段购买了这条荒废已久且滋生社会问题的铁路线，并结合地区改造进行翻新。废弃的巴士底火车站改为展览馆。1986年，根据规划，勒伊段的铁路机车厂也被整合到公园范围内，废弃线路改造的绿荫步道投入使用（见图5-19）。

从 Montgalle 大道沿着楼梯拾步而上，便来到"高线公园"的重要节点——勒伊公园。

图 5-19 绿荫步道

5.3.2 体验"高线公园"

高线公园全长 4.7 km，包含高架桥、与城市地面平交的广场及隧道等多种类的空间形态，创造了各种高品质的文化、休闲、绿色公共空间。

1. 艺术拱廊

"艺术拱廊"（le Viaduc des Arts）是步道最著名的部分。改造前的铁路高架桥阻隔了两侧城市空间的往来，改造时，通过在桥下红砖拱门中嵌入各种艺术工作室和画廊，实现了空间渗透与文化展示（见图 5-20）。

高架桥上曾经杂草丛生的场景被彻底改造，原有的火车轨道虽然被移除，但保留了轨道的宽度作为步道，两侧依据土壤厚度种植了不同的乔木和灌木，空中花园的种植则采用了法国古典主义园林的几何构图，给当地居民带来了亲切感。

（a）历史照片　　　　　　　　　　　　　（b）俯瞰拱廊现状

图 5-20　从铁路高架桥到艺术拱廊

2. 勒伊公园

整条步道上有两处集中的公共空间，分别是由老货场改造而成的勒伊公园（Jardin de Reuilly）和位于与老环城铁路交会处的夏尔佩吉广场。在高密度的巴黎城市中，公共空间显得尤为珍贵。

连绵的拱顶下是一连串时尚品牌工作室、展示厅、餐厅、画廊和商店，这里有图形创作、手工吹制玻璃工作室、定制马赛克、手工制鞋师、制琴师，还有时尚概念店、巧克力店。在靠近居民楼的一侧，部分夹层设置了运动、游乐场地。

勒伊协商控制区是一片由勒伊公园及住宅、商业、体育馆等组成的城市区域，占地 12.5 hm²，1985 年开始建设，至 1991 年完工，其核心设计理念是赋予周围丰富多样的城市功能，呈现开放、平等、多样的城市姿态。由于它处于绿荫步道中心，同时也是巴士底广场、民族广场、贝西公园、朵蕾门、塞纳河等著名景点的几何位置中心，良好的交通可达性赋予它极高的公共属性。

勒伊公园呈圆形，通过辐射状的线条将其划分为不同功能活动区。中央横跨一座轻盈的钢木结构斜拉桥，连接西侧较高的新桥段和东侧较为平坦的林荫道（见图 5-21）。

图 5-21　勒伊公园

3. 夏尔·佩吉广场

1989 年开放的夏尔·佩吉广场（Square Charles Péguy）是绿荫步道中最早完成的部分之一（见图 5-22）。由于地处巴黎城市边缘，周边多为居住区，因此采用了与勒伊公园截然不同的设计方法，创造了更多半开放和私密的零散空间，并增设了儿童游乐设施和体育活动场地。

在景观设计上，夏尔·佩吉广场融合了铁路元素并更注重自然野趣，随意种植的乔木不强调宏大叙事，小尺度空间更能激发归属感，帮助不同人群和谐共处，甚至比城市中心的勒伊公园更受到周边居民欢迎。

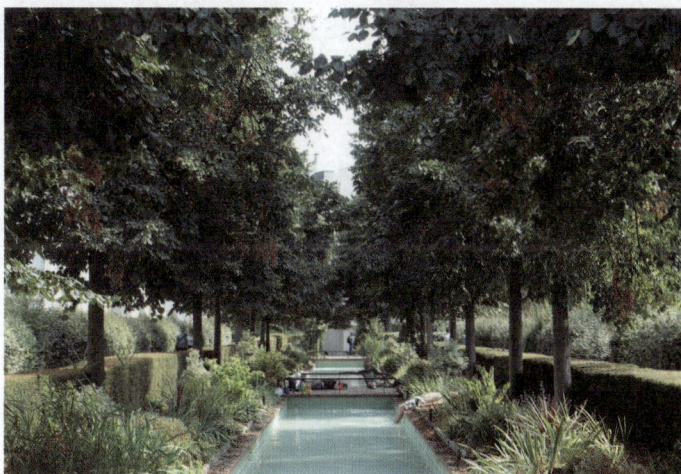

图 5-22　夏天的绿荫步道

巴黎"高线公园"是城市绿化和历史保护的典范。在"高线公园"的规划设计中，可持续性和环境友好性是重要的考虑因素。设计团队在保留铁路历史特征的同时，也注重生态保护和生物多样性，街道、建筑、长椅、艺术装置、雕塑小品与水景绿植巧妙融合，形成了一道独特的风景线，为游客提供了休憩和欣赏的空间。它的成功激发了全球多个城市进行类似的铁路遗产再利用项目，如纽约的"高线公园"（见图 5-23）。

（a）俯瞰高线公园

（b）通向地面的人行坡道

（c）贴近建筑的敞廊

图5-23　纽约"高线公园"

引申：其他国家的"高线公园"

（1）美国纽约"高线公园"

纽约高线公园（The High Line）在设计理念上深受巴黎项目的影响。它利用一条1930年修建的港口铁路货运专用线，在民间组织"高线之友"的倡导下，由纽约市政府牵头并部分投资，于2009年改造成了一个全球瞩目的公共绿地和区域复兴的引擎。这条线形空中花园总长仅约2.4 km，分三期建设，是一个充满活力的绿色走廊，保留铁路工业遗迹的原始特征，同时注入现代景观设计的元素和自然植被。高线公园的成功，使得它所在的哈得孙区域一跃成为纽约增长最快、最有活力的社区。

高线公园的成功证明了公共资金投资于公共空间能刺激区域经济发展，为相似案例得以实施提供了实证基础。

（2）澳大利亚悉尼"高线公园"

悉尼"高线公园"（The Goods Line），原是联系悉尼内陆罗泽尔与达令港的货运铁路线（Rozelle-Darling Harbour Goods Line）的一部分（见图5-24）。

该公园位于 Ultimo 地区，通过将废弃的货运线改造成为舒适且开放的城市空间，保留铁路遗迹，串联起中央公园—大学—唐人街—达令港等重要空间，打造成一条串联起艺术、媒体、教育和文化机构的城市公园，使原本孤立的教育创新区、居住区、港口观光区、中央商务区成为有机的整体。

图 5-24 悉尼"高线公园"

参访小贴士：

如何到达：巴黎"高线公园"的起始点为 Coulée Verte René-Dumont, 75012 Paris，但沿线都能方便地进出。最常见的入口靠近巴士底歌剧院，就在地铁站巴士底站附近。

最佳参访时间：四季均适合游览。

周边景点：位于巴黎核心区域，提供了一种游走在巴黎街头上方的独特体验，也可以方便到达其他景点。

5.4 葡萄牙旅游第一站——充满历史文化的城市火车站

案例小档案：

项目名称：圣本托火车站、罗西乌火车站、东方火车站，葡萄牙

英文名称：São Bento Railway Station, Rossio Railway Station, Oriente Railway Station，Portugal

初建年代：1916 年、1886 年、1998 年

遗产类型：运营铁路／铁路建筑不可移动遗产

遗产风格：伴随城市生长的最美火车站

利用模式：正常运营模式

导读与知识点：

（1）波尔图的圣本托火车站建于 1916 年（见图 5-25），建筑风格受法国美术学院派影响，呈现对称的几何结构，内部装饰采用两万多块蓝白及彩色瓷砖装饰，被称为葡萄牙最美火车站。车站位于市中心阿尔梅达加勒特广场。1900 年，国王卡洛斯一世为车站奠基，1917 年正式启用。外立面采用了花岗岩和石灰岩，装饰有浮雕、拱门和雕塑等元素，给人庄严、宏伟、奢华的感受。

（2）里斯本的罗西乌火车站建于 1886 年，具有宫殿式外观，通过地下挖掘的隧道连接周围城市，是 19 世纪葡萄牙最伟大的工程之一。

（3）里斯本的东方火车站建于 1998 年世博会前，由西班牙著名建筑师、结构工程师圣地亚哥·卡拉特拉瓦设计，其代表作还有纽约世贸中心交通枢纽。

葡萄牙是欧洲大陆最西端的国家，地形狭长，东北部与西班牙接壤，西南部濒临大西洋。葡萄牙国家铁路网从南到北贯通葡萄牙大小城市及邻国西班牙。悠久的历史文化赋予 3 座火车站不同的性格。

图 5-25 波尔图老城中心的圣本托火车站

5.4.1　圣本托火车站

圣本托火车站位于波尔图，由本地建筑师何塞·马克斯·达·席尔瓦（José Marques da Silva）设计，外立面庄严典雅，采用布杂艺术建筑风格（Style Beaux-Arts），强调建筑的宏伟、对称、秩序，因而从平面到立面具有严谨的几何构图（见图5-26）。大厅内装饰有2万余块绘有葡萄牙交通史和王室生活的瓷砖，被誉为"葡萄牙最美的火车站"（见图5-27）。

图5-26　圣本托火车站站台

（a）车站大厅满铺多达551 m² 的蓝白及彩色陶砖壁画

（b）"青花瓷"画作描绘了葡萄牙历史上的重大事件，上部一圈描绘葡萄牙交通史，并用上下两圈的蓝、金双色花卉饰带分割

图5-27　圣本托火车站大厅

引申：葡萄牙的"青花瓷"

青花瓷是始于唐代的中国传统陶瓷工艺，常以蓝色为图画，白色为底。葡萄牙有一种相似的陶瓷艺术 Azulejo（蓝白陶瓷瓷砖）。两者在历史上并没有直接的传承或关系，但在艺术风格和装饰技术上却有相似之处，体现了不同文化环境下的艺术共同性。

Azulejo 可追溯至 14 世纪，最早出现在伊比利亚半岛，后被引入葡萄牙和西班牙。Azulejo 在葡萄牙应用非常广泛，既用于宫殿、教堂等大型建筑的装饰，也用于普通人家。Azulejo 不仅是一种装饰材料，也是葡萄牙文化的象征之一。

2005 年，普利兹克建筑奖得主、荷兰建筑师、CCTV 大楼设计者雷姆·库哈斯（Rem Koolhaas）在其设计的波尔图音乐厅中（见图 5-28），采用了这一葡萄牙传统陶瓷工艺作为重要建筑内饰。

图 5-28　Azulejo 装饰的波尔图音乐厅

5.4.2　罗西乌火车站

罗西乌火车站位于里斯本最重要的广场之一罗西乌广场，由葡萄牙建筑师 Jose Luis Monteiro 设计，于 1890 年竣工。由于铁路轨道是铺设在城市地下隧道内的，罗西乌火车站被认为是葡萄牙 19 世纪最伟大的工程之一。

与传统火车站不同，罗西乌火车站更像是一座宫殿或剧场（见图 5-29）。1957 年之前，该站一直是里斯本的主要客运终点站，从 20 世纪 90 年代初起，只有少数长途列车在此停靠。

该站建筑风格是对 16 世纪早期葡萄牙典型的曼努埃尔（Manueline）风格的浪漫再创造，首层正立面有 8 个精心雕刻的拱门，中央入口处两个马蹄形门廊相互交织，上方还有一座耸起的装饰性钟楼。

（a）车站外观　　　　　　　　　　　　（b）马蹄形门廊

图 5-29　罗西乌火车站

19世纪早期，为缓解巴黎的地面交通拥堵，挖掘了约600 m的地下隧道。该地下隧道于1837年完工并铺设铁路线路，成为巴黎至圣日耳曼铁路的一部分。这是城市地下隧道在铁路交通中的首次应用，为地下铁路交通网络奠定了基础。

5.4.3 东方火车站

东方火车站是里斯本的新门户（见图5-30），为迎接1998年世界博览会而在废弃工业区上的万国公园兴建，距市中心6 km。车站由西班牙建筑大师、结构工程师圣地亚哥·卡拉特拉瓦（Santiago Calatrava）设计，车站展现了典型的卡拉特拉瓦设计风格，屋顶像是一片片展开的翅膀，遮阳并呈现美丽斑驳的光影。这座交通枢纽不仅衔接了穿梭各城市间的高速火车，更将通勤铁路、公交、地下停车场、城市轻轨线及购物中心等融为一体。卡拉特拉瓦有结构诗人的美称，作品宛如抽象雕塑，包括纽约世贸中心交通枢纽、西班牙瓦伦西亚艺术与科学城和交通枢纽、希腊2004年雅典奥运会主体育场等。

图5-30 东方火车站

5.5 一座印象派美术馆的前世今生——法国巴黎奥赛博物馆

案例小档案：

项目名称：奥赛博物馆，法国巴黎

英文名称：Orsay Museum, Paris, France

初建年代：1900 年

遗产类型：废弃铁路 / 铁路建筑不可移动遗产

遗产风格：布杂艺术建筑风格（Beaux-Arts）

项目规模：5.7 万 m²

利用模式：功能置换模式

导读与知识点：

（1）世界各地的废弃铁路车站常面临拆除或遗忘的命运，奥赛博物馆是一例功能转型成功的案例，将废弃车站改造成为艺术殿堂。

（2）工业建筑的改造利用是全世界面临的难题，作为矗立在城市核心地段的公共建筑，奥赛博物馆维持原有建筑外观，与城市风貌及周边建筑相协调。

（3）奥赛博物馆收藏有世界上最多的印象派和后印象派作品，与卢浮宫、蓬皮杜中心并称巴黎三大艺术博物馆。

5.5.1 前身——奥赛火车站

奥赛博物馆坐落于法国巴黎塞纳河畔的左岸，其前身是奥赛火车站（见图 5-31）。1898 年该站建成，以迎接 1900 年前来参加巴黎世界博览会的游客。车站一直是法国

（a）1909 年的明信片，画面左侧为塞纳河，右侧的奥赛火车站与卢浮宫等重要建筑隔河相望，车站采用了维克多·拉卢的布杂艺术风格（Beaux-Arts）设计方案

（b）拍摄于 1900 年，当时领先的铸铁框架结构允许更高大的内部空间，并支撑起巨大的拱形玻璃天窗，车站内外装饰以优雅的新古典主义风格和精美的雕刻壁画

图 5-31 奥赛火车站

西南部铁路网络的总站，但随着铁路技术升级，特别是 138 m 长的站台无法满足新型电力火车的总长，车站最终于 1939 年停运废弃。

5.5.2 建筑改造

奥赛火车站在 1939 年废弃后，曾一度被用作停车场、邮件中心和电影拍摄地点，直到 20 世纪 70 年代，随着对历史建筑保护意识的增强，在时任法国总统蓬皮杜及继任政府的支持下，1977 年，法国政府决定将车站改造为美术馆，1978 年，车站被列为历史古迹，1986 年，奥赛博物馆建成开馆。建筑改造中原有车站的外观得到了完整的保留，入口则从面向塞纳河的北立面改为西侧（见图 5-32）。一座工业历史遗产得以保存，并为巴黎增添了一个新的文化场所。

图 5-32 奥赛博物馆

改造工程由 ACT 建筑事务所承担，秉承保留与创新、重新诠释的设计理念，一方面，车站高大、宽敞的内部空间及原有玻璃天棚能为艺术品展示创造理想的自然光照条件；另一方面，按照博物馆展陈功能要求，对旧建筑空间、尺度等进行调整和加建（见图 5-33）。

奥赛博物馆主要分 3 层：地面层、中间层和顶层，为不同尺寸和类型的画作、雕塑等展品布展提供了灵活性。小展厅分列大厅的两侧，中央保留原车站大厅恢宏的气势，以充分展示原有精美的天花装饰。

图 5-33 改造前后的场景对比

车站的标志性元素都得以保留，如玻璃天棚、能通风的拱形侧窗和巨大的钟表。建筑室内新旧风格融为一体，石材天顶、台阶、墙面和铺地统一和谐，仅能从石材的颜色上分辨来自不同的时期（见图5-34）。

图5-34 博物馆主大厅

中央大厅两侧原本高大的空间被划分成一系列小展厅，作为要求空间封闭、尺度适宜、光线较暗的画廊空间需求（见图5-35）。

图5-35 展出画作、小型雕塑的小展厅

奥赛博物馆的观众从建筑西侧进入，拾级而上进入长 100 m、高 32 m 的宽敞大厅，视线所及便是原火车站遗留的、大理石装饰的玻璃天棚，依稀能感受百余年前奢华的火车站场景。逐步抬高的阶梯给了大厅一种舞台感，仿佛展出的画作和雕塑是舞台上的布景，游客成了舞台上的主角。改造后的博物馆让空间、艺术品、参访者融为一体。奥赛博物馆中最重要的展品就是它本身（见图 5-36）。

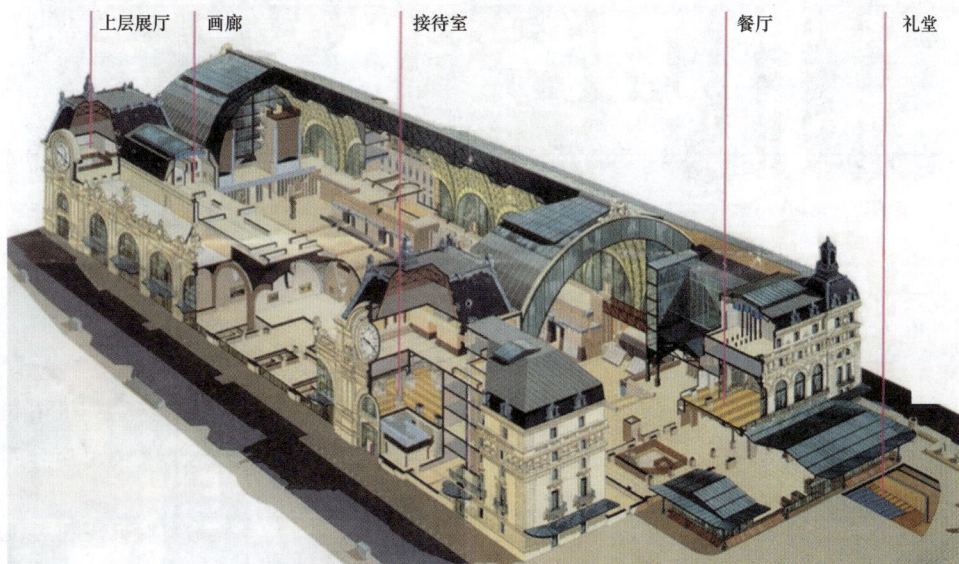

图 5-36 奥赛博物馆轴测导览图

5.5.3 藏品与展览

奥赛博物馆的艺术藏品涵盖了各种风格和时期（见图 5-37），重点收藏 1848—1914 年的法国艺术，包括库尔贝、马奈和雷诺阿等艺术家的标志作品，拥有世界上最大规模的印象派和后印象派杰作，包括莫里索、莫奈、德加、塞尚和凡·高等的作品。博物馆还收藏了雕塑、摄影和装饰艺术等多种艺术形式的作品（见图 5-38），帮助游客全面了解当时的艺术风格，体会 19 世纪末社会和文化的变迁。

（a）草地上的午餐
（爱德华·马奈）

（b）煎饼磨坊的舞会
（奥古斯特·雷诺阿）

（c）罗纳河上的星夜
（凡·高）

图 5-37 奥赛博物馆的部分画作藏品

（a）射箭的赫拉克勒斯（布尔德尔）　　　　　　　（b）地狱之门及其局部

图 5-38　奥赛博物馆的部分雕塑藏品

引申：火车站中的火车

1877 年，印象派代表人物及创始人之一克劳德·莫奈首次展出他的火车画作。作为当时引人注目的技术产物，火车自然吸引了当代艺术家的兴趣。莫奈试图捕捉正在经历的现实瞬间，并将这一印象推向了极致。图 5-39 为莫奈 1877 年创作的《圣拉扎尔火车站》。

圣拉扎尔车站至今仍在运营，是巴黎最繁忙的火车站之一，服务于法国西北部，终点站在诺曼底。莫奈的画作捕捉了火车抵达站台的瞬间。这一画作现藏于奥赛博物馆。

图 5-39　克劳德·莫奈于 1877 年创作的《圣拉扎尔火车站》

曾经用于火车旅行容器的车站，现在成了人文艺术旅程的载体。尽管奥赛车站发生了变化，但它仍然保持着原有的特性。在旧建筑改造利用方面，奥赛代表了和谐统一的设计态度。随着工业遗产更新利用在各国陆续兴起，德国鲁尔、英国利物浦等废旧厂房被改建为新用途，北京 798、上海一九三三等近现代建筑也面临这一转变。

从奥赛博物馆屋顶露台可以俯瞰塞纳河（见图 5-40），并远眺塞纳河右岸的卢浮宫。奥赛博物馆成为连接巴黎城市中心和左岸文化区的重要节点。它的改造和再利用不仅挽救了一座历史建筑，与周围城市环境和谐共存，也为城市的文化生活和旅游业注入了新活力。

博物馆入口楼梯处展示了原有建筑的细部，右侧文字记录了奥赛火车站及其改造为奥赛博物馆的建筑师与建造时间（见图 5-41）。

图 5-40　奥赛博物馆屋顶露台

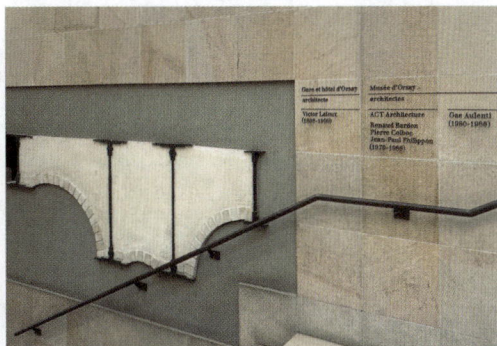

图 5-41　奥赛博物馆入口

引申：巴黎三大艺术博物馆

奥赛博物馆与卢浮宫、蓬皮杜中心被称为巴黎三大艺术博物馆。

（1）卢浮宫藏有超过 38 万件艺术品和文物，包括古埃及、希腊、罗马和伊斯兰艺术，以及中世纪到 19 世纪的欧洲画作和雕塑。最著名的莫过于《蒙娜丽莎》《胜利女神》等。博物馆扩建的标志性玻璃金字塔入口由华裔建筑师贝聿铭设计。

（2）蓬皮杜中心是一个现代艺术的重地，也因其高技派的建筑风格而闻名，管道和结构元素暴露在外，由建筑师皮亚诺和罗杰斯设计，1977 年建成。它拥有欧洲最重要的现代和当代艺术藏品，包括绘画、雕塑、摄影及电影、视频和表演艺术。

参访小贴士：

地址：奥赛博物馆位于巴黎塞纳河左岸，地址是：1 Rue de la Légion d'Honneur, 75007 Paris, France。

如何到达：最近的地铁站是 Solférino 站（地铁 12 号线），或者乘坐 RER C 线到达 Musée d'Orsay 站。

最佳参访时间：博物馆全年开放，开放时间为 9:30—18:00。周一闭馆。

周边景点：博物馆位于市中心，沿着塞纳河步行可到达卢浮宫、巴黎圣母院等著名景点。

5.6　德国最大的基建项目
——斯图加特主火车站改扩建与斯图加特 21 工程

案例小档案：

  项目名称：斯图加特主火车站，德国
  英文名称：Stuttgart Main Station, Germany
  初建年代：1927 年
  遗产类型：运营铁路 / 铁路建筑不可移动遗产
  遗产风格：立体主义建筑风格
  项目规模：11 万 m²
  利用模式：改扩建与地区开发模式

导读与知识点：

  （1）斯图加特主火车站的改扩建工程将一个历史车站转变为现代交通枢纽，并保持其遗产价值。

  （2）斯图加特 21 工程不仅是德国最大的基础设施项目之一，也是平衡复杂城市规划、历史保护和现代需求的一例典范。

5.6.1　历史上的斯图加特主火车站

  斯图加特位于德国西南部的巴登－符腾堡州中部，是州首府和第一大城市。巴登－符腾堡州位于德国、法国、瑞士三国交界处，向北 204 km 是法兰克福，向东南 220 km 是慕尼黑，向南 197 km 是瑞士苏黎世，向西面 150 km 是法国斯特拉斯堡，其地理和交通位置优越。

  斯图加特主火车站采用立体主义风格（见图 5-42），不同于当时主流的装饰风格，设计以简洁的体量塑造建筑。南侧主立面水平延伸，一大一小突出的体量暗示了主次两个入口，中间柱廊加强了空间秩序。右侧塔楼成为视觉终点，塔楼上方还有一处梅赛德斯·奔驰公司的标志，它是斯图加特地区最具代表性的国际公司之一。

图 5-42　斯图加特主火车站主立面

这一代车站可追溯至 1910 年，符腾堡王国铁路局组织车站设计竞赛。按统计，斯图加特是 95% 乘客的旅途终点，于是建造了这座年均 1 500 万人次，日最高 10 万人次的尽头式车站。德国建筑师 Paul Bonatz 和 Friedrich Scholer 中标设计，车站于 1927 年建成通车。

> **引申：那些建成于"咆哮的二十年代"的火车站建筑**
>
> 在西方文化中，"咆哮的二十年代"指 20 世纪 20 年代。在那个经济持续繁荣的时期，美国和西欧具有独特的文化优势，现代科学似乎也无所不能，火车的普及让人们感受到一个全新时代的来临。
>
> 与斯图加特主火车站一样，很多欧洲现存的重要火车站都是 20 世纪 20 年代设计完工的（见图 5-43）。

（a）比利时安特卫普中央火车站（1905 年）

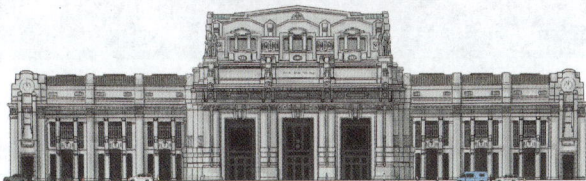

（b）芬兰赫尔辛基中央火车站（1919 年）

（c）意大利米兰中央火车站（1931 年）

（d）德国莱比锡主火车站（1915 年）

图 5-43　建成于 20 世纪 20 年代的欧洲火车站

5.6.2 斯图加特 21 工程

"斯图加特 21"工程全名为"斯图加特—乌尔姆铁路工程"（德语名：Bahnprojekt Stuttgart-Ulm），是目前欧洲最大的交通基建工程（工程于 2010 年正式开工，预计到 2025 年完工）。由于斯图加特特殊的交通枢纽地位，工程建设一条西起法国巴黎，东至匈牙利布达佩斯的欧洲大陆中部的高铁干线，途经法国斯特拉斯堡、德国斯图加特、德国慕尼黑、奥地利维也纳等欧洲重要城市。图 5-44 为斯图加特火车站改造的鸟瞰效果图。

图 5-44　斯图加特火车站改造的鸟瞰效果图

斯图加特 21 工程包含兴建一条全长 120 km 的高铁线路，新建或改建 4 座火车站，包括斯图加特主火车站的改扩建。由于斯图加特 21 工程涉及的地区是德国经济和文化最发达的地区，地理、地质条件非常复杂，又拥有独特的政治、人文传统，工程推行十分困难。工程预算高达 97.73 亿欧元，并不断提升，因而工程引发了巨大争议甚至抵制。

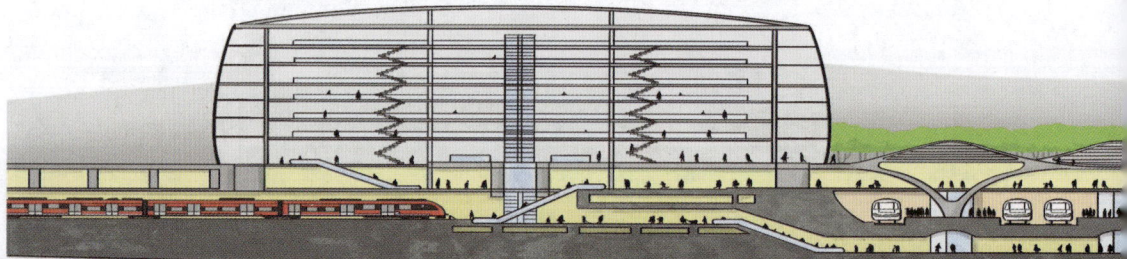

5.6.3 斯图加特主火车站的改扩建

图 5-45（a）所示为正在建造中扩建的地下站台的天窗及转向 90° 的新铁轨。图 5-45（b）所示为改造中的火车站出口，可以看到原火车站的墙面。

（a）建造中的地下站台天窗   （b）改造中的火车站出口

图 5-45　改造中的斯图加特火车站

斯图加特主火车站的改扩建是工程的重要节点。按照规划，火车站将由尽头式改为从地下通过的通过式车站，轨道方向也旋转了 90°，由原有的南北向变为东西向。原有火车站的东、西两翼被拆除，长达 191 m 的南翼被保留，继续作为新火车站的主要入口和附属功能。新火车站的主体被移到地下，将地面开放空间还给城市。图 5-46 所示的剖面图展示了老火车站南翼与新火车站的关系，以及新轨道与市内地铁间的关系。左侧大楼设计为一座新建的商业办公综合体。新火车站由德国著名建筑师 Christoph Ingenhoven 与另一位曾获得普利兹克建筑奖的德国建筑师 Frei Otto 共同设计，在改扩建设计中追求轻盈而优美的建筑形态。

图 5-46　斯图加特 21 工程改扩建后的斯图加特主火车站南北向剖面

漏斗形支柱营造出一个富有韵律的空间，地下大厅全长 400 多 m，顶部有 27 个圆形天窗，昵称"光眼"，如图 5-47 所示。

图 5-47　位于车站地下候车空间内的"光眼"

引申：斯图加特火车站周边

斯图加特是一个值得专程前往旅游的德国城市，开启一段现代主义建筑与后现代主义建筑之旅。

白院聚落作为现代建筑史上的重要里程碑，是 1927 年建成的一组现代主义建筑群，由柯布西耶、密斯、格罗皮乌斯等 21 位国际知名建筑师共同设计，如图 5-48 所示。

斯图加特国立美术馆由斯特林在原美术馆基础上改建完成（见图 5-49），被认为是德国后现代主义建筑代表作。美术馆由 3 个建筑主体组成，包含可追溯到 1843 的旧馆、建于 1984 年的后现代建筑新馆，以及 2002 年新增的斯泰布大厅。

图 5-48　白院聚落

图 5-49　斯图加特国立美术馆

梅赛德斯奔驰博物馆由英国建筑事务所 UN Studio 于 2006 年设计完工（见图 5-50），作为一座文化地标，它带领访客穿越这个传奇汽车品牌的过去、现在和未来。博物馆形似双螺旋结构，表达新旧两条产品时间线的交织和汇合，带来不断的惊喜体验。

斯图加特市立图书馆距离火车站步行不足 10 min，2011 年由韩裔建筑师李恩扬设计建成。设计灵感源于古罗马万神殿，螺旋形楼梯体现了古典与现代的融合，营造内聚的空间感，被誉为"世界上最漂亮的图书馆"。

图 5-50　梅赛德斯奔驰博物馆

图 5-51　斯图加特市立图书馆

参访小贴士：

地址：斯图加特主火车站位于斯图加特市中心，地址是：Stuttgart Hbf Arnulf-Klett-Platz 2, 70173 Stuttgart, Germany。

如何到达：乘坐地铁（S-Bahn）、电车（U-Bahn）或公交（Bus）多条线路均能到达。

最佳参访时间：车站全年 24 h 开放。

周边景点或美食：斯图加特火车站对面便是购物步行街——国王大街。车站可步行去斯图加特市立图书馆、国立美术馆、历史悠久的王宫广场片区等。可以体验猪肘等德国美食，以及符腾堡州施瓦本地区传统美食中德式方饺——施瓦本饺子（Maultaschen）。

5.7　欧洲大陆最古老的地下铁路——布达佩斯地铁一号线

案例小档案：

项目名称：地铁一号线 / 千禧地下铁路，匈牙利布达佩斯
英文名称：Metro Line 1/ Millennium Underground Railway, Budapest, Hungary
初建年代：1896 年
遗产类型：运营铁路 / 铁路线路及工程不可移动遗产
项目规模：3.22 km 隧道，0.46 km 地面线路，共 11 个站点
利用方式：正常运营模式

导读与知识点：

（1）19 世纪工程技术的高度成就。在缺乏现代隧道挖掘技术的时代，使用传统的"挖掘和覆盖"工法，这一线路是工业革命后期城市规划和交通发展的生动见证。

（2）新艺术运动风格（Art Nouveau）是当时流行文化的体现。这一风格在车站的多彩瓷砖、锻铁装饰和镶嵌画中得到了完美的诠释。

（3）作为联合国教科文组织世界文化遗产，布达佩斯地铁一号线至今仍然是重要的交通方式。活态遗产在现代社会中继续发挥价值。

5.7.1　人力与马力建成的地下铁

布达佩斯地铁一号线（M1），于 1894—1896 年修建，是布达佩斯最早启用的地铁路线，也是全世界第二古老的地铁线，仅次于伦敦地铁的大都会线（1863 年）。通车时间恰逢匈牙利建国一千年，又被称为"千禧地下铁路"（Millennium Underground Railway）。

该线路起点位于弗洛斯马提广场，终点位于墨西哥大街。图 5-52 的效果图展示了林荫大道安德拉什大街与地铁一号线的关系。受城市管网和技术影响，隧道非常低矮，高度仅为 2.65 m，平均宽度为 6 m，更像是移入地下的有轨电车。

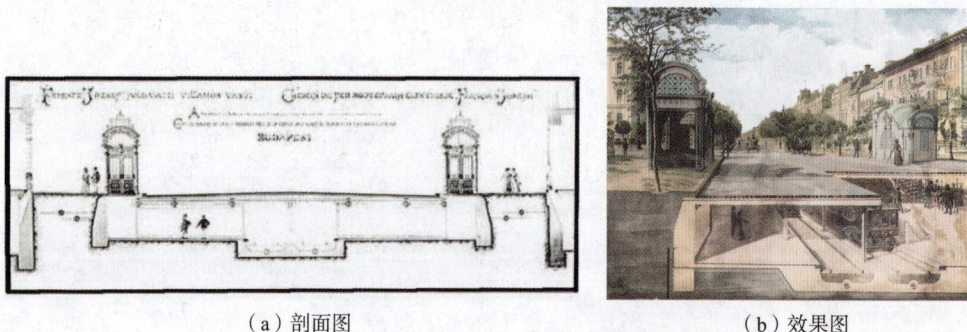

（a）剖面图　　　　　　　　（b）效果图

图 5-52　地铁一号线设计剖面图与效果图

在现代盾构机等先进隧道技术普及之前，多采用传统的"挖掘和覆盖"技术施工（dig and cover）。一号线共挖土 138 000 m³，使用了 47 000 m³ 水泥和 3 000 t 铁材用于支撑结构。耗时两年才完成 3.22 km 的隧道、9 个站点及 0.46 km 的地面线路。

"挖掘和覆盖"工法是先挖掘一条沟渠，完成隧道建设后再覆盖上层（见图5-53）。由于对城市交通和生活影响很大，工程采用两班倒制，使用电弧灯光用于夜班照明。

（a）施工中使用了马车，照片前方横向的　　　　（b）覆盖铁结构后的施工未完成面
是地下污水管道

图 5-53　"挖掘和覆盖"传统工法

5.7.2　唯一入选《世界文化遗产名录》的地铁线

2002 年，由于同时具备历史意义、建筑成就与价值及较为完整的文化遗产保护等多重条件，布达佩斯一号线被联合国教科文组织列入《世界文化遗产名录》，是目前世界唯一入列的地铁线。作为全世界第二条、欧洲大陆第一条建成、仍在运营的地铁线路，其历史价值不言而喻，是标志着全球城市交通系统发展的重大里程碑。

一号线车站由厄登·莱希纳（Ödön Lechner）和阿尔伯特·席克丹茨（Albert Schickedanz）等匈牙利著名建筑师设计，具有强烈的新艺术运动风格（Art Nouveau）。车站有独特的建筑元素，如多彩瓷砖、锻铁装饰和镶嵌画。令人惋惜的是，由于阻挡了地面交通，这些装饰精美的出入口于 1924 年被拆除。图 5-54 为 1896 年建成的不同地铁出入口。

图 5-54　1896 年建成的不同地铁出入口

引申：新艺术运动

新艺术运动（Art Nouveau）是 19 世纪末到 20 世纪初源于欧洲的一种艺术和设计风格。强调自然界的曲线和有机形态，常常以植物、动物和人体为灵感，是对追求结构、理性、无意义的新古典主义风格的一种矫正。新艺术运动作品常充满了华丽的装饰，使用玻璃、铁和陶瓷等新的材料和新印刷技术，上述特征在布达佩斯一号线的出入站口、站台设计中都有体现。

西班牙建筑师高迪（Antoni Gaudí）设计的圣家族教堂、米拉之家等建筑作品，奥地利画家古斯塔夫·克里姆特（Gustav Klimt）《吻》等画作便是新艺术运动在不同国家、不同领域的代表作品（见图5-55）。

5.7.3 千禧地铁博物馆

1975年，为纪念布达佩斯地铁一号线，在一段60 m长的废弃地下铁道隧道中成立了千禧地铁博物馆，这条隧道是千禧地铁原始隧道的一部分，1955年由于改线而废弃。博物馆在真实环境中展示千禧地铁和布达佩斯地铁的历史（见图5-56）。

（a）圣家族教堂　　　　　　（b）吻

图5-55　新艺术运动的代表作品

（a）一号线上曾经使用的车厢　　　　　　（b）乘坐情景

（c）记录弗朗茨·约瑟夫皇帝于1896年千禧庆典期间乘坐地铁的一块大理石板　　（d）曾经使用过的座椅、信号灯等　　（e）模型还原了地铁站口与地下铁路的关系

图5-56　千禧地铁博物馆展品

5.7.4 活着的世界文化遗产线路

1896年开通后的8个月时间，布达佩斯地铁一号线从早上6点运营至晚上11点，每4 min一班，共运送乘客300万人次。一号线正式启用距今已有约130年，曾经的站台、隧道、轨道乃至售票、问询窗口都在一定程度上得到保留使用。

布达佩斯地铁一号线至今仍保留了百余年前原始的景象，包括售票亭、低站台，这可能是文化遗产最好的存在状态（见图 5-57）。

图 5-57　目前仍在运营的一号线

布达佩斯目前有 4 条地铁线（见图 5-58），最后一条绿线 M4 于 2014 年开通。历史悠久的 M1 黄线仍然状态良好，充当着居民与游客的重要交通工具，每天有 300 多趟列车穿梭于 11 个站点，运送 10 万 ~ 35 万名乘客。

图 5-58　布达佩斯地铁线路图

参访小贴士：

运营时间：地铁一号线的开放时间为每天早上 4:30 至晚上 11:30。

周边景点：乘坐地铁一号线，可以到达布达佩斯的许多景点——英雄广场站（Hősök tere）周边有英雄广场与市立公园；歌剧院站（Opera）周边有匈牙利国家歌剧院；Deák Ferenc tér 站周边有欧洲最大的犹太教堂之一和历史建筑 Dohány Street Synagogue。另外，多个站点位于布达佩斯最著名的街道安德拉什大街的沿线，这里遍布高档商店、餐馆和历史建筑。

【图片来源】

图 5-1，图 5-5，图 5-8（b），图 5-17，图 5-18，图 5-22，图 5-31，图 5-37，图 5-39，图 5-49，
  图 5-52（b），图 5-55：维基百科

图 5-2，图 5-3，图 5-6，图 5-7（b），图 5-8（a），图 5-9，图 5-11（b），图 5-12，图 5-13（a），
  图 5-14，图 5-15，图 5-16（a），图 5-25，图 5-26，图 5-27（a），图 5-30，图 5-56（a），
  图 5-56（b），图 5-57：罗春晓拍摄

图 5-4：https://www.glacierexpress-shop.ch/de/unterwegs/schragglas-glacier-express/

图 5-7（a）：https://www.glacierexpress-shop.ch/de/glacier/bucher-dvd-postkarten/postkarten-glacier-
  express-vorfrankiert/

图 5-10（a）：https://www.geocaching.com/geocache/GC7VQ19

图 5-10（b）：https://www.ausflugsziele.ch/ausflug-1/im-offenen-aussichtswagen-durch-graubunden/

图 5-11（a）：https://www.rhb.ch/en/leisure-travel-and-excursions/nature-culture/albula-railway-
  museum#info

图 5-13（b），图 5-16（b），图 5-45（b）：孟超拍摄

图 5-19，图 5-21，图 5-32，图 5-34，图 5-35，图 5-41，图 5-48，图 5-51：杨诗雨拍摄

图 5-20（a）：parissecret.com

图 5.-20（b）：theguardian.com

图 5-23（a）：cntraveler.com

图 5-23（b），图 5-23（c），图 5-38，图 5-40：胡映东拍摄

图 5-24：good-design.org

图 5-27（c）：https://www.architecturaldigest.in/story/the-37-most-beautiful-train-stations-in-the-world/

图 5-28：https://quintessenceblog.com/delft-dreams/

图 5-29（a）：https://www.123rf.com/photo_19031559_rossio-railway-station-a-train-station-in-lisbon-
  portugal-located-in-the-rossio-square.html

图 5-29（b）：https://ladyofthecakes.wordpress.com/2014/01/01/lovely-lisbon-rossio-train-station/

图 5-33，图 5-42，图 5-43，图 5-46，图 5-47：张允绘制

图 5-36：奥赛博物馆

图 5-44：https://seele.com/de/referenzen/stuttgart-21-deutschland

图 5-45：Stuttgarter Zeitung

图 5-50：https://www.re-thinkingthefuture.com/rtf-architectural-reviews/a11485-museums-of-the-world-
  mercedes-benz-museum/

图 5-52（a），图 5-53：https://ieeexplore.ieee.org/abstract/document/7307315

图 5-54：https://www.reddit.com/r/Lost_Architecture/comments/xbce74/the_old_m1_metro_entrances_of_
  budapest_hungary/

图 5-56（c），图 5-56（d），图 5-56（e）：industrialheritagehungary.com

图 5-58：https://www.budapesttips.co.uk/public-transport/metro-budapest/

【参考文献】

[1] GLACIER EXPRESS. An unforgettable journey through the heart of the Swiss Alps[EB/OL][2024-08-01]. https://www.glacierexpress.ch/en/.

[2] BERNINA EXPRESS. Bernina express[EB/OL][2024-08-01]. https://tickets.rhb.ch/de/pages/bernina-express.

[3] RHAETIAN RAILWAY. Albula railway museum: more than 100 years of railway history[EB/OL] [2024-08-01]. https://www.rhb.ch/en/leisure-travel-and-excursions/nature-culture/albula-railway-museum#info.

[4] WIKIPEDIA.Glacier Express[EB/OL][2024-08-01]. https://en.wikipedia.org/wiki/Glacier_Express.

[5] GEOCACHING. UNESCO world heritage site Bernina railway [GSG18] [EB/OL][2024-08-01]. https://www.geocaching.com/geocache/GC7VQ19.

[6] KATE. How to travel the trans-siberian railway on a backpackers budget[EB/OL] [2024-08-01]. https://bags-always-packed.com/budget-trans-siberian-railway/.

[7] WIKIPEDIA. Trans-Siberian railway[EB/OL][2024-08-01]. https://en.wikipedia.org/wiki/Trans-Siberian_Railway.

[8] GOODREADS. Book show. big red train ride[EB/OL][2024-08-01]. https://www.goodreads.com/book/show/1952202.

[9] SECRET OF PARIS. The promenade plantée (coulée verte renée-dumont)[EB/OL][2024-08-01]. https://secretsofparis.com/sightseeing/outdoor-spaces/promenade-plantee/.

[10] THE GUARDIAN. A magical, green walk along Paris's Promenade Plantée[EB/OL][2024-08-01]. https://www.theguardian.com/travel/2017/jun/07/paris-promenade-plantee-free-elevated-park-walkway-bastille-bois-de-vincennes.

[11] TRIPADVISOR. Sao bento railway station[EB/OL][2024-08-01]. https://www.tripadvisor.com/Attraction_Review-g189180-d2259445-Reviews-Sao_Bento_Railway_Station-Porto_Porto_District_Northern_Portugal.html.

[12] CN TRAVELER. The world's most beautiful train stations, from Mozambique to Spain[EB/OL][2024-08-01]. https://www.cntraveler.com/galleries/2013-02-01/most-beautiful-train-stations-photos.

[13] ARCHITECTURAL DIGEST. The 37 most beautiful train stations in the world[EB/OL]. [2024-08-01]. https://www.architecturaldigest.in/story/the-37-most-beautiful-train-stations-in-the-world/.

[14] QUINTESSENCE BLOG.Delft dreams[EB/OL][2024-08-01]. https://quintessenceblog.com/delft-dreams/.

[15] Orsay[EB/OL][2024-08-01]. https://www.musee-orsay.fr/en.

[16] ARCHITECTURAL DIGEST. Muséed'Orsay announces a massive expansion following ¥22.6M donation[EB/OL]. [2024-08-01]. https://www.architecturaldigest.com/story/musee-dorsay-announces-a-massive-dollar226m-expansion.

[17] SEELE. Stuttgart 21[EB/OL][2024-08-01]. https://seele.com/de/referenzen/stuttgart-21-deutschland.

[18] STUTTGARGER ZEITUNG. Der stuttgarter bahnhof bleibt bis 2027 Baustelle[EB/OL][2024-08-01]. https://www.stuttgarter-zeitung.de/inhalt.stuttgart-21-der-stuttgarter-bahnhof-bleibt-bis-2027-baustelle.314af677-3dcf-4e80-a5f0-dd90dde12bb0.html.

[19] Re-thinking the future. museums of the world: Mercedes-Benz Museum[EB/OL][2024-08-01]. https://www.re-thinkingthefuture.com/rtf-architectural-reviews/a11485-museums-of-the-world-mercedes-benz-museum/.

[20] IEEE. Metro line No.1 in Budapest[EB/OL][2024-08-01]. https://ieeexplore.ieee.org/abstract/document/7307315.

[21] Industrial Heritage Hungary. Millennium Underground Museum[EB/OL][2024-08-01]. https://www.industrialheritagehungary.com/02-Industrial-Heritages/03-Transport/millennium-underground-museum.html.

[22] UNESCO. Budapest, including the Banks of the Danube, the Buda Castle Quarter and Andrássy Avenue [EB/OL]. [2024-08-01]. https://whc.unesco.org/en/list/400.

第6章 / 美洲铁路遗产

6.1 活态展示与参与——佐治亚州铁路博物馆

案例小档案：

项目名称：佐治亚州立铁路博物馆

英文名称：Georgia State Railroad Museum

地　　点：美国佐治亚州萨凡纳

遗产年代：1853 年

遗产类型：废弃铁路 / 铁路建筑不可移动遗产

遗产风格：维多利亚时代晚期的工业风格

项目规模：13.4 hm²，90 余辆机车车辆

利用模式：文博展示模式。改造为展览与体验并重的铁路博物馆

导读与知识点：

（1）美国现存最古老、最完整的铁路修车厂，1978 年被评为美国国家历史地标。

（2）活态展示的铁路机车、扇形库、机车转盘、开行 1.3 km 体验线路，游客参与度高。

（3）蒸汽机车数量多，品种全，各种铁路机车维修设施展示。

（4）旧工厂建筑改造的工业风，与萨凡纳柔美的城市风格形成强烈反差。

6.1.1 美国南方旧梦之都

萨凡纳（Savannah）是佐治亚州大西洋岸港口及旅游城市，始建于 1733 年，是该州历史最悠久的海滨城市，由于保留了全美最大的维多利亚历史街区而被评为国家历史地标（National Historic Landmark，NHL）区域，被誉为美国"最迷人的十大城市"之一。市区的建筑多为殖民地时期到 19 世纪早期修建。

萨瓦纳是美国最古老的规划城市之一，由英国将军杰姆斯·奥格尔索普（James Oglethorpe）规划，具有典型的网格街道体系（见图 6-1）。萨凡纳更像是一座欧洲小镇，红砖老宅遍布的街区内散落了 22 处方形的街心广场，每个街心公园是一个小的社交中心（见图 6-2 ~ 图 6-4）。

图 6-1　1891 年萨凡纳历史地图局部

图 6-2　历史街区内传统建筑

图 6-3　电影《阿甘正传》开场片段是在萨凡纳一处街心公园取景

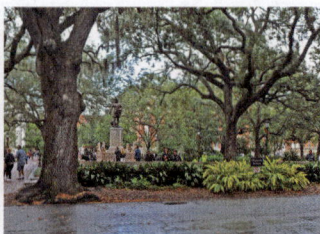

图 6-4　电影《阿甘正传》拍摄的街心公园

6.1.2　厚重机车身后的浪漫体验

佐治亚州铁路博物馆，原名扇形车库铁路博物馆（Roundhouse Railroad Museum），于 1970 年由国家铁路历史学会亚特兰大分会创立。1978 年，该馆与邻近的原佐治亚州中央车站共同入选国家历史遗迹名录（NRHP）。

佐治亚州铁路博物馆占地 13.4 hm^2，展出 90 余辆蒸汽机车和车辆、各类铁路机械、文物和大量档案。主要建筑包括扇形机车库、各类生产和维修车间、库房、锅炉房等，扇形机车库直径 76.3 m，分为 34 个隔间，每个隔间都有一个约 1.3 m 深的维修坑，工人可以进入维修坑对机车底部进行检修。扇形库圆心是一个直径约 26 m 的大型行车转盘，可以将机车旋转送至相应的驻车轨道。由于维护得当，很多馆藏蒸汽机车还能正常行驶，从库中行驶至机车转盘上，旋转供游客观赏，或者加挂几节车厢行驶在馆内 1.3 km 长的观光体验线上。游客们从车厢里探身和挥舞手臂，与围观游客互动。

博物馆原址为萨凡纳重型制造和维修厂，是美国现存最古老、最完整的二战前铁路建筑群（见图 6-5）。

图 6-6 可看到从扇形库通向右侧大型库房的铁路线，用于古老蒸汽机车行驶和乘坐体验。

博物馆内的老式机车与各式机器并非静态展品，在机械师精心修复和维护下，很多蒸汽机车都能正常行驶，让大人和孩子参与并体验复古火车的速度与浪漫（见图 6-7）。

图 6-5　二战前的萨凡纳重型制造和维修厂

图 6-6　博物馆现状鸟瞰

（a）复古车厢内体验的游客

（b）等待机车出库的游客

（c）机车转盘上的机车和车厢

图 6-7　蒸汽机车的活态行驶表演

　　博物馆场地对外出租，以实现盈利并提高知名度（见图 6-8）。锻造车间的风格像是一座中世纪英伦古堡，许多婚礼、晚会选择在这里举行（见图 6-9）。

图 6-8　博物馆内的机车库和维修车间

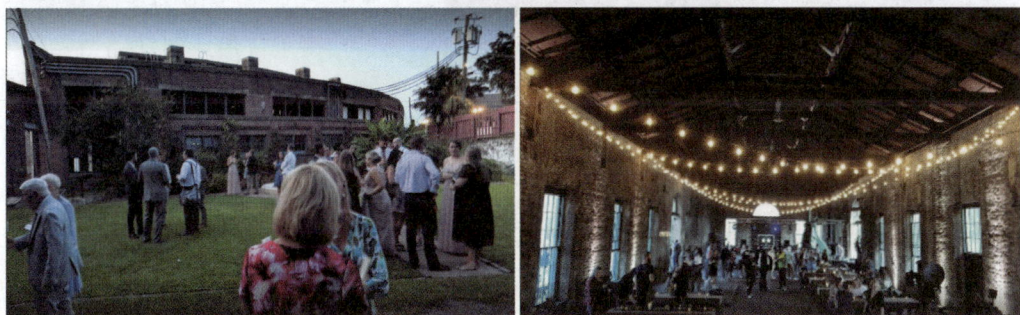

图 6-9　博物馆内举行各类活动

　　TIPS：人力轨道车

　　人力轨道车是一种小型的、自身不带动力而靠人力驱动的铁路车辆（见图 6-10），最早出现在 19 世纪中期，主要用于铁路的巡线和检修。这种车辆的自重轻，速度慢，构造非常简单，由四个车轮托起一个平板，车中央有一组像跷跷板的摇把，人站立在两侧，双手上下摇动摇把，通过杠杆、曲轴承和齿轮将驱动力传至车轮上，驱动它在轨道上行驶。

馆内有多种鼓励参与的铁路设施和教育体验项目，人力轨道车可以多人协作（见图 6-11），因而备受家庭和青少年欢迎。

图 6-10　博物馆内的人力轨道车

图 6-11　驾驶人力轨道车的清代工务人员

6.1.3　与电影的不解之缘

图 6-12　博物馆作为电影拍摄地

博物馆是《萨凡纳传奇》《阿甘正传》等电影的取景地。悠久的历史、美丽的环境及神秘色彩的传说，使得萨凡纳城市为文学作品和电影创作提供了许多素材与灵感。

电影《萨凡纳传奇》展示了这座比美国独立更早的古城（见图 6-12）。电影重温美国南方旧梦和文化气质。片中驶离萨凡纳的场景拍摄于佐治亚州铁路博物馆。博物馆收藏的火车多次被用于电影拍摄。

参访小贴士：

地址：萨凡纳路易斯维尔路 655 号（655 Louisville Road Savannah, GA 31401）

如何到达：萨凡纳老城不大，步行可以方便到达各处景点，随处可见的街心花园可供休息。也可以搭乘有轨电车游览全城。

最佳参访时间：萨凡纳属于湿润亚热带气候，夏季潮湿而多雷雨，冬季少雪，适合四季旅行。博物馆全年一周 7 天开放，开放时间为早上 9 点至下午 4 点，感恩节、圣诞节和新年放假。

周边景点或美食：博物馆位于历史街区边缘，步行可以到达历史街区的各处名胜。全美最大的艺术学院——萨凡纳艺术与设计学院（Savannah College of Art and Design，SCAD）就在博物馆旁。

6.2 功能置换与再生——辛辛那提联合车站博物馆中心

案例小档案：

  项目名称：辛辛那提联合车站博物馆中心

  英文名称：Cincinnati Museum Center

  初建年代：1931 年

  遗产类型：运营铁路 / 铁路建筑不可移动遗产

  遗产风格：Art deco 国际风格

  项目规模：70 000 m²

  利用模式：功能置换模式。作为现代博物馆、亲子互动

导读与知识点：

  （1）辛辛那提联合车站博物馆中心是美国铁路黄金年代最后一批伟大的车站之一，拥有北美最大的钢结构半球穹顶大厅，宏伟且时尚，可窥见顶峰时期火车站内服务设施的细致与完备。

  （2）1972 年车站废弃后，历经购物中心、跳蚤市场、停车场等多种功能置换，1990 年最终成为政府管理下的博物馆中心。

  （3）2016—2018 年的维修改造中，运用绿色技术和先进工艺恢复历史遗产原貌。

6.2.1 美国铁路黄金年代最后一批伟大车站

  从 1830 年第一条铁路，到 1869 年建成横贯美国大陆铁路，美国铁路步入黄金时期只用了 40 年，并于 1916 年达到总里程历史最高值 40.9 万 km，铁路运输系统为美国崛起发挥了巨大作用。这一数字即使在今天仍十分惊人，2023 年底我国铁路营业里程为 15.9 万 km。

  19 世纪末至 20 世纪初的辛辛那提被称为"通往西部的门户"，不同铁路私营公司运营了 20 条线路，在市中心建有 5 个火车站，相互换乘十分不便。1928 年，7 家铁路公司协商修建一座新车站——辛辛那提联合车站。该站于 1933 年启用，恰逢辛辛那提铁路运输的全盛时期，建成之初便已达到运输量设计值，日均 216 班火车、进出站乘客超万人。随着 20 世纪 50 年代铁路运输业的衰落，车站于 1972 年被废弃。幸运的是，因其悠久的历史和工业价值，1973 年的市议会投票将其划定为古迹，才免于被拆毁的命运。

  作为美国 50 座最重要的建筑之一，车站以"城市内的城市"（city within the city）为设计理念，展现了当时最先进的运输组织、旅客服务、建造技术和艺术水平，是美国第二代联运铁路枢纽的代表。一方面，较早地实现了铁路与私家车、出租车、有轨

电车在站内立体换乘；另一方面，以中央大厅为核心的高效客流组织，使得去往各处的距离都相对缩短。

穹顶大厅和候车大厅两侧有 16 幅巨幅马赛克壁画（见图 6-13），体现了铁路黄金年代晚期的建筑装饰风格，描绘了辛辛那提这座工业城市的悠久历史及先进的制造业，包括钢琴、无线电、化工等。车站废弃前，部分壁画转移至辛辛那提 / 北肯塔基国际机场，得以保存至今。

虽然建筑体量大、乘客多，但联合车站采用了高效的功能和流线组织，改善了旅客乘车体验（见图 6-14）。车站以中央大厅为核心、高架进站、公交、出租车和私人汽车在地下换乘等交通组织方式十分先进。图 6-15 为车站首层平面图。

联合车站拥有西半球最大的半穹顶，宽 54.8 m，高 32.3 m，约 10 层楼高。建筑主体结构采用铆接的钢拱桁架，内外装饰采用花岗岩和大理石（见图 6-16），宏伟精美地展现了铁路寡头的财力和荣耀。

图 6-13　中央大厅劫后余生
的巨幅马赛克壁画

图 6-14　20 世纪 30 年代建成的
辛辛那提联合车站鸟瞰照片

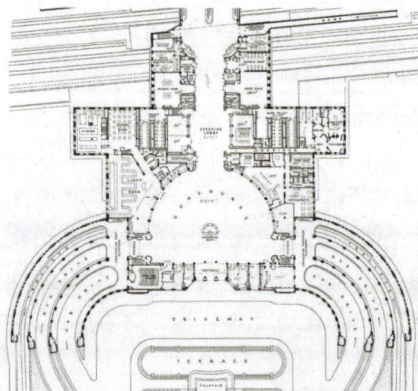

图 6-15　车站首层平面图

图 6-16　采用当时先进的钢结构建造技术

装饰艺术风格是一战前法国的一种视觉艺术和设计风格。传入美国后也融入了大众艺术、通俗文化的元素，常用几何图形象征机械与科技，用曲直线条、抛光的金属表面展现摩登时尚（见图 6-17）。

美国两大漫画巨头之一的 DC 漫画公司在其作品"正义大厅"中参考了辛辛那提联合车站的外立面，虚构为超级英雄正义联盟的总部（见图 6-18）。

图 6-17　建筑采用装饰艺术风格（art deco）

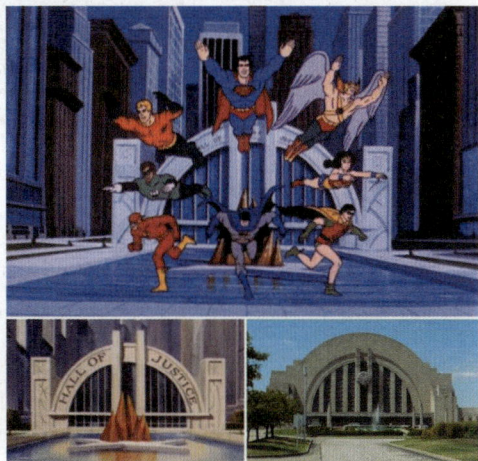

图 6-18　漫画中"正义大厅"与
辛辛那提联合车站十分相似

6.2.2　曲折的再生过程

1977 年入选国家历史地标之后，辛辛那提联合车站仍被闲置废弃，也尝试了多种保护与再利用方案，历程坎坷。1986 年，时任市长杰里·斯普林格通过提案，将车站改造为市立博物馆中心，于 1990 年正式开放（见图 6-19 ~ 图 6-21）。博物馆中心由 2 座博物馆、剧院、图书馆和保留的火车站组成。1991 年 7 月，美国铁路公司恢复了该车站的客运铁路服务，每天仅停靠 1 列火车，日均客运量约 40 人（见图 6-22 与图 6-23）。

图 6-19　1971 年曾提议改建
为办公楼

图 6-20　1980 年改建为
奥兹之地购物中心

图 6-21　1990 年改建为
博物馆中心

图 6-22　保留的车站大楼顶层铁路运输调度室

图 6-23　历史照片中的调度室

6.2.3　历史性修复与翻新

这座历经百年沧桑的建筑早已破损严重。2007 年进行修复规划，车站修复和翻新工程于 2018 年完成，两大目标一是恢复历史原貌和建筑元素；二是使建筑符合现代功能和安全标准，具体的改造及保护措施包括以下几方面。

（1）结构安全和材料修复。对空气和水汽腐蚀的钢构件进行清洗、上漆以防氧化。对超过 2 万 m² 的破损石灰石、砖块、陶器和混凝土逐一进行编目、检查、清理、修复或更换。

（2）钢和石材的热膨胀差异大，百年前的施工技术并未设置伸缩缝，导致砖墙与钢结构脱离开缝。砖墙被拆除并用混凝土砌块取代，并用原来 1.75 万块面砖重新覆盖。

（3）恢复室内的历史装饰。Losantiville 餐厅恢复铺设传统的水磨石地面，恢复蛇形午餐台、部分 30 年前迁出壁画和天棚。

工程还提升了动态与静态、室内与室外相结合的展陈内容与特色，具体如下。

（1）增设室外火车展区，还历史车站风貌，游客可以近距离观看火车及机械。

（2）规划了从该站出发的假日火车旅游线路。

（3）顺应城市博物馆趋势，增设趣味活动，吸引不同年龄市民参访体验。

> 参访小贴士：
>
> 地址：俄亥俄州辛辛那提西方大街 1301 号
>
> 如何到达：博物馆位于城市边缘，可搭乘公交车或自驾前往。目前火车班次较少，每天仅有 1 个班次。
>
> 最佳参访时间：辛辛那提气候温和，四季分明，冬季寒冷多雪，夏季温热湿润，傍晚凉爽，春秋两季适合户外活动。
>
> 周边景点或美食：附近的景点大多位于老城内，如德国移民建立的莱茵河历史社区（Over-the-Rhine）、著名女建筑师扎哈的成名作——辛辛那提当代艺术中心（Contemporary Art Center）、俄亥俄州最古老的芬德利市场（Findlay Market）、黑奴解放的国家地下铁路自由中心（National Underground Railroad Freedom Center），也可以在俄亥俄河旁漫步，这里曾是工业革命时期重要的运输通道。

6.3 古典与时尚共生——丹佛联合车站

案例小档案：

    项目名称：丹佛联合车站

    英文名称：Denver Union Station

    地   点：美国科罗拉多州丹佛市

    初建年代：1881 年

    遗产类型：运营铁路 / 铁路建筑不可移动遗产

    遗产风格：活力现代、交通中心

    项目规模：约 48 hm^2

    利用模式：功能置换模式 / 改扩建与地区开发模式

导读与知识点：

（1）建新、不拆旧。紧贴老车站兴建了市内外换乘、地上地下结合的综合铁路枢纽，将历史车站改为高级酒店，并成为新枢纽的公共会客厅。

（2）新旧车站风格迥异，或端庄典雅或飘逸灵动，尽显时代技术与艺术之美。

6.3.1 铁路运输的繁荣，建筑艺术的瑰宝

19 世纪末，无数人渴望通过冒险西拓开创新生活，丹佛联合车站便是这个梦想的起点。初代丹佛联合车站建于 1881 年，并拥有一座 54.8 m 高的标志性钟楼，是当时美国中西部最高的建筑。1894 年的火灾烧毁了车站的中央大厅和钟楼。现存站房建于 1914 年，是一座花岗岩建造和雕刻的地标建筑。重建后的丹佛联合车站（见图 6-24）接待过总统和欧洲皇室等重要人物，如罗马尼亚玛丽女王、西奥多·罗斯福总统。该站在 20 世纪 40 年代中期达到顶峰，日均旅客 5 万人（见图 6-25）。火车站在废弃数十年后，迎来了 2001 年历史中心城区（LoDo 下城区）的振兴计划，百年车站被改造为集酒店、休闲、餐饮和文化于一体的城市客厅。2014 年完成改造后，老车站依然是该区域最具活力的中心。

图 6-24　1914 年重建的丹佛联合车站

图 6-25　丹佛车站前车水马龙

6.3.2　入住历史悠久的车站酒店

历史车站采用了布杂风格（Beaux-Arts）。改造后的克劳福德酒店（见图 6-26）由于区位好、交通便利、环境幽雅，2022 年被评为美国"西南和西部 25 大酒店"之一。

作为城市门户，车站大厅被改造成为当地人和游客喜爱的酒店大堂（见图 6-27）、餐厅、酒吧、商店和娱乐区。大堂 19.8 m 高的天花、竖向长窗和吊灯等保持了历史原貌。客房（见图 6-28）采用暖色调与现代氛围相融合，富于舒适感和亲和力。

图 6-26　由站房改造的克劳福德酒店

图 6-27　由车站大厅改造的酒店大堂

图 6-28　克劳福德酒店客房

6.3.3 退守在历史建筑旁的新交通枢纽

2001 年，丹佛地方交通委员会（Regional Transportation District，RTD）收购了丹佛联合车站及附近未开发区域的土地，丹佛联合车站再开发项目总面积为 7.89 万 m²，以历史车站建筑为核心，毗邻建设了新的交通枢纽，整合了通勤和城际铁路、市内轻轨、公交车、自行车等各种交通工具，新枢纽主体位于地下，保留了原地面铁路轨道，并新增了车站顶棚。作为交通运输引导城市设计的成功案例，通过公共基础设施投资刺激了周边地块私人开发的热潮，形成一个集零售、办公、酒店、公寓于一体的综合开发群（见图 6-29）。

2006 年，SOM、AECOM 等著名设计公司参与了车站、公交总站、轻轨站、景观等一系列设计。新建的交通枢纽位于地下，缓解了对地面交通的干扰（见图 6-30）。2011年轻轨站建成，枢纽日均客流近 1万人。

图 6-29　俯瞰远处的历史车站、新交通枢纽和综合开发区域

加建的铁路站台顶棚采用异形桁架、包覆聚四氟乙烯膜（PTFE），这种结构形态既能保护下方的旅客站台，又与古典造型形成鲜明对比，以现代时尚衬托这座历史性车站的典雅气质（见图 6-31）。

图 6-30　位于地下的新建交通枢纽

图 6-31　从车站顶棚看克劳福德酒店

6.3.4　充满趣味的车站狂欢

丹佛联合车站每年会举行盛大的点亮圣诞树彩灯（每年点亮 12 m 高圣诞树上约 7 000 盏节日彩灯，圣诞老人为来往旅客送上祝福，见图 6-32）、经典节日歌曲表演、圣诞老人和克劳斯夫人的到访等活动，烘托节日的欢乐气氛。

图 6-32　联合车站每年举行圣诞节庆活动

参访小贴士：

地址：1342 Sherman St, Denver, CO

如何到达：作为铁路、地铁和公交车的交通枢纽，交通十分便利。还有一条往来于火车站与丹佛市中心第 16 商业步行街之间的免费摆渡公交车（Rtd Free MallRide），40 年前开始运营这条线路的初衷是为了鼓励消费，全长约 1.6 km，日客流量达到 6 万余人次，广受欢迎，是全球短接驳免费线路的典范。

最佳参访时间：4 月至 5 月或 9 月至 10 月的春秋两季是探访丹佛的最佳时段，也适合徒步登山等户外活动。

周边景点或美食：车站附近可以到达丹佛表演艺术中心、科罗拉多会议中心、市政中心公园和丹佛艺术博物馆。丹佛是全美啤酒产量最大的城市，丹佛举行的美国啤酒节与德国慕尼黑啤酒节、英国伦敦啤酒节并称世界三大啤酒节。位于市郊的"红石露天剧场"每年夏季会举办一系列世界级音乐会及演出。

6.4 废弃车站的保护历程——布法罗中央火车站

案例小档案：

    项目名称：布法罗中央火车站

    英文名称：Buffalo Central Terminal

    地   点：美国纽约州布法罗

    初建年代：1929 年

    遗产类型：废弃铁路 / 铁路建筑不可移动遗产

    遗产风格：Art Deco 装饰艺术风格

    项目规模：车站大厅长达 140 m，塔楼高 15 层

    利用模式：废弃封存模式。非营利保护组织多种手段，提升遗产的公众关注度

导读与知识点：

（1）世界范围内有大量处于遗弃（封存）状态的火车站和附属设施。它们的命运岌岌可危，有些成为冒险者乐园，有些无人问津，有些面临拆除厄运，有些待价而沽，有一些地方非营利组织积极运作，以求复兴。

（2）最佳的遗产保护途径是加以利用，但如何能让它重回大众视野并终获重生？方式之一是维持遗产的大众热度，预防破坏甚至拆除，多方寻找投资和利用方向。

6.4.1 辉煌与没落——领先于时代的车站设计

参访过尼亚加拉大瀑布的朋友对布法罗（Buffalo）这座城市不会陌生，它是距大瀑布最近的美国城市，仅 30 km，是很多游客的首选落脚点。布法罗是北美五大湖之一的伊利湖和尼亚加拉河汇合处的港口城市，纽约州第二大城市。相传这里曾是印第安人狩猎的地方，有美洲野牛出没，因此这座城市也被称为水牛城。

1. 缘起与规划（1925—1929 年）——联合车站的由来

19 世纪后期，布法罗成为加拿大国铁、宾夕法尼亚铁路和多伦多、汉密尔顿和布法罗铁路等多条线路的交会点。市中心的几座火车站陈旧且互不连通，急需建设一座联合车站。人们相信快速发展的布法罗将成为拥有 150 万人口的大都市，因此新车站选址远离了城市中心，位于市郊 4 km 外的百老汇 – 菲尔莫尔地区。

2. 最早的城市综合体建筑——领先时代 20 年

车站于 1929 年建成，由 Fellheimer 与 Wagner 设计。曾停靠当时著名的长途快速列车，如 Ohio State Limited、20 th Century Limited。日均停靠火车 200 余列，乘降乘客10 000 人。车站建筑包括候车大厅、办公塔楼、站台、行李及邮件大楼、发电厂、信号塔及 2 幢公用大楼，造价 1 400 万美元。

车站采用高架式进站模式，乘客通过候车大厅的楼梯和坡道可下达 14 个站台。图 6-33 为建成初期的车站航拍照片。

时至今日，车站所在的百老汇－菲尔莫尔社区仍是一个产业萧条的低密住宅区。图 6-34 为从车站办公塔楼远眺市中心。

图 6-33　建成初期的车站航拍照片

图 6-34　从车站办公塔楼远眺市中心

与车站连为一体的 15 层办公塔楼，形体经过 3 次收分更显高耸。中央拱顶下方是车站大厅，右侧是 5 层高的行李及邮件大楼。交通综合体的设计理念是超时代的，此后不断被经营不善的火车站所效仿，增建塔楼以弥补车站负债。即使在 100 年后，它仍是全球铁路客站综合开发的重要手段。图 6-35 为已经废弃的布法罗中央火车站。

车站建筑外表覆盖砖石材料，给人以坚固、典雅的立面感觉，建筑造型为风靡国际的装饰艺术风格（见图 6-36）。

图 6-35　已经废弃的布法罗中央火车站

图 6-36　车站主体为钢结构建造

Tips:

世界汽车工业的第一个巅峰是 1920—1930 年。1913 年以后，流水线生产将福特 T 型车的售价降至 525 美元，成为世界上第一个年销量超 10 万辆的车企。汽车首次成为大众消费品，有工作的美国家庭基本上都买得起。家用汽车与飞机的普及，终结了铁路黄金年代。

3. 战后与衰落

由于选址缺陷，又遭遇全球经济大萧条（1929—1933 年），尽管二战期间乘车人数大幅增加，但战后又进入长期衰落。1956 年，纽约中央车站公司尝试以 100 万美元出售该站未果。1961年，停止布法罗和尼亚加拉瀑布之间的客运服务。1966年，拆除部分车站设施。1971年，美国国铁公司Amtrak接手，1978年曾恢复前往大瀑布和多伦多的直达客车，但每天仅有四班火车。1979年，该站关闭，1984年，入选《国家登记名录》（NRHP）得到永久保护，并作为全球仅有的25个文化遗产之一被列入世界古迹观察名单。

此后几十年，车站不断遭受各种拆除和破坏。1982年，跨越轨道的高架候车大厅和站台雨棚被拆除，以允许高大的货车通过。盗卖管道和电线、纵火让建筑变得破烂不堪（见图6-37与图6-38）。

图6-37　废弃的轨道和站台

图6-38　废弃的行李房

Tips：

表6-1为美国其他著名废弃火车站。

表6-1　美国其他著名废弃火车站

车站	建设年代	废弃年代	管理部门	运营状况	建筑风格	改造内容
密歇根中央火车站	1913年	1988年	私人	废弃至今	布杂艺术	1. 连接公园等公共场所； 2. 衔接其他交通，步行与骑行友好
新泽西总站中央铁路	1889年	1967年	州立公园管理局	与运行铁路并行	理查森罗马式	1. 大楼整修纳入自由州立公园； 2. 列入国家历史名胜名录
奥克兰中央车站	1912年	1994年	建造公司	废弃至今	布杂艺术	1. 2005年建造公司购买并启动重建； 2. 2021年起被用作私人活动场所

6.4.2　新生——持续提升公众关注度

1. 非营利组织修复和经营

1997年，非营利性保护组织中央车站修复公司（CTRC）以1美元的价格购买该站，并从公共和私人途径募集了超过6 800万美元，计划加固建筑、清理垃圾、修复屋顶和窗户、总体规划等工程，开启了废弃车站的修复和重新利用之路。

2. 建立邻里关系——为社区服务的开放空间

百老汇－菲尔莫尔社区拥有丰富、多样的移民历史，可追溯到纽约西部的工业革命时期和第一次大移民，从事钢铁及面粉业。20世纪中叶，工业衰落让大量人口外迁，房屋空置，犯罪率攀升。

2009年，经征求社区居民的意见后，CTRC制订了中央火车站再生的愿景计划，旨在修复并打造为一个惠及社区、充满活力的开放活动场所，以支持当地企业，加强旅游和文化交流，并预留车站未来重新运营铁路的条件。2018年，州长安德鲁·库莫（Andrew Cuomo）拨款500万美元，长期开放车站大厅和站前广场以提供餐饮和娱乐服务。

3. 组织活动以维持公众关注度

为维持周边居民和爱好者的关注度，车站每年举办各种活动，如历史车站内部游览、啤酒节野餐会。CTRC的官网定期会更新活动计划，并开放捐款通道，发动居民参与。

在2009年庆祝布法罗中央车站建成80周年仪式上，重要的历史遗迹——大厅时钟被重新安放在原位置（见图6-39）。多年来，保护组织CTRC一直在古董店和拍卖行等处寻找，筹款购买车站丢失的大钟及灯具等物品。

图 6-39　丢失的大厅大钟被寻回

塑造历史车站充满活力的公共活动场所印象，不定期举办各种宴会、酒会、展览、售卖、啤酒节等商业和文化活动，或者出租用作电影摄制场地，以激发社区民众的参与和关注（见图6-40）。

图 6-40　非营利组织 CTRC 定期在车站内外组织公益活动

参访小贴士：

地址：495 Paderewski Dr Buffalo, NY

如何到达：无公共交通可以直接抵达，需自驾前往或乘坐到附近社区的公交车。

最佳参访时间：布法罗属于温带大陆性气候，最佳旅游时节为春、夏季，尤其是5月到10月，气温适宜，阳光充足，雨水不多。冬季极寒，不宜出游。

周边景点或美食：布法罗市距离中央车站仅4 km，前往尼亚加拉瀑布车程大约45 min。市中心的布法罗地铁（Buffalo Metro Rail）市中心部分在地面上运行，并与社会车辆共享路权，在城北则进入地下。可登上28层的布法罗市政厅观景台（免费）俯瞰全城。

6.5　留下诗和远方——哈勒姆峡河谷铁路游径

案例小档案：

　　项目名称：哈勒姆峡河谷铁路游径

　　英文名称：Harlem Valley Railway Trail

　　初建年代：1881 年

　　遗产类型：废弃铁路 / 铁路线路及工程不可移动遗产

　　遗产风格：亲近自然，休闲愉悦

　　项目规模：74 km

　　利用模式：功能置换模式。废弃铁路改建为铁路游径

导读与知识点：

　　（1）废弃铁路留下的并非只有两条笔直的铁轨和残存的建筑设施，更多的是它隐藏于旷野、山林间纵横阡陌的自然人文廊道，仅美国就有 1 200 余条由废弃铁路改造而成的景观步道，有些铁轨已被拆除，但仍留存了宝贵的财富和回忆。

　　（2）慢行步道系统体现了人们向往自然、运动休闲的身体与精神需求，良好的线路设计和完备的服务设施非常重要。

6.5.1　发展与建设，废弃与重生

1. 美国拥有世界上数量最多的铁路游径

　　美国拥有世界上里程最长的铁路线，最近 70 年内每年以平均 2 000 km 的速度被废弃。20 世纪下半叶，美国兴起了铁路游径（Rail Trail）运动，旨在将废弃或运营密度低的铁路廊道转化为游径，以形成覆盖全国的慢行系统网络。在交通局、地方政府、民间团体和志愿者的努力下，美国各地已建成超过 1 200 条铁路步道，总里程达 33 800 km，另有 12 800 km 在规划中。

2. 铁路与地方历史

　　纽约—哈勒姆铁路（the New York & Harlem Railroad）源于 19 世纪 30 年代连接曼哈顿下城和曼哈顿北部哈勒姆（Harlem）的通勤铁路，哈勒姆是当时城市新贵们的居住地。19 世纪 40 年代初，马萨诸塞州西部铁路将波士顿与奥尔巴尼相连，商人们希望将纽约—哈勒姆铁路向北延伸，并与之相连。1845 年，纽约州议会授权沿着后来的哈勒姆谷（Harlem Valley）修建铁路。同时还有另一条铁路线——哈得孙河铁路也在向共同的目的地——奥尔巴尼（Albany）修筑。地处内陆的哈勒姆谷路线比哈得孙河路线更易建造且成本更低，两个项目几乎同时完成。1852 年，纽约—哈勒姆铁路建成，全长约 201 km，商旅们乘坐它可以方便地前往奥尔巴尼、波士顿、佛蒙特州和加

拿大。纽约—哈勒姆铁路途经的布鲁斯特（Brewster）到希尔斯代尔（Hillsdale）的一连串沼泽、洪泛平原和山谷也因此被称为"哈勒姆谷"。这两条铁路线在19世纪70年代被铁路大亨范德比尔特收购，成为纽约中央铁路的一部分。100多年来，它是纽约州东部和新英格兰西部地区重要的交通线。图6-41为哈勒姆谷铁路的米勒顿车站，图6-42为哈勒姆谷铁路的莎伦站。

到20世纪60年代，新的高速公路、州际公路、经济形势和生活方式都在发生剧变，导致纽约—哈勒姆铁路客货运量和收入下降，难以为继，线路被分段停运和废弃。

图 6-41　哈勒姆谷铁路的米勒顿车站

图 6-42　哈勒姆谷铁路的莎伦站

3. 哈勒姆峡河谷铁路游径的建设

哈勒姆峡河谷铁路游径是由沃塞克村（Wassaic）以北的纽约—哈勒姆铁路废弃部分改造而成的，这段线路在1976—1980年陆续被废弃。游径归属纽约州公园、娱乐和历史保护办公室（OPRHP），由娱乐和历史保护办公室、纽约州交通部、达奇斯县和私人非营利组织哈勒姆谷铁路游径协会（Harlem Valley Rail Trail Association）共同运营。

从20世纪80年代中期以来，哈勒姆谷铁路游径协会致力于在此修建一条铁路游径，由沃塞克村到查塔姆村（Chatham），总长74 km。第一段游径于1996年开放，并在1997年、2000年、2005年、2014年和2020年进行多次扩建。目前，该游径已从沃塞克村向北延伸到了科佩克瀑布（Copake Fall），总长度已达39.4 km，并且在逐年增长。

哈勒姆谷铁路步道协会主席迪克·赫尔曼斯认为，游径能帮助游客与沿途村庄社区建立新的伙伴关系。沿着这条铁路游径，游客可以看到以前的火车站和其他过去的遗迹，了解沿线的铁路、社区和自然的历史（见图6-43与图6-44）。

图 6-43　哈勒姆谷铁路游径沿途的美景

图 6-44　哈勒姆谷铁路游径与沿途村庄

图 6-45 为哈勒姆谷铁路游径的线路图，图 6-46 为沿着哈勒姆谷铁路游径骑行，图 6-47 为哈勒姆谷铁路游径与尚在运营的铁路。

图 6-46　沿着哈勒姆谷铁路游径骑行

图 6-47　哈勒姆谷铁路游径与尚在运营的铁路

图 6-45　哈勒姆谷铁路游径的线路图

6.5.2 "沉浸式"的自然骑行旅途

1. 旅游线路 / 骑行线路

哈勒姆线的骑行可以从科佩克瀑布开始，这里有威斯彻斯特县最北端的车站，车站虽小只能容纳 4 节火车车厢，但位于村庄的中心，周围有各种商店、餐厅、邮局和消防站。骑行途中有多个休息补给站，为骑行者提供餐饮和休息场所。

线路的最大亮点是骑行者完全身处大自然中，用自行车或双腿去丈量曾经的铁路，用双眼饱览沿途的自然美景。

2. 沉浸式的室外体验

哈勒姆谷铁路小径沿途拥有铁路遗迹、传统村庄、人文历史、丰富的自然景观和多样的生物，创造了"沉浸式"的室外自然骑行和徒步体验。

游径四季皆宜，可以感受来自大自然的声音和四季色彩变幻，也可以发现湿地、山谷间栖息的各种野生动植物，如海狸、鹿、狐狸、猫头鹰、龟，甚至熊等，让人们有机会近距离接触、观察和发现，但请记住这些动物是野生的，不要投喂或触摸它们。2005 年，根据对游径进行的植物学普查，出版了一本植物学手册，游客可以在路边售货亭免费领取或上网下载。

公园区域总监 Linda Cooper 认为，哈勒姆谷铁路游径是纽约最美丽的步道之一，它让更多人到户外去享受纽约州提供的壮丽景色和自然环境（见图 6-48 与图 6-49）。

图 6-48 沿途风光

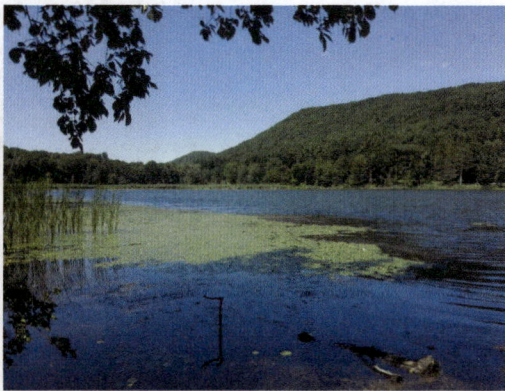

图 6-49 途经的州立公园

参访小贴士：

地址：One John Street, Suite 103, Millerton NY 12546

如何到达：哈勒姆河谷位于纽约市北边 120 km，火车和汽车都可到达。

最佳参访时间：春秋两季适合户外出行。

周边景点或美食：游客可以步行或自行车游览，禁止机动车和马匹通行，沿途经过农庄、州立公园、休息站。

6.6　百年城市客厅——纽约大中央火车站

案例小档案：

项目名称：纽约大中央火车站（Grand Central Terminal）
地　　点：美国纽约州纽约市
初建年代：1903 年
遗产类型：运营铁路 / 铁路建筑不可移动遗产。铁路黄金年代杰作
遗产风格：布杂艺术（Beaux Arts），又称为美国文艺复兴风格，富丽充满艺术性
项目规模：占地 19 hm²
利用模式：正常运营模式。高效、立体的综合性交通枢纽

导读与知识点：

（1）全世界最大、最忙碌的运输建筑之一，交通组织立体而高效，日均运送旅客达 42 万余人次。

（2）《国家历史保护法》下获救的第一座建筑，得以留存至今。

（3）20 世纪初美国城市美化运动的成功范例。历史车站融入城市和街道，创造性的地下轨道和站台设计解放了地面街道；车站成为巨大的城市客厅，将优雅与效率融为一体，辉煌又现代，商业又艺术。

6.6.1　纽约城市的皇冠明珠

无论是月台数量还是建筑规模，位于曼哈顿中心的大中央火车站（见图 6-50）都是当时最繁忙的交通枢纽。这座联合车站于 1913 年由美国铁路大亨范德比尔特家族（Vanderbilt）建造，被誉为美国最伟大的建筑成就和地标之一。它不仅是一座车站，还是一个购物、餐饮和交流场所、一座公共艺术馆，也是纽约人的日常会面地点，人们常与亲友相约"在车站大厅时钟前见面"。它是美国铁路黄金年代的缩影，被誉为普通人和通勤客的圣殿。美国第一夫人杰奎琳·肯尼迪曾说，从过去到现在，大中央火车站一直是纽约的象征。

图 6-50　20 世纪 30 年代的大中央火车站，阳光照射进车站大厅

第 6 章　美洲铁路遗产／

据说询问处四面钟的盘面用猫眼石制作，价值超千万美元。询问处（见图6-51）里有一个秘密通道可通往地下。

图 6-51　车站大厅中央的询问处

第一代联合车站需要服务3条铁路线（见图6-52），在站内设有3套独立的候车室、行李间和售票系统，这是不成熟的一代联合车站。车站地下有两层轨道，上层用作城际列车、下层为通勤列车，以减少客流相互干扰。图6-53为1903年的第二代大中央火车站。

图 6-52　1871年的第一代大中央火车站

图 6-53　1903年的第二代大中央火车站

6.6.2　美国历史建筑保护法的第一个成果

车站落成后，在它周围迅速建成了许多商场、办公大楼、酒店和高级公寓，这片地区一跃成为曼哈顿地价最高的地区之一，逐利几度让车站面临拆除的厄运。1963年，拆除车站北侧副楼建成了59层的摩天大楼——泛美航空大厦（现大都会人寿大厦）。1968年，铁路公司甚至计划拆除车站部分候车厅以建设新的高层办公大楼，在美国前第一夫人杰奎琳·肯尼迪、建筑师菲利普·约翰孙等社会名流的强烈反对下，才逃过一劫。1983年，车站被列入国家历史文物保护名册。

6.6.3　复杂而高效的交通组织

作为曼哈顿岛上最繁忙的客运枢纽，铁路线路和站台均设在地下（见图 6-54），分为两层共 44 个站台。立体交通组织不仅提高了交通换乘效率，更降低了对街道人车通行及城市景观风貌的负面影响。

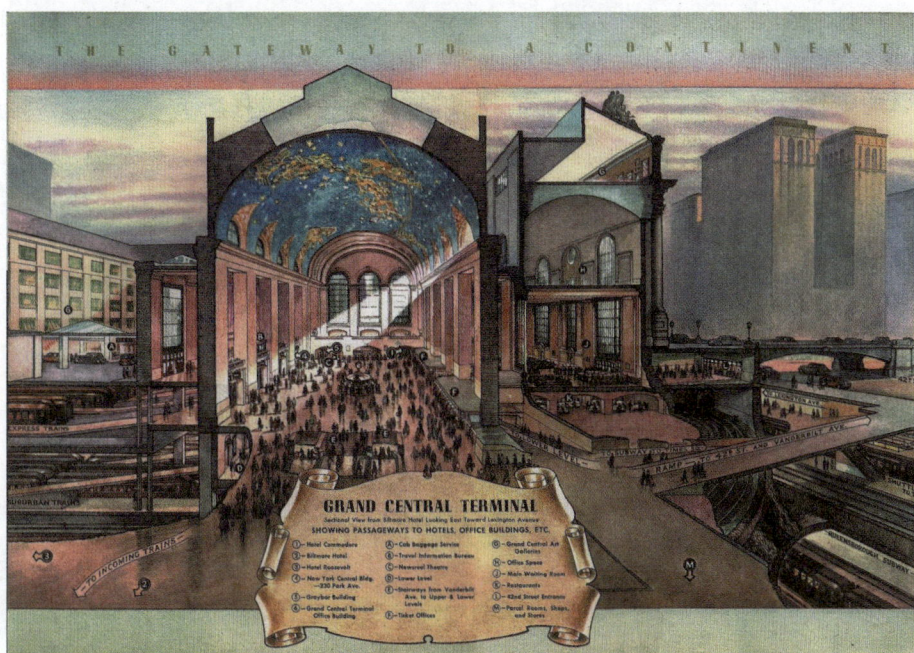

图 6-54　从剖透视图看车站复杂的地上与地下线路

车站和地下铁路隧道采用明挖方式施工，如图 6-55 所示。

图 6-55　车站和地下铁路隧道采用明挖方式施工

6.6.4　奢华的室内外建筑空间

车站采用布杂艺术建筑风格建造，高耸的拱门和优雅的大理石塑造了古典主义庄严气派的形象，又赋予建筑内外繁复精美的装饰和细节。

车站中央大厅曾是世界上最大的室内空间，至今仍是人们相约见面的地点（见图 6-56）。大厅的星空穹顶原绘制于 1912 年，由法国艺术家保罗·塞萨尔·埃勒创作，20 世纪 30 年代后期因脱落而重绘。拱形穹窿天花的深色背景上绘有金色的星座图案，所绘的天空与实际观察星空是相反的，范德比尔特家族的后人解释说这是从上天的视角俯瞰星空。由于是根据中世纪时期的星空图描绘，因而星空位置与现在的真实位置不完全一样。

车站外立面的大钟和古典雕塑（见图 6-57）由法国雕刻家朱尔斯·费利克斯·库唐（Jules-Felix Coutan）制作，包括高达 14.6 m 的希腊雕像、装饰性铭文、装饰性花饰及雕刻的橡树叶和橡子（范德比尔特家族的象征）。钟的直径为 4 m。

图 6-56　车站中央大厅

图 6-57　车站外立面的大钟和古典雕塑

Tips: 布杂艺术

布杂艺术（Beaux Arts）又称学院派，是一种由巴黎美术学院倡导的新古典主义建筑晚期流派。流行于 19 世纪末和 20 世纪初，其特点为混合了古罗马、古希腊的建筑风格。强调建筑的宏伟、对称、秩序性，多用于大型纪念建筑。

参访小贴士：

地址：89 E 42nd St, New York, NY

如何到达：该站可以乘坐铁路、地铁、公交、机场巴士等不同交通工具及步行抵达。

最佳参访时间：属温带大陆性湿润气候，冬寒夏凉，全年降雨量充沛。四季均适合城市旅游。

周边景点或美食：纽约中央车站附近的景点包括帝国大厦观景台、洛克菲勒中心、纽约时代广场、纽约公共图书馆、纽约第五大道。纽约汇聚了各国美食。

6.7 为风景而生
——"加拿大人号"观光列车 + 多伦多联合车站

案例小档案：

  项目名称："加拿大人号"观光列车 + 多伦多联合车站，加拿大
  英文名称：The Canadian—Western Canada，Toronto-vancouver，VIA Rail Canada
  初建年代：1927 年
  遗产类型：运营铁路 / 铁路线路及工程不可移动遗产、机车车辆等可移动遗产
  遗产风格：人文自然风光
  项目规模：4 466 km
  利用模式：正常运营模式 / 文旅开发模式。亲近自然、舒适体验的旅游线路

导读与知识点：

  （1）加拿大地广人稀、幅员辽阔，横跨东西的铁路之旅不仅连接温哥华、多伦多等大城市，更是欣赏寒地落基山脉美景，了解历史文化的绝佳休闲之旅。
  （2）多伦多联合车站不仅是交通网络的枢纽火车站，更是通往地下步行城市的门户，让多伦多人在严酷的冬季也能自由移动，地下还有数百家商店和餐馆。

  从大西洋五大湖地区的多伦多到太平洋之滨温哥华，加拿大太平洋铁路横跨 4 个时区，曾经是加拿大的经济运输命脉。"加拿大人号"观光列车每周发 1~2 班，全程 4 466 km，运行时间 3 天 4 夜，收获了众多好评：

  "壮丽的景观徐徐展开，追溯加拿大悠久历史的神秘感。"

——环球邮报

  "横贯美洲大陆之旅，将令人惊叹的美食与美景完美结合。"

——纽约每日新闻

6.7.1 为风景而生的铁路

  这条"为风景而生的铁路"，让旅客在 3 天 4 夜的旅程中经历变化多端、引人入胜、自然与城市交相辉映的人文与美景，从城市出发，经过湿地、田野、森林、草原、丘陵、山脉、戈壁，最后又回到现代城市文明。领略北方茂盛的森林、安大略省北部星罗棋布的湖泊、尼亚加拉大瀑布、广阔的西部大草原及气势恢宏的落基山脉，雪水自冰川流下所形成的河道和湿地。
  每年 9—10 月是乘坐"加拿大人号"的最佳旅行时间，正值安大略及落基山脉的枫

叶变红，是赏枫和观看冰川的绝佳时节（见图 6-58 ~ 图 6-61 所示）。

图 6-58 "加拿大人号" 观光列车线路示意图

图 6-59 欣赏窗外景致

图 6-60 位于列车尾部的子弹头车厢

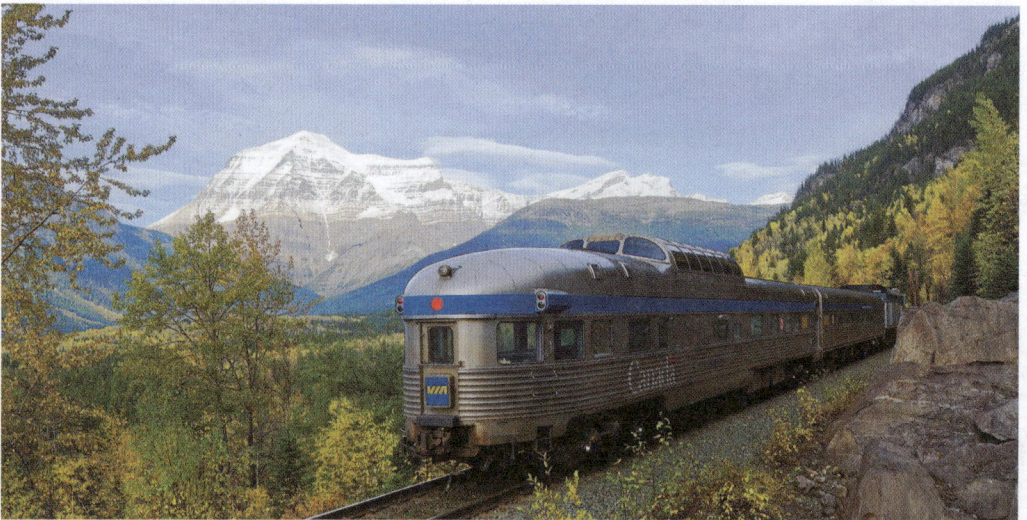

图 6-61 穿梭于山林中的加拿大人号

为让乘客尽情赏景，每当行至风景优美处，列车会减速慢行，加上有时会给货车让道，因此时速常不足 60 km。窗外常看到熊、麋鹿、大角羊等野生动物（见图 6-62）。

图 6-62　不期而遇的野生动物

6.7.2　穹顶观星的观景车厢

不仅有窗外美景，"加拿大人号"还带来极致的车内享受。20 节车厢分为 4 类，除了供休息的贵宾舱、高级卧铺和经济舱，列车穿插设有休息室、酒吧间、餐厅，以及天际线车厢（Skyline）、全景穹顶车厢（Panorama）及子弹头车厢（ParkCar）。每趟列车有 5 节全景穹顶车厢，下层是公共活动区，上层是全透明的观景舱，旅客能够 180° 全景观赏风景。位于列车最后一节的子弹头车厢提供了驾驶员的正面视角，可以看到铁轨向远方延伸，是最佳的拍摄机位。火车行至不同地区，会提供当地的特色餐食，无须下车便能体验当地的风土人情。

"加拿大人"号全景穹顶车厢内可以观赏日落和星空（见图 6-63）。火车进入落基山脉时会加挂全透明穹顶车厢。为方便乘客观赏，夜晚还会调暗车厢灯光，方便乘客看到夜空和繁星，营造一种极致浪漫的体验。

图 6-63　可仰望繁星的全景穹顶车厢

6.7.3　历史车站与总长 27 km 的地下城市

多伦多（Toronto）的冬季严寒且漫长，因此早在一战时便有伊顿百货等大型商业设施修建地下通道将顾客引入商场，逐步将火车站、地铁站、商场、酒店、办公楼等各类城市公共设施都连接起来，形成了庞大的地下步行网络。二战后政府也注意到它的经济和社会效益，着手鼓励、出资和规划，形成目前著名的"PATH"地下城市步行系统。

多伦多联合车站是较早接入地下步行街的交通设施，是加拿大最繁忙的火车站，总面积达 6.5 万 m²，日均发送旅客超 20 万人。车站连接了地铁、有轨电车、机场轻轨、公交车，以及通往周边城市的通勤火车，连接魁北克、蒙特利尔的城际列车，甚至往来美国的国际列车。目前，PATH 地下城的规模约 50 hm²，27 km 长的地下步行网（见图 6-64 与图 6-65）连接 1 个火车站、5 个地铁车站、20 个停车场，向外延伸到众多酒店、公寓、银行、商场和办公楼。

第 6 章　美洲铁路遗产

图 6-64　多伦多地下步行网的地图

图 6-65　多伦多地下步行商业街

多伦多联合车站建于 1927 年，1975 年被列为国家历史遗迹。加拿大历史遗址和纪念碑委员会认定该站是具有国家建筑意义的火车站典范。车站建筑立面整齐敦厚，比例协调，柱廊营造出优美的光影变幻（见图 6-66）。车站大厅高达 27 m，新古典建筑风格庄严豪华（见图 6-67）。大厅东西两侧各有一个罗马风格的巨大玻璃窗。南北两面墙上镌刻着当时从该站可以到达的东西海岸共 28 个城市的名字，象征着这座车站的荣耀。

图 6-66　多伦多联合车站外立面

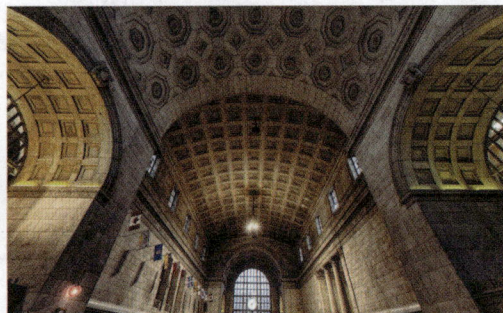

图 6-67　多伦多联合车站大厅

参访小贴士：

地址：多伦多联合车站位于加拿大安大略省多伦多 55 Front Street West

如何到达：该站可以乘坐铁路、地铁、公交、有轨电车等交通工具及步行抵达。

最佳参访时间：多伦多属于湿润大陆性气候，四季分明，冬季寒冷漫长，一直延至 4 月中旬，其余季节，特别是 6—9 月适合户外活动。

周边景点或美食：多伦多市区联合车站附近的景点包括 553 m 高的世界第二高通信塔——加拿大国家电视塔及皇家安大略博物馆、安大略美术馆、古酿酒厂区。作为国际大都市，拥有全球不同民族社区的美食，如葡萄牙菜、匈牙利菜、日本菜、加勒比菜、越南菜、韩餐、中餐等。

6.8 世界尽头的火车——阿根廷乌斯怀亚火车站

案例小档案：

    项目名称：乌斯怀亚火车站

    英文名称：Ushuaia Stastion/ The End of the World Train

    地址：阿根廷乌斯怀亚

    初建年代：1910 年

    遗产类型：废弃铁路 / 铁路线路及工程不可移动遗产

    遗产风格：异域风情

    项目规模：全长 25 km

    利用模式：文旅开发模式——运送囚犯的蒸汽火车线改为观光铁路

导读与知识点：

（1）浪漫之地，曾经的苦寒之地。

（2）这里是前往南极的中转站，风景秀丽而成为许多著名电影的取景地。

    许多中国人第一次听到乌斯怀亚这个名字是从一部电影。在电影结尾，男主在离开阿根廷前最终来到了乌斯怀亚，登上了世界尽头的灯塔（见图 6-68），那一幕让许多人对这个地方心生向往。

    在 19 世纪法国著名科幻小说家儒勒·凡尔纳的小说《世界尽头的灯塔》里，一名老水手为保卫这座世界最南端的灯塔与海盗殊死搏斗。于是这座灯塔便与"世界尽头"联系在一起，成为乌斯怀亚的一个标志。

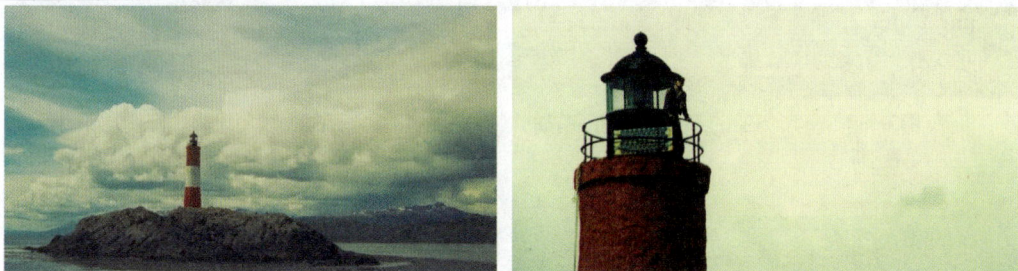

图 6-68　电影镜头中世界尽头的灯塔——莱斯灯塔

6.8.1 浪漫之都的前世今生

    浪漫小城乌斯怀亚位于阿根廷最南端的大火地岛（Isla Grande de Tierra del Fuego）。相传 1520 年麦哲伦探险船队航行途中，远望岛上印第安原住民升起的篝火，误以为是岛上的火山口，便将这里命名为"Tierra del Fuego"，即西班牙语"火之地"。

乌斯怀亚是美洲最晚被殖民的地区之一，由于气候寒冷，直到19世纪后半期才有欧洲人移居到此。在原住民部落亚马纳语中，乌斯怀亚的含义是"向西深入的海湾"。它距离南极仅800 km，是世界最南端的城市，也是离中国最远的城市。

> Tips：
>
> 　　乌斯怀亚是各国南极科考队的重要基地和冒险者的天堂，也是游客心中最理想的目的地之一，因而旅游业十分发达。船只从乌斯怀亚启航，穿过德雷克海峡，只需两天便可到达南极洲。前往南极洲探险或科考，乌斯怀亚是最理想的起点和补给基地，包括中国在内的各国南极考察船队都会在这里停泊，再挺进南极大陆。

乌斯怀亚背山面海，城市风光和雪山（见图6-69）、森林相映成趣。夏季是旅游旺季，但冬天的银装素裹更有世界尽头的气氛。

火地群岛向北隔麦哲伦海峡与南美洲大陆相对（见图6-70），向南隔着世界上最宽的海峡——德雷克海峡而与南极洲相望，火地岛因此成为各国南极考察的基地之一。乘船经过常看见岸边的巴布亚企鹅（见图6-71）。世界尽头的邮局（见图6-72）位于公园最南端的比格尔海峡一侧，修建在一个码头栈道上（见图6-73）。游客可以寄出这一份来自世界尽头的问候。

图 6-69　乌斯怀亚的五彩建筑与寂静的雪山

图 6-70　乘船穿越小猎犬海峡时观看百年灯塔

图 6-71　比格尔海峡附近礁石的巴布亚企鹅

图 6-72　世界尽头的邮局和栈道

图 6-73　从栈道远眺比格尔海峡

6.8.2 苦寒之地的监狱与短途火车

"世界的尽头"赋予乌斯怀亚以浪漫气息，但过去这里却是严寒贫瘠、充满悲凉的苦寒之地。前世与今生、神秘与瑰丽所形成的强烈反差使乌斯怀亚更具独特的气质。

由于偏僻和寒冷，乌斯怀亚被称作"南部的西伯利亚"。19世纪后期，阿政府在此建立监狱，把罪犯发往这个无法逃脱的蛮荒之地，直至1947年监狱关闭改为海军基地。为解决将木材和石头等建筑材料在山谷的运输难题，也为了将囚犯带离监狱从事修建街道、桥梁、建筑物等体力劳作，1910年决定修建一条25 km长、600 mm宽度轨距的窄轨铁路，将囚犯从乌斯怀亚的监狱运送到苏萨纳山（Mount Susana）脚下，也就是现在的火地岛国家公园所在区域。早期曾使用木制轨道并用牛马拖曳货车，后升级为钢轨和蒸汽机车。乘坐这列"囚犯的火车"（见图6-74），囚犯们每天被迫到森林深处伐树，用于兴建城镇和修筑铁路。森林砍伐后留下的树桩，犹如一座座"树的墓碑"，与绚丽美景形成反差，成为囚犯们苦难历史的无声见证（见图6-75）。

图 6-74　监狱人员与火车旧照　　　图 6-75　乌斯怀亚小火车通过树墓地

1994年，当地修复了这条运送囚犯和木材的蒸汽窄轨遗产小铁路，作为观光用途，更名为南富吉安铁路（Southern Fuegian Railway），它也成为世界上最南端、有运输功能的"世界尽头的铁路"。观光线路只恢复了原线路中的7 km，设6站，行程用时约1 h 40 min，沿途穿越壮丽的河流、瀑布、森林和山峰，乘客在观看景色的同时，还可以感受苦寒之地的流放故事。目前使用的5台机车包括1台新型2-6-2蒸汽机车（1955年自英国引进）、1台阿根廷造蒸汽机车及3台内燃机车。每列牵引5~6个车厢，每个车厢容纳16位乘客。

乌斯怀亚博物馆（Museum of the Prison of Ushuaia）目前建有海事博物馆、监狱博物馆、艺术博物馆、南极博物馆4个展馆，1998年由废置监狱改建而成，这里曾关押过700名犯人。监狱博物馆依然保存昔日监狱的原貌和设施，展出乌斯怀亚早期的照片和一些重要囚犯的资料。

监狱平面呈八爪鱼形状（见图6-76），以中间为圆心，5条轴线展开，每条通道两侧都是4~5 m²的监室，每间监室仅有一扇10 cm×10 cm见方的小窗。博物馆内部保留监狱走廊的原貌，如图6-77所示。

图 6-76　鸟瞰乌斯怀亚监狱

　　这座由囚犯们自己建造起来的城市，保留了独特的监狱文化。监狱外草地上摆放着运送囚犯及木材的蒸汽机车（见图 6-78），还原了当时囚犯们劳作与生活的场景。

图 6-77　博物馆内部保留监狱走廊的原貌

图 6-78　博物馆室外展示的历史机车

　　参访小贴士：

　　地址：Route 3 km. 3065, Ushuaia, Tierra del Fuego, Argentina

　　如何到达：从中国到乌斯怀亚没有直飞航班，需从阿根廷首都布宜诺斯艾利斯或者智利首都圣地亚哥转机，再搭乘一程飞机到乌斯怀亚。也可夏季乘坐南极邮轮经停。

　　最佳参访时间：该地属于温带海洋气候，降水较少，纬度较高，全年阴凉湿冷。南美洲夏季 11 月到次年 4 月适合出游，冬季 8 月可欣赏雪景。

　　周边景点：乘坐世界尽头的列车往返火地岛国家公园。全天有两列列车，发车时间分别是 12:00、15:00。途经游览世界末日站、树墓地、火地岛国家公园、大火地岛的监狱。

【图片来源】

图 6-1：https://www.knowol.com/information/georgia/restored-map-savannah-ga-1891/

图 6-2：https://www.tripadvisor.ru/Attraction_Review-g60814-d181706-Reviews-Savannah_Historic_District-Savannah_Georgia.html

图 6-3：电影《阿甘正传》截图

图 6-4，图 6-13，图 6-7（b），图 6-7（c），图 6-8，图 6-17，图 6-21，图 6-22，图 6-35，图 6-38，图 6-51，图 6-54，图 6-56，图 6-57：胡映东摄影

图 6-5，图 6-6，图 6-9，图 6-10：https://www.savannah.com/georgia-state-railroad-museum/

图 6-7（a）：张允绘制

图 6-11：《京张路工摄影》（1909 年）

图 6-12：https://www.sohu.com/a/53338357_100650

图 6-14，图 6-15，图 6-16，图 6-20：*Renovation/Restoration Plan For The Cincinnati Museum Center*（2007 年）

图 6-18：https://www.noblemania.com/2018/05/meanwhile-at-real-hall-of-justice.html

图 6-19：https://ronnysalerno.com/queencitydiscovery/2012/06/union-terminal-jewel-in-crown-of-queen_12.html

图 6-23：胡映东翻拍自博物馆

图 6-24：https://zh.wikipedia.org

图 6-25：*DENVER'S RAILROADS*

图 6-26：https://www.som.com/projects/denver-union-station-hub-transit-oriented-development/

图 6-27，图 6-28，图 6-32：https://www.thecrawfordhotel.com

图 6-29，图 6-30，图 6-31：https://www.som.com/projects/denver-union-station-hub-transit-oriented-development/

图 6-33，图 6-36：*Buffalo Central Terminal Full Draft*，2017 https://buffalocentralterminal.org/

图 6-34：*NRHF*，*Buffalo Central Terminal*，1984 https://buffalocentralterminal.org/

图 6-37，图 6-40：https://buffalocentralterminal.org/

图 6-39：http://hhlarchitects.com/portfolio/buffalo-central-terminal-restoration/

图 6-41，图 6-42：https://www.iridetheharlemline.com

图 6-43，图 6-44，图 6-45，图 6-47：https://www.hvrt.org

图 6-46：https://www.iloveny.com/listing/harlem-valley-rail-trail/9715/

图 6-48，图 6-49：https://deltaprecast.com/harlem-valley-rail-trail-map/

图 6-50：https://www.history.com/news/grand-central-terminal-secrets-myths

图 6-52：https://www.grandcentralterminal.com/

图 6-53：https://viewing.nyc/check-out-these-vintage-cross-section-diagrams-of-grand-central-terminal/

图 6-55：https://www.history.com/news/grand-central-terminal-facts

图 6-58，图 6-59：https://www.explorewithlora.com/via-train-across-canada/ 改绘

图 6-60：https://www.ontheluce.com/vancouver-to-jasper-by-train-via-rail/

图 6-61：https://princeoftravel.com/guides/cross-country-canada-with-via-rail/

图 6-62，图 6-63：张允绘制

图 6-64：https://map-of-toronto.com/other-maps/path-toronto's-downtown-pedestrian-walkway-map

图 6-65：https://www.rodamundo.tur.br/blog/por-que-fazer-intercambio-no-canada-cidades-e-cursos-para-estudar/

图 6-66：https://transittoronto.ca/regional/2302.shtml

图 6-67：https://www.blogto.com/city/2017/02/facts-about-union-station-toronto/

图 6-68：https://zhuanlan.zhihu.com/p/42091908、https://www.sgss8.com/tpdq/17555554/

图 6-69：https://www.grayline.com/tours/ushuaia-city-tour/

图 6-70，图 6-71：https://tourscanner.com/blog/best-things-to-do-in-ushuaia/

图 6-72：https://accidentallywesanderson.com/post-office-at-the-end-of-the-world/

图 6-73：https://www.toptravelsights.com/top_things_ushuaia/

图 6-74：http://szhuanlan.zhihu.comp157106024

图 6-75：https://tourscanner.com/blog/best-things-to-do-in-ushuaia/

图 6-76：https://tolkeyenpatagonia.com/en/learn-about-the-history-of-the-end-of-the-world-prison/

图 6-77：https://museomaritimo.com/en/museum-of-the-prison-of-ushuaia

图 6-78：https://roamingnanny.com/blog/things-to-do-in-ushuaia-argentina/

【参考文献】

[1] Georgia State Railroad Museum. [EB/OL] [2024-08-01]. https：//visitsavannah.com/profile/georgia-state-railroad-museum/19985.

[2] KnowOL. Restored Map of Savannah，GA 1891 [EB/OL] [2024-08-01]. https：//www.knowol.com/information/georgia/restored-map-savannah-ga-1891/.

[3] Savannah. Home. Savannah Happenings. Activities. Georgia State Railroad Museum. [EB/OL]. [2024-08-01]. https：//www.savannah.com/georgia-state-railroad-museum/.

[4] 冯祎. 城游记丨萨凡纳，重温美国南方旧梦. [EB/OL][2024-08-01]. https：//www.sohu.com/a/53338357_100650.

[5] Cincinnati Museum Center. Renovation/Restoration Plan for The Cincinnati Museum Center [R]. 2007. [EB/OL][2024-08-01]. https：//www.cincymuseum.org/union-terminal-restoration/.

[6] The Crawford Hotel. [EB/OL][2024-08-01] . https：//www.thecrawfordhotel.com.

[7] BECK R. Union Station in Denver [M]. Cheltenham：The History Press，2016.

[8] SOM. Denver Union Station Hub Transit-Oriented Development [EB/OL]. [2024-08-01]. https：//www.som.com/projects/denver-union-station-hub-transit-oriented-development/.

[9] Buffalo Central Terminal. History & Restoration[EB/OL][2024-08-01]. https：//buffalocentralterminal.org/about/history-restoration/.

[10] HHL Architects. Buffalo Central Terminal Restoration [EB/OL][2024-08-01]. http：//hhlarchitects.com/portfolio/buffalo-central-terminal-restoration/.

[11] 谭立，孙雪榕，李倞. 美国铁路遗产再生模式研究 [J]. 工业建筑，2019（11）：13-19.

[12] Harlem Valley Rail Trail. History [EB/OL][2024-08-01]. https：//www.hvrt.org/history.

[13] Grand Central Terminal. History . [EB/OL][[2024-08-01]. https：//grandcentralterminal.com/history/

[14] Ushuaia. Trem Do Fim Do Mundo. [EB/OL][2024-08-01]. https：//www.ushuaia.com.br/trem-do-fim-do-mundo/

[15] Museo Marítimo de Ushuaia. Museo Del Presidio De Ushuaia. [EB/OL][2024-08-01]. https：//museomaritimo.com/es/museo-del-presidio-de-ushuaia

第 7 章

亚洲铁路遗产

7.1 连接平原与高山的红茶之路
——印度大吉岭喜马拉雅铁路

案例小档案:

项目名称: 大吉岭喜马拉雅铁路

英文名称: Darjeeling Himalayan Railway

初建年代: 1881 年

遗产类型: 运营铁路 / 铁路线路及工程不可移动遗产

遗产风格: 凝聚高山铁路精华的人类工程遗迹

项目规模: 长度 88 km、海拔攀升 1 877 m

利用模式: 正常运营模式

导读与知识点:

（1）作为世界文化遗产，凝聚了高山铁路建设的精华，它的建立不仅促进了地区交通和工业的发展，还见证了英国殖民时代的历史和大吉岭红茶的兴盛，如今为游客提供了一种独特的旅游体验。

（2）采用窄轨轨道、环形轨道和曲线轨道设计，巧妙地解决了高海拔爬升和险峻山坡的工程挑战。

（3）被昵称为“玩具火车”的喜马拉雅铁路高山蒸汽小火车，不仅是地区文化的一部分，也是当地居民日常生活中不可或缺的交通工具，实现了历史遗产的活化利用。

7.1.1 始于大吉岭红茶的铁路

大吉岭喜马拉雅铁路是印度最早的铁路之一。1999 年，该线路作为环山铁路系统的经典之作被纳入《世界遗产名录》。大吉岭喜马拉雅铁路起源于英国殖民时代，它与大吉岭地区的红茶种植有紧密联系。英国人寻找避暑之地，将大吉岭打造成避暑胜地，并引进中国茶种和制茶技术，利用当地的气候和劳动力优势，迅速进军全球茶叶市场。由于大吉岭海拔高、雨水多、雾气重、日照充足、昼夜温差大的独特气候，生长的红茶被誉为“红茶中的香槟”，与祁门红茶和乌巴红茶并称世界三大红茶。为了运输红茶和人员，英国人兴建了大吉岭铁路。

大吉岭铁路始建于 1879 年，首班客运列车于 1881 年开始运行，从海拔 124 m 的印度平原古城——西里古里一路爬升到海拔 2 258 m 的大吉岭。全长 88 km 的窄轨距铁路蜿蜒曲折，为当地工业和交通带来了革命性的变革。

7.1.2 沿路观景、通往云端的玩具火车

大吉岭铁路位于印度西孟加拉邦、东喜马拉雅山脉的山麓地带，为乘客提供了壮丽的喜马拉雅山脉全景，其中包括一些世界最高峰，如海拔 8 586 m 的康奇安卡峰、海拔 7 412 m 的卡布鲁峰、海拔 6 691 m 的潘迪姆峰等。

除此以外，大吉岭铁路穿越大吉岭地区郁郁葱葱的茶园和茂密森林（见图 7-1），欣赏如兰吉特河（Rangeet）和提斯塔河（Teesta）等清澈的河流。由于地区的海拔和地势，大吉岭经常雾气弥漫，这也为当地风景增添了迷人和神秘的特质。坐在火车上，可以看到连绵的山丘上种满的梯田式的茶叶种植园和喜马拉雅山脉的若干高峰。

喜马拉雅铁路高山蒸汽小火车是大吉岭一道可爱独特的风景。铁路是专为盘山路而设计，火车个头很小，轨距只有 606.9 mm，一次只拖动 2~4 节小车厢，因此也被称为"玩具火车"（见图 7-2）。铁路自 1881 年开始就在悬崖峭壁上蜿蜒，至今仍有部分路段在使用，已被列入世界文化遗产，一些火车头还保留着原始的燃煤蒸汽推动。它们穿梭在盘山公路上和店铺门前，配合着喷涌的蒸汽柱和悠长的鸣笛声，场面非常有趣。

（a）山区村落　　　　　　　　（b）大吉岭红茶的茶田

图 7-1　大吉岭山区

（a）站内火车　　　　　　　　（b）与街道毗邻的轨道

图 7-2　玩具火车

如今，大吉岭铁路和火车成了游客争相体验的交通工具，旅行社提供了不少火车乘坐的旅游套餐，将短途乘坐与茶园游玩、山丘徒步、拜谒寺庙等旅游项目相结合，提供精致餐饮和豪华住宿等高水平服务。

与此同时，大吉岭铁路对当地居民的日常生活仍十分重要。对于居住在铁路线沿线的当地村镇居民来说，它是一条历史悠久的铁路，更是一种实用的交通工具，特别

图7-3 大吉岭铁路打卡点

是对于一些偏远地区、公路难以到达的社区，大吉岭铁路就是连接他们与市场和公共设施的生命线。他们依赖这列火车进行日常的通勤、上学和其他活动。另外，大吉岭铁路仍在一定程度上参与茶叶和生活必需品等货物运输。

铁路沿线增加的各种元素使得大吉岭铁路已成为一条集观景与体验于一体的旅游线路（见图7-3）。

7.1.3 高海拔爬升背后的工程难度

1. 窄轨轨道

大吉岭铁路采用的是窄轨轨道。窄轨轨道在山区具有独特的优势，允许更紧凑的曲线和更大的灵活性，以适应陡峭的山坡弯道。

> **引申：窄轨铁路**
>
> 窄轨铁路是一种相对于标准轨距铁路而言较窄的铁路系统，标准轨距为1.435 m（4英尺8.5英寸）。窄轨铁路有多种不同的轨距尺寸，常见的窄轨轨距尺寸包括以下几种。
>
> （1）762 mm（2英尺6英寸）：一种常见的窄轨铁路轨距，广泛用于山区、森林、农村地区及部分旅游线路。
>
> （2）610 mm（2英尺）：另一种常见的窄轨铁路轨距，通常用于旅游线路和一些工业运输线路。
>
> （3）914 mm（3英尺）：这种轨距尺寸在部分地区也有广泛应用，特别是在工业和矿山铁路中。
>
> 在类似于大吉岭喜马拉雅铁路的线路中采用窄轨铁路，以适应坡度陡、转弯急的地形，降低建设成本与维护成本，同时允许轨道在线路设计和规划上有更大的灵活性。如今，窄轨铁路在一定程度上降低了对环境的影响，保护了自然风景，服务一些偏远或较小的社区交通需求。

2. 巴塔西亚螺旋展线

巴塔西亚螺旋展线位于大吉岭镇附近，是大吉岭铁路沿线最著名的景观之一。火车在山地局促用地内做了一个360°的螺旋爬升，并提供了观看喜马拉雅山脉壮观全景的机会，因此成为游客和摄影师的热门景点。

3. 人字形展线

人字形展线是大吉岭铁路的又一特色，用于减轻机车负荷，解决火车攀升或下降陡峭坡地的挑战。铁路轨道在一系列的交叉口处改变方向，火车前进然后倒车，使火车渐进地攀升或下降陡峭坡地。

目前人字形展线已变成了一个游客中心，在螺旋展线内有一座巴塔西亚战争纪念碑（见图7-4），致敬在各种战争和冲突中牺牲的印度古尔卡士兵。环路内还设有园林、休憩区、咖啡馆，并有售卖书籍、纪念品等的小商铺。

（a）历史照片

（b）现状照片

图 7-4　巴塔西亚螺旋展线

这些工程解决方案帮助大吉岭铁路克服喜马拉雅山脉陡峭地形，凸显了19世纪末工程师和工人们的智慧与创造力。

引申：印度高山铁路——世界文化遗产

印度的高山铁路中有3条入选《世界文化遗产名录》，其中大吉岭喜马拉雅铁路堪称山区客运铁路的杰作，是最著名的一条。

（1）大吉岭喜马拉雅铁路：1881年开始运行，该铁路以其窄轨轨道和险峻的曲线而著称，提供了壮观的喜马拉雅山脉全景，尤其是康奇安卡峰的壮观景色。

（2）尼尔吉里铁路：位于印度泰米尔纳德邦的尼尔吉里地区，这条46 km长的窄轨单线铁路于1908年竣工通车。铁路穿越险峻山脉，沿途设有208处弯道、16条隧道和250座桥涵，因而被誉为亚洲坡度最陡的铁路，展示了设计师和建造者们的工程技术和勇气。

（3）卡奥卡—西姆拉铁路：这条铁路连接印度西北部的卡奥卡和西姆拉，全长96 km，是窄轨铁路的杰作。铁路穿越喜马偕尔和哈里亚纳邦之间的山脉，克服了高度差达1 420 m的挑战，建有864座桥涵和919处弯道。它的建设象征着技术和建筑的壮丽突破，为连接高海拔的西姆拉提供了便捷的铁路交通。

参访小贴士：

地址：铁路段位于印度西孟加拉邦的新贾尔帕伊古里（NJP）和大吉岭之间。

如何到达：游客通常会从其他城市乘坐火车抵达新贾尔帕伊古里火车站，并从这里开始游览。具体地址为：New Jalpaiguri Road, Bhaktinagar, Siliguri-734004, Jalpaiguri district, West Bengal, India.

最佳参访时间：游玩大吉岭的最佳时间段是每年的4月至6月及10月至11月，这些时期气候宜人，适合享受自然美景和户外活动。如果想要体验山上小镇的冬季雪景，12月至次年2月也是不错的选择。

周边景点或美食：大吉岭以茶叶闻名，到这里跟随导览参访茶庄园，了解制茶过程并享用茶点，是一种休闲地体验大吉岭的方式。另外，也可以在辛加利拉国家公园（Singalila National Park）徒步，欣赏喜马拉雅山峰的壮观景色。

7.2　从朝圣之路到文化遗产——阿拉伯半岛的汉志铁路

案例小档案：

　　项目名称：汉志铁路，叙利亚、约旦、沙特阿拉伯

　　英文名称：Hejaz Railway

　　初建年代：1908 年

　　遗产类型：运营铁路、废弃铁路 / 铁路线路及工程不可移动遗产

　　遗产风格：严酷气候修建的山区铁路

　　项目规模：1 300 km

　　利用模式：正常运营模式、功能置换模式

导读与知识点：

　　（1）铁路旨在连通阿拉伯半岛，连接了大马士革与麦地那，为穆斯林前往麦加朝觐提供便利。

　　（2）军事战略意义重大，铁路成了奥斯曼帝国对阿拉伯地区控制的工具。

　　（3）部分路段在叙利亚、约旦和沙特阿拉伯境内得以保留，近年来成为历史和旅游遗产的一部分，展现其曾经的荣光与挫折。2015 年，汉志铁路入选《世界遗产预备清单》。

7.2.1　修建背景与历史沿革

　　在世界铁路史上，汉志铁路具有特殊的地位。它是连接叙利亚、约旦和沙特阿拉伯的交通纽带，是伊斯兰的文化与象征。汉志铁路的修建起源于 20 世纪初，奥斯曼帝国苏丹兼哈里发阿卜杜勒·哈米德二世（1842—1918）希望加强帝国内较远省份之间的联系，而启动了这一雄心勃勃的项目。铁路构建一条从现在的叙利亚大马士革到沙特阿拉伯麦地那的重要通道。这条规划里程 1 300 km 的单线窄轨铁路于 1908 年建成，但延伸至麦加及修建支线的计划未能实现。

　　作为一条连接伊斯兰教两大城市的铁路，汉志铁路具有深刻意义。这条铁路通车前，每年成千上万的穆斯林步行或骑着骆驼穿越沙漠前往麦加，旅程极其艰难，面临酷热的气候、缺乏食物和水源、疾病和盗匪的威胁。汉志铁路的修建将大马士革到麦地那的旅途时间由 50 天缩短到 3～4 天，各国穆斯林的捐款约占铁路建造经费的三分之一，因此被认为象征着伊斯兰世界的团结与力量。另外，这条铁路也被视作奥斯曼帝国对阿拉伯地区控制的工具，这与同时期德国计划修建的巴格达铁路（柏林至巴格达）属于同一目的。

图 7-5（a）为工人们正在塔布克附近的汉志铁路铺设轨道，照片摄于 1906 年，在整个铁路修建的过程中，由于食物短缺和天气恶劣，数百名工人失去了生命。

图 7-5（b）描绘了当年沙漠中铁路与骆驼共存的场景。铁路穿越沙漠和崎岖的山地，对当时的工程技术来说是一大挑战。一方面为适应沿线地形和减少建设成本，全线采用轨距为 1 050 mm 的窄轨；另一方面，需要克服极端天气条件和地形障碍，如铁路的路基须能够承受沙漠地区的高温和少雨，以及山地区域的陡峭和不稳定。

| （a）铺设轨道 | （b）铁路与骆驼共存场景 |

图 7-5　汉志铁路的修建与运行

约旦的瓦迪拉姆沙漠拥有类似火星上的场景，被红色基调的沙丘岩石所点缀。这一场景也出现在展示阿拉伯大起义的电影《阿拉伯的劳伦斯》中。如今，人们乘坐火车穿梭于无垠的沙漠之上，壮观的峡谷巨石从车窗外闪过（见图 7-6）。在瓦迪拉姆车站，淘汰的机车头与车厢成为游客打卡拍照的地标。

| （a）行驶在峡谷沙漠间的机车 | （b）停驶的机车 |

图 7-6　瓦迪拉姆沙漠中的汉志铁路

汉志铁路穿越阿拉伯沙漠，跨越广袤、贫瘠的土地，既是具有重要意义的旅程载体，也象征着精神和心理的旅程。铁路跨越时空，是人工与大自然美的结合。正如联合国教科文组织所评价，也是有利于古代世界的文化和经济交流，并且在漫长的历史时期内保持了延续性，汉志铁路将来自不同民族和地区的穆斯林汇集在一起，促进了该地区居民之间的文化和科学交流。

7.2.2 现代转变与再生

建成运营之初，汉志铁路带动了沿线经济的繁荣，并在 1913 年实现了年运输 30 万人次、货物 25 万 t 的高峰。然而，随着两次世界大战及其后当地不断的动荡，这条铁路线荒废了，其军事与政治意义逐渐减弱。现在，铁路不仅是交通工具，更是历史的活化石、文化和历史遗产，见证了一个时代的变迁；也因其连接着多座城市和文化，极具历史价值。

沿线的许多车站和铁路遗迹被改造成博物馆与旅游景点。沙特境内的两处遗址分别位于麦地那和塔布克，这里曾经是汉志铁路最大的两座车站。如今，修复的两座车站向各地的游客讲述着这条铁路的故事和那段令人忧伤的历史。

图 7-7　麦地那汉志博物馆

在这座爱德华风格的车站里，有一座收藏有各种工艺品、手稿和照片的博物馆（见图 7-7）。藏品来自与这条铁路相同甚至更早的年代。

大马士革火车站是汉志铁路的起点（见图 7-8），当年的设计灵感来自安达卢西亚建筑，并混搭了英伦的华贵风格。现在这座火车站虽然保留了其原貌，但已经没有火车通过，成为一个融合历史与现代的空间，并在室外展示了部分老旧机车。

汉志铁路部分路段仍在运营，如安曼到阿尔吉扎（Al-Jizah）的周末列车，以及穿越瓦迪拉姆沙漠（Wadi Rum）的线路。这些运营中的路段为游客提供了乘坐古老火车穿越历史悠久的地区的独特体验，例如，汉志铁路瓦迪拉姆站的翻新蒸汽机车，真实还原了历史场景，成为游客喜爱的打卡点。

在安曼，废弃的汉志铁路还被提议改造成一条穿越市中心的公园——汉志铁路公园（Hijaz Railway Park），以弥补安曼市青年活动、儿童安全游戏的城市公园及高效的交通系统的不足，并旨在保护和弘扬汉志铁路的历史遗产价值。

该项目由约旦建筑师汉纳·萨拉梅设计，计划将铁路改造为一条 30 m 宽、延伸 26 km 的林荫大道，沿途设有休闲区、自

图 7-8　大马士革火车站

行车道、咖啡馆和绿地空间，其效果图如图 7-9 所示。项目强调社区参与和可持续发展，旨在吸引当地居民参与设计，并通过出租沿途的商业空间、安装光伏板的路灯和广告来实现项目的自给自足。

图 7-9　汉志铁路公园效果图

汉志铁路展示了人类价值观的重要交流，已成为连通阿拉伯半岛的资产和精神象征，也见证了伊斯兰的变迁和现代化进程。经沙特阿拉伯申请，2015 年汉志铁路入选《世界遗产预备清单》，土耳其和约旦分别在 2016 年和 2018 年签署协议，恢复沿线的一些车站和铁路路段，但该铁路的全面保护与复兴仍面临巨大挑战和多种复杂因素。

参访小贴士：

地址：汉志铁路从叙利亚的大马士革途经约旦，再进入沙特阿拉伯的麦地那。主要的历史车站包括大马士革车站、安曼车站和麦地那车站（博物馆），地址如下。

大马士革车站：Hejaz Square, Al-Qanawat, Damascus, Syria

安曼车站：99+JH7, Amman, Jordan

麦地那车站：Omar Bin Al Khattab Rd, Al Suqya, Madinah 42315, Saudi Arabia

如何到达：取决于想要探索铁路的哪一部分，可以选择到达不同的城市。在大马士革、安曼和麦迪那都拥有国际机场，在当地可以通过公交或出租车到达上述地址。

最佳参访时间：由于中东地区的特殊气候，10 月到次年 4 月较凉爽，更适合旅行，以避开夏季的极端高温。

周边景点或美食：在大马士革可以探索古城的市场与历史遗址，体验沙威玛、鹰嘴豆泥等当地美食；安曼有罗马剧场和城堡等历史景点，以及曼萨夫和马格鲁巴等约旦美食；在麦地那可以参访先知清真寺等伊斯兰圣地，也可以体验卡布萨等当地美食。

7.3 串联世界遗产的海边旅游列车——日本五能线

案例小档案：

项目名称：日本五能线
英文名称：The Gono Line, Japan
初建年代：1908 年
遗产类型：运营铁路、遗产铁路 / 铁路线路及工程不可移动遗产
遗产风格：人文、景观并重的浪漫主义色彩
项目规模：147.2 km
利用模式：正常运营模式、文旅开发模式

导读与知识点：

（1）作为重要的交通途径，铁路对不同城市、不同地点之间的串联及旅游业发展起到重要作用。五能线是一条贯穿日本北部的历史铁路线，不仅连接了秋田和青森两座城市，还串联了沿途的多个世界遗产和著名景点。

（2）除线路本身的特点，五能线还因"Resort 白神"号特别列车而著称，采用不同的车厢设计，共有与当地风景相匹配的"青池号""橅号""啄木鸟号"三大主题。

7.3.1 五能线沿途风景与串联景点

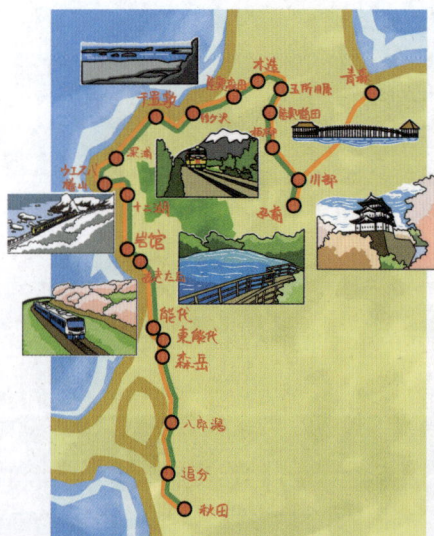

图 7-10 五能线线路

日本五能线开通于1908年，是连接青森县五所川原站和秋田县东能代站的 JR 铁道路线，因而得名"五能线"，全长147.2 km。广义的五能线则包括了秋田到青森的铁路区间（见图 7-10）。

乘坐五能线列车飞驰在能代到秋田白神的途中，先途经樱花林、世界遗产"白神山地"等著名景点。游玩过陆奥鹤田以后，游客还可以乘坐公交车前往弘前城赏樱，由于弘前市位于日本东北地区，樱花花期较晚，赏花时期和日本黄金周（4月底至5月初）重合，得以吸引众多观光客。

五能线行驶在日本海沿岸与津轻平野的田园地带。沿线可以看到很多景点，包括1993

年日本第一个登录世界自然遗产的白神山地和名峰岩木山，以及赏樱胜地弘前公园（见图 7-11）。另外，五能线途经的日本东北地区距离东京较远，冬季漫长，交通不便，因此保留了很多本地民俗文化。

图 7-11　五能线之旅

白神山地（见图 7-12）绵延约 13 万 hm²，是全世界稀有的原生山毛榉林保育区域。利用列车停靠的时间可以漫步在风景名胜"千叠敷"（见图 7-13），在冬季飘雪时更显妩媚。在千叠敷站与陆奥森田站之间，火车行驶经过津轻平野的田园和海岸风景，远眺著名的高山"岩木山"。陆奥鹤田站下车参观著名的"鹤之舞桥"（见图 7-14），是日本第一长的木造三连太鼓桥。桥梁使用了 700 棵树龄 150 年以上的青森桧木，运用传统建筑技术打造，桥身柔美的拱形让人联想仙鹤结对飞翔的姿态。五能线上有一个非常出名的秘境小站——骉木站，它是一个面朝日本海、无人值守的木造小站，是动画电影《千与千寻》中火车与海的灵感来源（见图 7-15）。

图 7-12　白神山地

图 7-13　千叠敷的滩涂景观

图 7-14　鹤之舞桥

图 7-15　穿山向海的五能线

7.3.2 五能线上的列车——"Resort 白神"号

白神号特别列车广受游客青睐，这一车名来自沿途的世界自然遗产白神山地。白神号列车共有3种不同主题的车厢，分别是诞生于1997的"青池号"、2003年的"橅号"及2006年的"啄木鸟号"。

"青池"主题［见图7-16（a）］——以十二湖最具知名度且最受欢迎的青池为主题，是"Resort 白神号"诞生时的主题列车，2010年进行了翻新成为混合动力车辆。

"橅（Buna）"主题［见图7-16（b）］——橅（读音mó）是日本山毛榉之意，该列车以白神山地的山毛榉林为意象，自2003年启用，2016年翻新成为混合动力车辆。

"啄木鸟"主题［见图7-16（c）］——以在白神山地栖息的啄木鸟与西沉在日本海的夕阳为意象。图7-17是啄木鸟号列车车身外观、包厢及列车车身标志。列车设有普通指定席、展望室和包厢等不同的席位。车厢窗户高度略低于常规，座椅也有抬高，因此视线极佳。图7-18为橅号列车。

（a）青池号
（b）橅号
（c）啄木鸟号

图 7-16　白神号列车

图 7-17　啄木鸟号列车

图 7-18　橅号列车

在展望室中常有青森县中西部津轻地区的民族乐器——津轻三味线的表演（见图 7-19）。津轻地区有一个传统，流浪艺人挨家挨户进行表演以求得布施，一边演唱当地民歌，一边弹奏三味线。直到明治天皇时期，出现了津轻三味线的乐器独奏及合奏，津轻三味线的演奏风格提升到了艺术的高度。津轻三味线具有布鲁斯乐的曲调，强有力的声音就像发自灵魂深处的咆哮，是生活于津轻严酷气候地区人对力量的自然表达。五能线列车上的纪念卡与纪念章如图 7-20 所示。

图 7-19　津轻三味线

图 7-20　五能线列车上的纪念卡与纪念章

参访小贴士：

如何乘坐：一般来说，到日本东北地区旅游都会购买 JR EAST Pass，不限次数地免费乘车，如果想要指定席需要提前去窗口预订座位。也可购买五能线两日券，在 2 天内随意乘坐五能线的普通列车或快速列车的自由席。

最佳参访时间：一年四季都适合搭乘五能线旅行，但最推荐夏、秋两季：夏季可欣赏沿途海景，秋天可欣赏世界遗产白神山地的青池和红叶，冬天则能领略雪与海的特别风景。

第 7 章　亚洲铁路遗产 /

7.4 与火车擦肩而过的泰国美功铁道市场

案例小档案：

项目名称：泰国美功铁道市场

英文名称：Talad Rom Hub, Maeklong Railway, Thailand

初建年代：1905 年

遗产类型：运营铁路 / 铁路线路及工程不可移动遗产

遗产风格：原汁原味的市井生活气息

项目规模：长度 500 m

利用模式：正常运营模式

导读与知识点：

（1）美功市场的摊点紧邻铁轨，火车每天缓慢穿行其中，被戏称为"世界上最危险的市场"，也因而成为旅游胜地。

（2）保持了狭窄、实惠的特点与热闹的市场氛围，为游客提供真实的泰国生活体验。

7.4.1 美功铁道市场的起源

美功铁道市场位于泰国夜功府的美功镇，距离曼谷约 80 km，需要一个多小时的车程。在一百多年以前，美功镇就有了美功市场，但当时的市场只在周末营业。泰国市场的形成与中国乡镇"赶集"的概念相似，小贩们汇集到人多的地方来交易，自然而然就形成了市场。

美功市场是传统、地道的泰国市场（见图 7-21），如果忽略火车时而呼啸而过的这条铁轨，它与泰国其他普通的菜市场并没有太大的区别，主要供当地居民生活必需品，以及新鲜蔬菜水果、海产品、小吃等，全长约 500 m。

图 7-21 终点站的日常

曼谷到夜功府的美功铁路是泰国现存最古老的铁路之一，最初用途是为了从美功河口及他钦河口运输海鲜。1905 年修建铁路时，路线要穿越整个市场，美功市场差点被迫搬迁，但由于未与当地居民谈妥拆迁赔偿费，搬迁事宜搁置了，因此形成了摊贩紧贴铁轨两侧摆摊的奇特场景，吸引了来自世界各地的游客前来打卡。

美功铁道市场的菜摊之间只有不足 2 m 的空隙，拥挤的摊点与人群几乎与火车擦肩而过，被称为"世界上最危险的市场"，并被美国电视台探索频道的地方文化纪录片所推荐。

7.4.2 火车擦身而过的刺激体验

游客在这里可以看到一个非常奇特的场景：每当火车经过时会有广播鸣起，一名警察大声提醒着周围的商贩、顾客和游客，火车则以时速 15 km 缓慢经过固定摊点夹持的铁轨，原本将货品放在铁轨上、将遮阳布搭在铁轨上方的摊贩则会迅速收摊，在火车经过后又快速地将货品重新摆出来，前后不到 2~3 min。这样的场景每天都会不断重复。美功铁道市场的泰语名字 Talad Rom Hub 直译便是"收伞市场"（Closed Umbrella Market）。

火车来时，周围摊贩都会将遮阳棚收起来，市场上和火车中的游客都会举起相机拍照打卡（见图 7-22）。摊贩对这趟火车的性能、底盘的高度等十分熟悉，便算好了高度，把水果维持在一定的高度，即便是火车来了也不用收。现在游客特别多，管理方为了安全，在火车道路沿线画了红线，火车来了需要站在红线外，不遵守规矩会被工作人员劝告。

图 7-22 火车经过美功市场

除了打卡火车，在市场购买一些当地的新鲜水果也是不错的体验。轨道两侧还布置有桌椅，游客可以购买小吃并坐下享用。因为光顾市场的主要是本地人，游客也可以感受原汁原味的泰国生活气息和日常饮食（见图7-23）。尽管游客络绎不绝，但美功市场仍然保留了当地市场的传统布置方式与产品种类，没有一味迎合游客，体现出热闹、狭窄、实惠的特点。

图7-23　品尝小吃购买特产

7.4.3　抵达与游览方式

从曼谷翁文雅火车站（Wongwian Yai）出发，搭乘1 h的火车到Maha Chai火车站，接着从Maha Chai火车站搭乘渡船到Ban Laem火车站，在这里便可以坐上前往美功（Mae Klong）火车站的火车。在这趟火车快到美功市场时，火车头的窗口位置会开放，供乘客排队轮流到窗口前拍下火车经过市场的场景，而市场中同样也是举着相机对着火车拍照的人群。乘坐火车抵达的交通方式需要约4 h，如果乘坐公交车则只需要1.5 h。

游客在水上市场乘坐小船，周围是一条条卖货小船在河面上来回穿梭，头戴斗笠的泰国船娘热情地吆喝，构成了一幅极具生活气息的市井画卷（见图7-24）。

图 7-24　曼谷水上市场

第7章　亚洲铁路遗产

7.5 维多利亚的时代缩影
——印度贾特拉帕蒂·希瓦吉·摩诃罗阇终点站

案例小档案：

项目名称：印度孟买贾特拉帕蒂·希瓦吉·摩诃罗阇终点站

英文名称：Chhatrapati Shivaji Maharaj Terminus (CSMT), Mumbai, India

初建年代：1888 年

遗产类型：运营铁路 / 铁路建筑不可移动遗产

遗产风格：威尼斯哥特式建筑风格

项目规模：18 个站台，40 条轨道

利用方式：正常运营模式

导读与知识点：

（1）建筑融合了维多利亚时代哥特式复兴风格和印度传统建筑元素，是印度铁路系统和铁路建筑的杰作，是孟买城市的标志性建筑，更是印度铁路发展和殖民时期历史的缩影，2004 年入选《世界文化遗产名录》。

（2）至今仍是印度最大、最繁忙的火车站。

7.5.1 车站历史

贾特拉帕蒂·希瓦吉·摩诃罗阇终点站（简称终点站）原名维多利亚终点站，始建于英国殖民时期的 1878 年，1888 年建成并运营至今。

图 7-25 贾特拉帕蒂·希瓦吉·摩诃罗阇终点站

车站最初命名为维多利亚终点站（Victoria Terminus），以纪念英国女王维多利亚。1996 年，根据印度本地化命名的政策，车站更名为贾特拉帕蒂·希瓦吉终点站，以纪念 17 世纪著名的马拉地人国王希瓦吉。2017 年，车站再次更名为"贾特拉帕蒂·希瓦吉·摩诃罗阇终点站"（见图 7-25），以体现对印度历史与文化的尊重。不过，维多利亚终点站或 VT 的缩写名称仍被居民广泛使用。

终点站的建立，不仅满足了日益增长的交通需求，更象征着当时孟买作为英国在印度重要商贸港口的地位。车站不仅是重要的铁路枢纽，也是孟买的标志性建筑之一（见图7-26）。

终点站于2004年被联合国教科文组织列为世界文化遗产。这不仅是对其建筑价值的认可，也是对其在历史、文化及社会发展中贡献的肯定。车站也因此不断地受到保护和修复，以保持其历史原貌。

图7-26　繁忙城市中的车站

7.5.2　建筑风格

终点站由英国建筑师弗雷德里克·威廉·史蒂文斯（Frederick William Stevens）设计，将维多利亚时代的意大利哥特复兴建筑风格与传统印度建筑风格巧妙融合，创造出一种独特的风格，展现了19世纪末殖民时期建筑艺术的高峰。

车站中央高耸的圆顶最为醒目，它是意大利哥特式风格的八角形棱柱石质圆顶，配有彩绘玻璃窗，以减弱阳光直射的眩光。圆顶外侧装饰有一尊手持火炬、代表进步的女性雕像（见图7-27）。

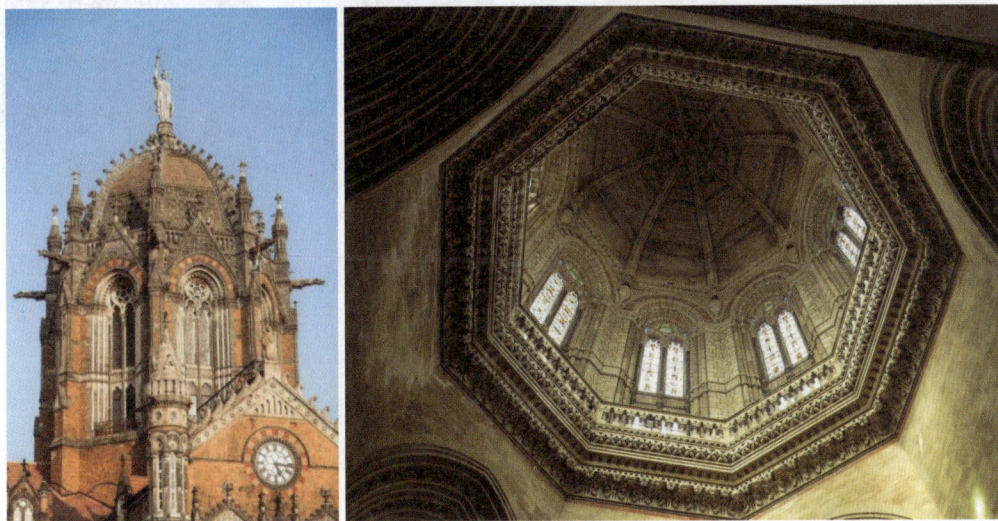

（a）圆顶外观　　　　　　　　　　　（b）圆顶内景

图7-27　中央圆顶及雕像

细致繁缛的外立面装饰不仅展现了哥特式建筑的特点，也融入了印度传统文化的元素，主要是精致的动植物浮雕和代表不同种姓和社区的半身像石雕（见图7-28）。车站入口处的两根柱子分别装饰有代表英国的狮子和代表印度的老虎，象征着两国文化的交融。

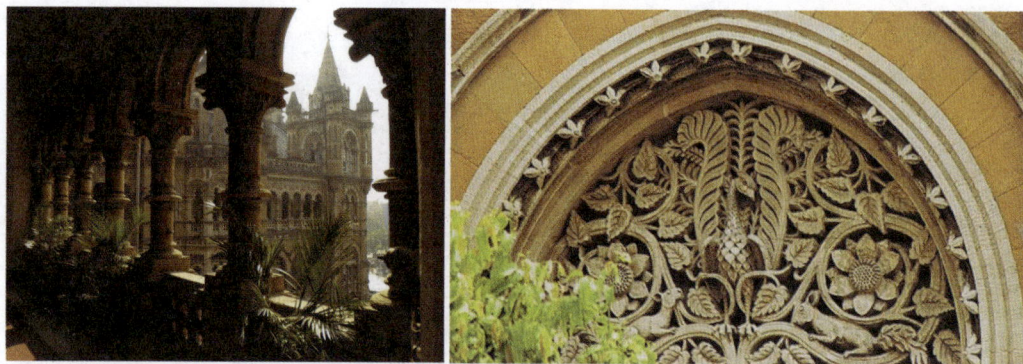

（a）拱廊 （b）雕花装饰

图 7-28　车站外立面装饰

　　车站内部有一个被称为"星室"（Star Chamber）的大厅（见图 7-29），拥有尖顶哥特式拱门和装饰华丽的穹顶天花板，天花雕刻有几何图案和金色星星。材料使用了当地的印度石灰石、意大利大理石和抛光花岗岩。

（a）大厅内的束柱与拱顶 （b）熙来攘往的乘客

图 7-29　车站的"星室"大厅

7.5.3　车站功能与现代发展

　　终点站至今仍是印度最大、最繁忙的火车站，承担着大量的客货运任务，每天服务超过 300 万通勤者。为适应不断增长的交通需求，车站经历了多次改扩建，在最初 4 条轨道的基础上扩建了 17 条轨道，其中包括 7 条用于中短途的市郊火车和区域列车，以连接孟买都市圈内的多个区域和邻近城市，因此早晚高峰时期的站内客流量尤为密集。

　　车站不仅是孟买市民日常出行中不可或缺的部分，也因其独特的建筑风格和历史地位而成为游客欢迎的观光地点。一些影视剧，包括奥斯卡获奖作品将其作为选景拍摄的地方，如《贫民窟的百万富翁》（2009 年）。提供场地用于电影拍摄是印度中央铁路公司重要的财政收入之一。2021—2022 财年就通过提供各种场地和铁路车厢用于电影拍摄，获取超过 2.48 亿卢比，该站是电影制作人喜爱的取景地（见图 7-30）。

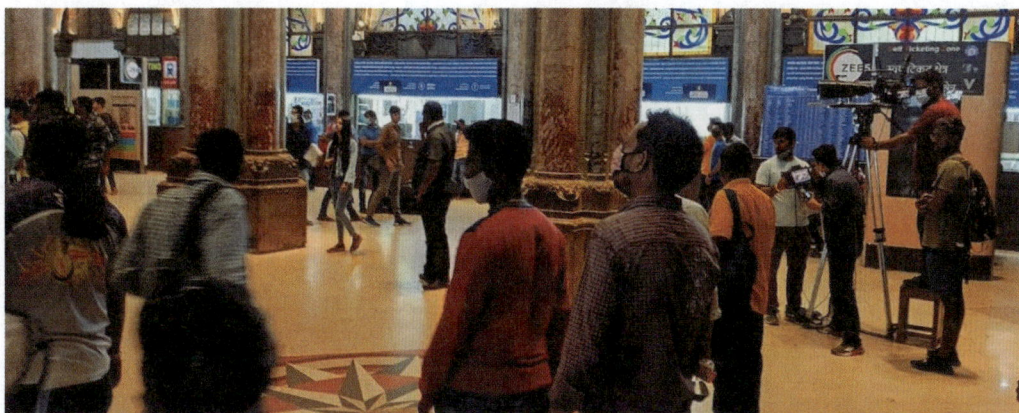

图 7-30　终点站内正在进行电影拍摄

在这里，游客能感受原汁原味的印度生活，是一个接触警察、小贩等当地普通人的地方，车站外也都是本地化的活跃社区（见图 7-31）。印度的火车站人声嘈杂但不设专门的候车室，大厅里仅有少量候车座位，来早的人只得席地而坐；车站不设安检人员，旅客只需从一扇扇安检门通过。

图 7-31　终点站的日常

参访小贴士：

地址：CSMT, Mumbai, Maharashtra, India。

如何到达：终点站是一个主要的铁路枢纽，从印度各地的城市通过火车均可到达。在孟买市内的巴士可以到达。

最佳参访时间：最佳时间是 11 月到次年 2 月的凉爽月份，炎热潮湿的夏季则不适合出行。

周边景点：印度门和泰姬陵等地标建筑距离终点站仅一小段车程，车站周围还有海滩（Girgaon Chowpatty）、孟买高等法院、现代艺术国家画廊等旅游目的地。

7.6 千年古都的城市客厅——日本京都站

案例小档案：

项目名称：日本京都（火车）站

英文名称：Kyoto Station, Japan

初建年代：1997 年

遗产类型：运营铁路 / 铁路建筑不可移动遗产

遗产风格：现代主义建筑风格

项目规模：3.2 万 m²

利用模式：改扩建与地区开发模式

导读与知识点：

（1）站城融合的先锋典范，京都站不仅是城市的交通枢纽，更是承前启后的代表，将古老的京都与现代的城市需求相结合。

（2）由日本建筑大师原广司设计，1997 年建成时是日本最大的火车站，在当时因其现代风格与庞大的体量而饱受争议。

（3）乘客在京都站内外可以体验商业、休闲、剧院、酒店等丰富多样的服务和活动，使它成为一个不局限于交通功能的城市公共空间，更是城市文化和生活的体现。

7.6.1 承前启后的京都站

京都站是本书案例中历史最短的铁路"遗产"，距今仅 20 余年，但它赋予车站以新的城市职能和定位，开创了全新的交通综合体建筑类型，让它成了一座承前启后的里程碑。

千年古都京都拥有众多历史街巷和古建筑，初代的京都车站始建于 1887 年，后经过多次改建（见图 7-32），最新一代的京都站是在 1991 年国际竞赛中中标并于 1997 年建成的，成为当时日本最大的火车站。设计之初，这座由日本建筑大师原广司设计的"庞然大物"受到了广泛争议，质疑其现代风格和庞大体量是否与京都这座重量级的历史文化名城相匹配。

其实，在设计竞赛之前，组织方就提出"古都保护的同时追求发展，新车站肩负着振兴京都文化、旅游及经济的任务。"新车站是京都的门户，提供能反映京都文化生活水准的酒店、综合商业、文化交流和民间庆典等复合功能。这一定位在当时，甚至放到今天仍是超前的，20 余年的运营也证明了它的成功。建筑师原广司认为"新京都火车站是一个大众建筑，是一种每个人都能懂的文化。"

|（a）1887 年|（b）1914 年|（c）1950 年|

图 7-32　历史上的三代京都站

京都火车站占地 3.8 hm²，建筑面积 3.2 万 m²，包括地上 16 层、地下 3 层，是一个高 60 m、宽 470 m、深 80 m 的庞大建筑（见图 7-33），这与京都古城狭小街道和低矮的传统建筑物形成巨大反差。除铁路、地铁等交通功能，还集合了百货公司、购物中心、文化中心、博物馆、酒店、停车库等城市功能，大量室外、半室外的公共活动空间穿插在建筑体内，是一座城市综合体。

|（a）站内大厅|（b）庞大的车站体量与京都小尺寸街坊的对比|

图 7-33　京都站拥有庞大的建筑体量，与周围形成对比

京都站是西日本旅客铁道（JR 西日本）、东海旅客铁道（JR 东海）、近畿日本铁道（近铁）和京都市交通局等众多铁路线路及多条地铁、公交线路的重要枢纽和芸芸聚集、充满活力的家，是京都名副其实的"城市客厅"（见图 7-34）。

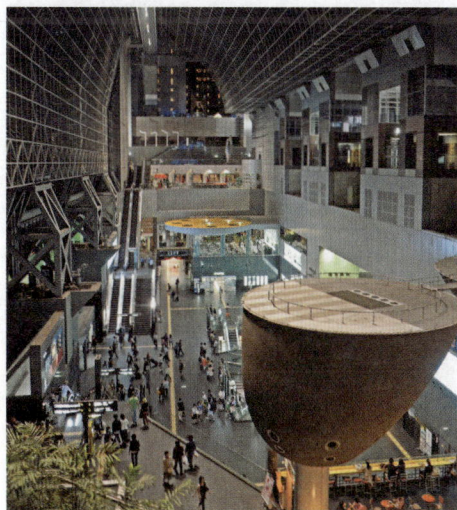

图 7-34　京都站内部巨大的共享空间

7.6.2 在京都站必做的几件事

京都站像是用一系列公共空间串联起来的都市公园。东部由京都剧场与京都格兰比亚大酒店组成，中心有空中庭院；西侧有一个171级台阶组成、往空中延伸的大阶梯广场（见图7-35），楼顶的空中花园可供游客休闲和举办文娱活动。

图 7-35 京都站内西侧大台阶

1. 俯瞰着中央广场喝清晨的第一杯咖啡

从中央检票口往大阶梯方向，搭乘扶梯到二楼咖啡厅，咖啡厅从早晨 7:30 就开始营业，游客可以选择一个俯瞰中央广场的座位。

2. 漫游车站欣赏京都城的美景

在京都车站庞大体量的内部就有许多欣赏美景的地点，如三层的南游步道可以欣赏间隔 5～10 min 来往的新干线，四层的乌丸小路广场是拍摄京都塔的最佳地点。

3. 在"京都拉面小路"享用京都拉面

大阶梯南侧 10 楼的京都拉面小路汇集了日本全国北海道到九州的各式人气拉面店，如京都当地代表性的拉面店 Masutani，其本店位于银阁寺附近，是 1948 年创业的老店。如果在京都城内行程安排太满，来不及品尝京都特色拉面，在京都站内的京都拉面小路用餐会是不错的选择。在车站内也能享受满意的服务、品尝高水平美食，是京都站作为城市综合体的创举。

在俯瞰中央广场的位置，可以看到广场中各国形形色色匆匆忙忙的人群（见图 7-36）。

图 7-36　京都站中央广场

4.在铁道模型店购买仿真火车模型

在京都车站内，还有日本具有代表性的铁道模型品牌 KATO 的直营店。直营店位于京都车站大阶梯南侧 9 楼，店内展陈出售各种各样的机车模型，铁道迷必去（见图 7-37）。

图 7-37　京都站内的 KATO 铁道模型店

交通网络化的今天，车站不仅是一个候车与乘车的建筑物，更是城市生活中不可缺少的重要元素（见图 7-38）。在满足基本交通功能外，车站更应与城市紧密结合，才是符合社会、城市发展规律，符合人出行和生活的需求。

图 7-38　京都站屋顶平台的演出

参访小贴士：

地址：京都市下京区东盐小路町 901 号。

如何到达：京都站是 JR 线、新干线和地铁的重要枢纽。另外，多条公交、电车线路在京都站设有站点，包括来往关西国际机场的线路。

周边景点：从京都站步行可到达以五重塔著称的东寺（To-ji Temple）、京都塔，乘坐电车可到达伏见稻荷大社等京都著名景点。

【图片来源】

图 7-1(a)：https://newsarenaindia.com/budget-2024/west-bengal-anticipates-key-reforms-and-infrastructural-boost-in-expectation-of-ub-2024/2738

图 7-1(b)：https://tea101.teabox.com/the-darjeeling-tea

图 7-2(a)：https://bidishabanik.com/chasing-barfi-trail-darjeeling/

图 7-2(b)：https://de.wikivoyage.org/wiki/Schmalspurbahnen_in_Indien

图 7-3：https://www.getyourguide.de/darjeeling-stadt-l2288/darjeeling-tagestour-t520405/

图 7-4(a)：https://medium.com/@sk-gupta-us/the-indian-railway-brats-of-the-sixties-growing-up-in-the-lap-of-luxury-b9e56bf34ebb

图 7-4(b)：https://www.gettyimages.co.uk/detail/news-photo/darjeeling-himalayan-railway-at-batasia-loop-darjeeling-news-photo/636143658

图 7-5：https://www.wikiwand.com/en/Hejaz

图 7-6(a)：约旦旅游局官网，https://www.visitjordancn.com/

图 7-6(b)：RailTech.com

图 7-7：https://www.wikiwand.com/en/Hejaz_Railway_Museum

图 7-8：Tripadvisor

图 7-9：https://hannasalameh.com/2020/01/02/hijaz-railway-park/

图 7-10，图 7-16：张允绘制

图 7-12，图 7-14，图 7-33(a)：孟超拍摄

图 7-12：https://www.experience-shirakami.com/tcn/about-shirakami-sanchi.html

图 7-14：https://livejapan.com/zh-tw/in-tohoku/in-pref-aomori/in-aomori-suburbs/article-a3000107/

图 7-15，图 7-17，图 7-18，图 7-20：罗春晓拍摄

图 7-19：https://allabout-japan.com/zh-tw/article/7814/

图 7-21：everydaybangkokhostel.com

图 7-22，图 7-23：weismile.tw

图 7-24：viator.com

图 7-25，图 7-32：维基百科

图 7-27(a)：dreamstime.com

图 7-26，图 7-27(b)，图 7-28(a)：联合国教科文组织官网

图 7-28(b)：https://www.thedecorjournalindia.com/

图 7-29(a)：mumbaimirror.indiatimes.com

图 7-29(b)：https://www.thedecorjournalindia.com/

图 7-30：siddhantsamachar.com

图 7-31：https://www.thedecorjournalindia.com/

图 7-33(b)：谷歌地图

图 7-34，图 7-35，图 7-36，图 7-38：胡映东拍摄

图 7-37：https://livejapan.com/en/in-kansai/in-pref-kyoto/in-kyoto-station_to_ji-temple/article-a2000028/

【参考文献】

[1] TEABOX. The darjeeling tea[EB/OL][2024-08-01]. https://tea101.teabox.com/the-darjeeling-tea.

[2] UNESCO. Mountain railways of India[EB/OL][2024-08-01]. https://whc.unesco.org/en/list/944/.

[3] WIKIPEDIA. Darjeeling Himalayan railway[EB/OL][2024-08-01]. https://en.wikipedia.org/wiki/Darjeeling_Himalayan_Railway.

[4] 约旦旅游局. 汉志铁路博物馆 [EB/OL][2024-08-01]. https://museums.visitjordancn.com/23.html.

[5] WIKIWAND. Hejaz Railway Museum[EB/OL][2024-08-01]. https://www.wikiwand.com/en/Hejaz_Railway_Museum.

[6] SALAMEH H. Hijaz railway park[EB/OL](2020-01-02) [2024-08-01]. https://hannasalameh.com/2020/01/02/hijaz-railway-park/.

[7] The decor journal India[EB/OL][2024-08-01]. https://www.thedecorjournalindia.com/.

[8] Kyoto Station to To-ji Temple[EB/OL][2024-08-01]. https://livejapan.com/en/in-kansai/in-pref-kyoto/in-kyoto-station_to-ji-temple/article-a2000028/.

第8章

中国铁路遗产

8.1 山林中的法式风景——滇越铁路

案例小档案：

项目名称：滇越铁路（滇段也称为昆河铁路）

英文名称：Yunnan-Vietnam Railway

初建年代：越段 1903 年竣工通车，滇段 1910 年竣工通车

遗产类型：运营铁路、遗产铁路／铁路线路及工程不可移动遗产、铁路建筑不可移动遗产

遗产风格：法式风情、米轨文化、高山铁路

项目规模：859 km（越段 394 km，滇段 465 km）

利用模式：正常运营模式、文旅开发模式

导读与知识点：

（1）中国半殖民地半封建社会时期的铁路多带有异域风情，产生了独特的铁路文化。

（2）依托高山险峻地势形成诸多山谷悬桥奇观，如跨度 67.15 m 的钢结构人字桥"五家寨大桥"、全长 95.8 m 的高架石拱桥"玉林山七孔桥"、桥墩高 34 m 的钢塔架桥墩铁路桥"白寨大桥"。

（3）窄轨铁路，轨道间距小于标准轨道的 1 435 mm，适应大坡度线路。

（4）自然风景、法式风情、当地民俗完美融合，呈现浪漫独特的人文画卷。

8.1.1 交通垄断——血泪修建历史

滇越铁路是中国第一条国际铁路和西南地区的第一条铁路，也是我国现存最长的米轨铁路，入选中国工业遗产保护名录（第一批）。铁路呈南北走向，连接昆明和越南海防港，分为滇段和越段两部分：越段在越南境内，1901—1903 年修筑，全长 394 km；滇段在中国云南境内，1904—1910 年修筑，全长 465 km。

滇越铁路由法国人修建。19 世纪初，中国云南及东南亚地区被英法殖民者侵占，为争夺中越境内资源相互角逐。为利用铁路运输掠夺中国西南矿藏，法国迫使清政府相继签订《中法会订越南条约》（1885 年）、《中法续议界务商务专条》（1887 年）、《中法会订滇越铁路章程》（1903 年），夺取铁路的修筑和使用权。

修筑过程也极其野蛮。滇段营建的 7 年间，20 万～30 万劳工被折磨致死者不下 8 万人。法国人通过铁路垄断，控制了云南的锡业、金融、邮政和电信等产业。滇越铁路虽是殖民者掠夺中国西南地区的"吸血管道"，但抗战时期成为西南地区重要的陆路国际通道。

8.1.2 高山铁路——高难度系数修建

穿行于险山峻岭间的滇越铁路极难修建，起始海拔相差 1 823.6 m，《英国日报》将其与苏伊士运河、巴拿马运河并称为世界三大工程。线路采用米轨制铺设，一是减小铺设成本，二是能采用较小的曲率半径，三是较轻的车厢质量降低了机车牵引需求，四是适应较大的坡度。整条线路高差大，最大坡度 30‰；曲线占比高，最小曲线半径仅 80 m。沿线千岩万壑，共有铁桥 22 座，石桥 108 座，隧道 158 座，总长度 17 864 m，堪称铁路桥梁博物馆。

五家寨大桥位于屏边苗族自治县和平乡五家寨四岔河大峡谷之中，是一座用钢板、角钢、柳钉装配而成的钢结构铁路桥，是滇越铁路的标志性工程（见图 8-1）。桥面以下支持结构形似"人"字。桥梁长 67.15 m，宽 4.2 m，桥面距谷底 102 m，飞跃绝壁之上。大桥结构缜密，体态优美，坚固耐用极少维修，堪称经典。

图 8-1　五家寨大桥

玉林山七孔桥是滇越铁路规模最大的石拱桥（见图 8-2），也是高架石拱桥的代表。全长 95.8 m，宽 4.4 m。

图 8-2　开远玉林山七孔桥

开远大花桥横跨泸江河（见图 8-3），为下承式多腹杆钢桁架桥。全长 52.4 m，整体钢结构编织成网，俗称"大花桥"。

白寨大桥是滇段最大的一座铁路桥（见图 8-4）。桥梁为 17 段 8 m 上承箱式钢板梁，桥面长 136 m，其中有 84.3 m 的长度处在半径 100 m 的曲线上。弧形桥身与山体呼应，动感中平添几分壮丽。

图 8-3 开远大花桥

图 8-4 屏边白寨大桥

不同轨距的区别如图 8-5 所示。

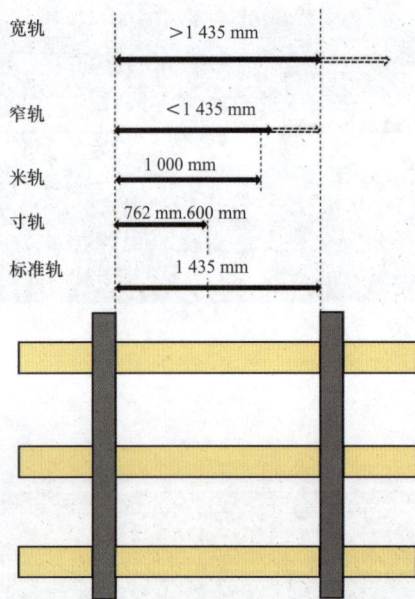

图 8-5 不同轨距的区别

引申：轨距

标准轨：又称国际轨道，轨道间距为 1 435 mm。唐胥铁路是中国第一条自建标准轨距铁路。

宽轨：轨距大于标准轨的铁路轨道。优势是可以提升运力，行驶稳定；缺点是造价高，转弯半径大，占地面积大。俄罗斯的宽轨轨距为 1 520 mm。

窄轨：轨道间距小于标准轨的铁路轨道，包括米轨和寸轨。优势是铺设成本小，曲率半径小，车厢质量轻，机车牵引力小，适用较大坡度线路。

米轨：窄轨铁路的一种，轨距为 1 000 mm。

寸轨：轨距为 762 mm，仅为标准轨距的一半。

8.1.3 法式风土——不一样的人间烟火

1. 融合型文化小镇

滇越铁路不仅连接了沿途的自然风景，同时串联起各色人文景观（见图8-6）。在特殊历史背景下，西方、东南亚与云南本土文化相互交融，形成了动人的生活画卷。昆明、宜良、开远、个旧、蒙自等小城在铁路营建和运营中逐渐繁荣起来。

中法战争后的1887年，清政府与法国签订《中法续议界务商务专条》，1889年，蒙自海关开关，成为近代云南第一个海关，也是近代中国21大海关之一。蒙自通商后，云南大部分进出口货物在蒙自集散。但1904年滇越铁路修建工程途经这里时，蒙自的士绅拒绝铁路从蒙自通过，滇越铁路被迫绕行城北，意外成就了蒙自北部小城碧色寨的繁荣。1910年，滇越铁路通车，碧色寨取代蒙自成为新的进出口贸易集散地。

滇越铁路沿线设有34座大小车站，不少车站依山傍水，法式风韵犹存，构成了铁路沿线的亮丽风景，如弥勒巡检司站、开远站、碧色寨站、河口站，黄墙红顶映衬于碧树蓝天之下，见证百年记忆。

近年来，云南恢复了多条百年米轨运营线路，小火车再次出现在滇越铁路沿线的崇山峻岭之中，复古的木纹车厢及内饰、狭窄的通道与座椅，游客饱览沿线风光的同时，也能感受百年时光的交错。

| 蒙自米线 | 水泡梨 | 吊肝肉 | 越南卷粉 |

图8-6 沿线小吃

弥勒巡检司站（见图8-7）是往日滇越铁路沿线最繁华的车站。马帮无法运送的东西，都通过火车运载至此，甚至出现了"英国亚细亚水火油公司代销处"等洋商号。

图8-7 弥勒巡检司站

碧色寨原为云南境内的一个小村落（见图8-8），原名"壁虱寨"，因滇越铁路开通迅速繁荣，成为特等站及各类货物的中转站，因而集市、商馆、洋行纷纷建立，称作"东方小巴黎"。车站具有法式特色，2017年电影《芳华》在此取景，吸引游客慕名而至。

图 8-8　碧色寨

河口站是滇越铁路进入中国的第一站（见图8-9），从越南进入云南的货运列车，需进行米轨—准轨的换装，继续向北行驶。法式复古风格与尚在运营的米轨线路，吸引铁路爱好者前来。

图 8-9　河口站

2. 世界唯一的十字交叉铁路：昆石铁路"大十字"

昆石铁路"大十字"位于昆明西郊的团山脚下（见图8-10），是米轨和准轨的交会点。这里的米轨其实并非滇越铁路，而是1938年日本侵华期间修建的"滇缅铁路"残迹，标轨的昆石铁路如今只剩下了昆明北到石咀这一段12 km的铁道线，而大十字正处于昆石铁路和云南冶炼厂专用铁路（昆明西—云南冶炼厂）交会处（专用线是准轨、昆石铁路是米轨，"大十字"其实是一个准米交叉道口）。为保证通过大十字的米轨和准轨列车安全运营，还保留了独特而原始的路签闭塞方式，成为中国铁路上罕见的奇特景观"活化石"。

图8-10 昆石铁路"大十字"

参访小贴士：

如何到达：

可保站—水晶坡：徒步行走最佳，沿途充满趣味性，隧道很多。

高古马村大花桥—滴水站：徒步行走最佳，步道平缓、视野开阔，大花桥可特色打卡。

乡会桥—团山：观光小火车乘坐体验，途经十七孔桥和数座古桥。

最佳参访时间：春季。

周边景点或美食：蒙自碧色寨是电影《芳华》取景地，网红打卡地；芷村站旁每周三有集市，可体验市井生活；屏边五家寨人字桥是世界桥梁史的经典，体态轻盈优美，横跨山涧。

美食有蒙自米线、水泡梨、吊肝肉、越南卷粉等。

8.2 中国自主设计建造的第一条干线铁路——京张铁路

案例小档案：

项目名称：京张铁路（现称京包铁路）

英文名称：Beijing–Zhangjiakou Railway

初建年代：1909 年建成通车

遗产类型：运营铁路、遗产铁路 / 铁路线路及工程不可移动遗产、铁路建筑不可移动遗产

遗产风格：古今交融

项目规模：201.2 km

利用模式：正常运营模式、文旅开发模式

导读与知识点：

（1）列强环伺的背景下，中国首条不使用外国资金及人员，由中国人自主设计建造的第一条干线铁路。鉴于当时资金紧缺、技术落后的国情，通过科学准确的选线，采用顺应自然的技术方式，以最少的成本获得最大的成效。

（2）沿线铁路文化遗产类型完整丰富，大到铁路线路、桥隧和站房设施，小到道岔、指示灯。

（3）铁路遗产得到形式多样的保护与再利用，如遗址公园、文旅路线、专题博物馆体验等。

8.2.1 顺应地形——可行高效的技术攻坚史

1. 自主修主权取得

京张铁路连接北京至张家口，途经八达岭、居庸关、沙城、宣化等地。张家口是北疆的军事和商业重镇，此时清政府也已意识到铁路修路权的重要，因而力排英、俄两国阻挠，交由詹天佑主持修建。但险峻的地势地貌、落后的机械设施对中国人自主修筑铁路提出了严峻挑战。

2. 主要攻坚技术

南口—关沟段地势复杂、坡陡，修筑难度大，最大坡度 33‰，曲率半径 182 m。詹天佑带领技术团队进行了 4 点技术攻坚：①利用青龙桥东沟的天然地形，采用"人"字形展线克服大坡度障碍；②使用马莱（Mallet）复式机车，借助轻便灵活的机身减小曲率半径；③八达岭隧道长 1 091 m，开凿隧道采用中间竖井法，两侧同时作业加快开凿速度；④沿线大量采用混凝土拱桥，就地取材，节省成本。

大功率动车组列车出现前，为增加运输平稳性，京张铁路的列车采用双机牵引形式。一台机车在前面拉、另一台机车在后面推，到"人"字形端头进行互换。图 8-11 为京张铁路与长城。

鉴于当时资金紧缺、技术落后的国情，詹天佑采用顺应自然的方式，以最少的成本获得最大的成效，得以在最短的时间内，从此摆脱中国铁路修建被国外势力垄断的困境。

"人"字形铁路名称源于汉字"人"的象形写意。适用于地形限制火车无法实现盘旋爬坡的情形（见图 8-12）。"人"字形铁路并非詹天佑发明，但詹天佑因地制宜，堪称经典。

图 8-11　京张铁路与长城

"中间竖井法"是指先从山顶往下打一口竖井，再分别向两头开凿的开挖方法（见图 8-13），4 个掘进面同时施工，可把工期缩短近一半。

图 8-12　穿越长城的青龙桥站和"人"字形展线

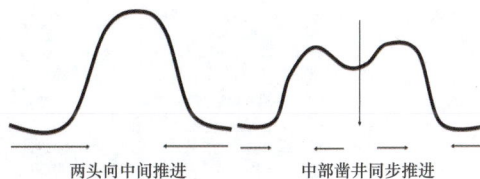

两头向中间推进　　　中部凿井同步推进

图 8-13　"中间竖井法"示意图

8.2.2　多路径再生——铁路文化遗产保护与再利用

时光荏苒，京张铁路经历了升级、扩建、废弃、更新、再利用等历史过程，部分铁路历史遗迹再生成为铁路遗址公园、文旅路线、专题博物馆等，迎接市民游客体验铁路文化。

1. 京张铁路遗址公园

京张铁路遗址公园是利用北京市海淀区京张铁路旧线改造而成的，是北京市首个路地合作建设的公园，全长 9 km，服务沿线 9 个街镇。2016 年，冬奥会配套工程京张高铁开工建设，京张高铁五环以内入地下，既有的地上旧线变身为一条带状公园，即京张铁路遗址公园。公园以废弃铁路为线索，打造具有铁路历史记忆和活力的城市公共空间。2019 年京张铁路遗址公园五道口启动区对外开放，2023 年京张铁路遗址公园一期正式开放（见图 8-14）。

图 8-14　京张铁路遗址公园与城市快轨

2. S2 旅游线路

S2 线是北京第一条市郊铁路旅游线路，2008 年开通，由北京北站（后改为黄土店站）至延庆站（沙城站），全长 108.3 km（含沙城支线），途经南口、八达岭、康庄、沙城等站，串联八达岭、居庸关、青龙桥火车站、四季花海、龙庆峡等人文和自然景观。每年春季两侧山花盛开，列车行驶在蜿蜒的京张旧线，与长城遥望，被誉为"通往春天的列车"（见图 8-15）。

图 8-15　行驶在居庸关长城和花海中的北京 S2 列车

3. 青龙桥站、康庄站、百年南口机务段

京张铁路沿线保留大量历史建筑，青龙桥站、康庄站、百年南口机务段历史气息犹存。

青龙桥站历史风貌保存完整（见图 8-16）。车站附近有著名的"人"字形铁道和八达岭隧道，可观赏 S2 号线列车在"人"字形线路的运行。詹天佑墓就在车站旁的山坡上。

康庄站是京张铁路线上的北京市域内最后一座车站。站内站房、为蒸汽机车补水的水塔、加煤台、机车库均为百余年的铁路遗迹，极具历史价值（见图 8-17）。

图 8-18 为百年南口机务段。

图 8-16　京张铁路青龙桥站站房

图 8-17　康庄站的百年机车车库与水塔

图 8-18　百年南口机务段

8.2.3　姊妹线路——京张铁路与京张高铁

图 8-19　京张高铁

京张高铁连接北京市与河北张家口，是"京兰通道"高速铁路通道的重要组成，也是 2022 年北京冬奥会的重要设施保障。京张铁路和京张高铁都流淌着自强不息、勇于开拓的民族和铁路精神。

京张高铁采用智能高铁技术（见图 8-19），2019 年全线开通运营，设计时速 350 km，穿越恶劣气候区。

S2 参访小贴士：

如何到达：拍摄 S2 线外景宜自驾，或者乘坐公交到达花海栈道取景。

公交：919 路、旅游公交 1 线、昌 20 路至居庸关长城或居庸关村公交站。

自驾：导航到居庸关长城 1 号停车场。

最佳参访时间：春季。

最佳拍摄地点：3 号观景台可拍摄延庆方向火车，2 号观景台拍摄北京方向火车。

8.3 东北历史、文化、社会之窗——中东铁路

案例小档案：

项目名称：中东铁路

英文名称：Chinese Eastern Railway

初建年代：1897 年开工，1903 年建成通车

遗产类型：运营铁路 / 铁路线路及工程不可移动遗产、铁路建筑不可移动遗产

遗产风格：日俄文化、西方工业文明与东北地域文化交融

项目规模：2 437 km

利用模式：正常运营模式

导读与知识点：

（1）铁路的兴建能够迅速带动城市发展，并形成以铁路为骨架的城市群。

（2）中东铁路由日俄帝国在中国土地上修建，成为掠夺中国的工具，以铁路为中心快速建设的附属地是侵略的产物，用于加快和稳定地进行掠夺。

（3）中东铁路遗产融合了西方工业文明及日、俄和东北本土文化，形成了独特的文化风格。

（4）跨地理区域铁路能够在更高维度对城市群产生影响。面对当前东北振兴的系列困境，中东铁路遗产的保护和利用能刺激客货运交通、文化旅游开发、生态品质的提升，为区域发展带来机遇。

8.3.1 资源抢掠——日俄侵略修建史

中东铁路是修建在中国境内的西伯利亚大铁路的组成部分，西起满洲里入境，东至绥芬河出境，支线从哈尔滨向南到旅顺口，线路总长 2 437 km，呈 T 形。从清朝至抗日战争胜利，中东铁路及其部分支线经历了东清铁路、中东铁路、南满铁路、中长铁路等名称，解放战争管辖权回归中国，分为滨洲、滨绥、哈大 3 条铁路线。

19 世纪 80 年代，沙皇俄国为控制远东地区侵占中国东北，寻找远东出海口，于 1891 年修建西伯利亚铁路。比较发现将铁路穿越中国境内更为便捷，同时借助铁路掠夺东北资源。1896—1898 年，沙皇俄国相继与清政府签订《中俄防御同盟条约》《旅顺口和大连湾租借条约》《东省铁路公司续订合同》，夺取东北铁路的修筑权。

图 8-20 与图 8-21 为俄国列车驶入中国境内情景。

图 8-20　俄罗斯列车驶入满洲里国门

图 8-21　俄罗斯列车行驶在绥芬河口岸
附近的套轨上

8.3.2　特色城镇——以铁路为骨架的附属掠夺体系

中东铁路是日俄帝国主义侵略中国的工具，当时铁路的修建权不仅包括轨道和站点，沿线一定范围的土地也被强征，甚至扩大至村落和城镇（见图 8-22 ~ 图 8-24）。

为加强掠夺职能，1898 年，中东铁路局在沿线设置了 30 多处市街地，按照规划面积大小分为 3 个等级：一级市街面积约为 5 km²，如大连、哈尔滨、沈阳、公主岭等；二级市街面积为 3~4 km²，如长春、沈阳等；三级市街面积为 1~2 km²，如铁岭、海拉尔、一面坡等。同时，按照职能定位将附属地城镇分为：①政治中心，如沈阳、大连、长春；②港口城镇，如大连、营口、丹东；③军事战略城镇，如大石桥；④矿业城镇，如鞍山、抚顺、瓦房店、海城、烟台、本溪；⑤工业城镇，如安东、沈阳、鞍山；⑥农林城镇若干，旨在将农林牧矿各类资源通过铁路集散至城市和港口城市转移，并由政治中心、军事要塞城市管控。

图 8-22　旅客列车行驶在下城子附近的滨绥铁路上，这段铁路已随新滨绥铁路的通车而废弃

图 8-23 列车驶过冰雪覆盖的哈尔滨滨洲铁路大桥，如今大桥已经停运，仅作为观光铁桥加以利用

图 8-24 列车驶入兴安岭隧道

Tips: 铁路附属地

　　"铁路附属地"的概念由日本人提出，但是随着早期俄国人修筑铁路对中国资源掠夺中逐渐生成。俄方规定，铁路周边建造、经营、防护、开采所需用地，可由俄方长期占用。日方进一步扩大用地范围，将市街、森林、农业、矿业用地纳入，不断扩张铁路附属地面积，1931 年达 371 km^2。

8.3.3　多元建筑遗存

中东铁路沿线遗存大量铁路建筑遗产，见证了日俄对中国东北的侵略历史。西方工业文明和俄日文化、东北地域文化相互交融，形成多元而丰富、独具特色的铁路遗产风格。其风格体现在车站、机车库、宿舍等建筑上，敦厚的墙身、色彩绚丽的屋顶与门窗，为寒冷的东北气候增添了几分温情。

采用当时世界流行的新艺术运动风格（见图8-25），流畅的曲线，精致的铁艺装饰，让建筑显得十分精致，哈尔滨火车站、满洲里火车站均具有新艺术运动特征。

日俄战争以后，在美国莱特草原式建筑风格对日本建筑师的影响下，简洁现代的日本近代建筑风格迅速风靡南满铁路沿线（见图8-26）。

图8-25　中东铁路局局长官邸旧址

图8-26　大连火车站

第8章　中国铁路遗产／

图 8-27 与图 8-28 为不同风格的建筑风格。

图 8-27　曾经被荒草湮没的横道河子车库

图 8-28　中东铁路俄式建筑风格

8.3.4　保护牢记历史，再生助力振兴

　　大到城市群，小到建筑、构筑物，中东铁路遗产风格独特、价值多元。东北地区城市复兴面临的多方面困境，中东铁路遗产的保护利用将发展带来机遇。

　　（1）发挥铁路运输与交换流通的职能，助力东北区域客货物运输体系建构。以铁路为骨架所形成的新兴城镇发展经济带，是区域产业振兴的坚实基础。

　　（2）发挥铁路遗产的历史文化与自然景观价值，调整东北区域城市产业结构。实现资源枯竭型城市产业转型，以文化旅游激活东北、助力复兴。

　　（3）发挥铁路的线性连接价值与生态景观价值，助力织补东北区域生态环境、改善人居环境。

　　参访小贴士：

　　如何到达：东三省和内蒙古的小环线，一直是寻迹中东铁路的传统路线，自驾方式最佳，行程包括绥芬河—牡丹江—横道河子—亚布力—尚志—哈尔滨—大庆—昂昂溪—扎兰屯—博克图—牙克石—海拉尔—满洲里。

　　最佳参访时间：夏季或冬季。

　　周边景点：

　　博克图：被誉为被冻结的俄罗斯小镇，百年俄式老屋坐落在小镇各处，兴安岭隧道和螺旋展线最为动人。

　　扎兰屯：俄式建筑风格独特，铁路俱乐部、六国饭店、日光浴场、避暑旅馆再现旧日沙俄贵族的奢靡生活。

　　齐齐哈尔：昂昂溪站方圆 2 km² 内集中了大量俄式建筑，保存完整且多数至今有人居住。俄国人墓地和新中国成立初期苏联援建工厂宿舍也是知名打卡点。

　　横道河子：保留俄式建筑 200 多栋，火车站、教堂、机车库等种类丰富。

　　绥芬河：位于中东铁路最东端，拥有国内罕见的套轨铁路，俄罗斯宽轨与中国标轨同步运行。

　　四平：完整保留了南满铁路百年机车库。

　　调兵山：蒸汽机车将矿区和生活居住区连通，每年1月举行蒸汽机车节。

8.4　高原上的奇迹——青藏铁路

案例小档案：

　　项目名称：青藏铁路

　　英文名称：Qinghai-Xizang Railway

　　初建年代：1958 年开工，1984 年西宁—格尔木段建成，2006 年格尔木—拉萨段
　　　　　　　建成

　　遗产类型：运营铁路 / 铁路线路及工程不可移动遗产

　　遗产风格：技术攻坚、高原美景

　　项目规模：1 956 km

　　利用模式：正常运营模式。壮美的高原风光与文化旅游线路

导读与知识点：

　　（1）穿越 632 km 冻土区域，克服土壤冻融对铁路安全的影响是技术攻坚重点。

　　（2）高原作业施工条件恶劣，缺氧、昼夜温差高达 40 ℃、空气含氧量仅为海平面
的 50%，民族精神支撑铁路建设者奋勇向前，谱写了青藏铁路精神。

　　（3）高原风光雄伟壮丽，铁路工业风景与之交相辉映。

8.4.1　世界之最——青藏铁路的修筑背景

　　高路入云端，天堑变通途。青藏铁路是一条连接青海省西宁市—西藏自治区拉萨
市的国铁 I 级铁路，是中国新世纪四大工程之一，是通往西藏腹地、世界屋脊的第一
条铁路。沿线自然风光壮美，但气候环境恶劣，要穿过戈壁荒漠、沼泽湿地、雪山草
原和长达 632 km 的多年连续冻土地带。冻土地带昼夜温差达 40 ℃，常年风沙雨雪，
空气稀薄，含氧量仅为海平面的 50% 左右。恶劣的环境使得铁路修筑十分艰难。青藏
铁路分两期建成，一期工程从西宁到格尔木于 1984 年通车；二期工程从格尔木到拉萨
于 2006 年通车。

　　青藏铁路创造了多项世界纪录，是世界海拔最高、线路最长的高原铁路（见
图 8-29 ~ 图 8-32），全长 1 956 km，车程近 22 h；穿越最长的冻土里程，拥有海
拔最高的车站唐古拉站，在世界最高海拔修建冻土隧道，拥有世界上最长的高原冻
土隧道、冻土桥和世界海拔最高的铺架基地，在冻土地段上能够达到世界最高时速
100 km。

图 8-29　海拔 5 067 m 的唐古拉站

图 8-30　万里长江第一桥——沱沱河大桥

图 8-31　在玉珠峰的冰川与草原间

图 8-32　驶过飘逸的拉萨河大桥

8.4.2 高原铁路——青藏铁路修筑攻坚问题

1. 冻土技术

青藏铁路穿越冻土区域 632 km，施工难度极大。如果施工过程导致冻土区水热环境发生改变，会造成冻土消融。为攻克这个难题，在施工设计中采取以桥代路（见图 8-33）、片石通风路基、通风管路基主动降温、热棒、碎石和片石护坡、保温板、综合防排水体系等系列措施。

以桥代路具有加强路线平整度、增加路线笔直度、降低混行风险、减少天灾危害、减少征地拆迁、顺势封闭路线、压缩施工周期等优点。

图 8-33 以桥代路

2. 缺氧作业

青藏铁路沿线高寒缺氧，风沙肆虐，紫外线强，自然疫源多，被称为人类生存极限的禁区。参建员工常挂着氧气瓶进行施工，身体不适时进入高压氧舱治疗，无数动人的故事谱写出青藏铁路精神，也是中华民族精神的写照。

为解决高原缺氧的问题，青藏铁路风火山隧道挖掘工程采用隧道供养站的方式进行氧气补给，能为工人提供大于 20 m^3/h 的氧气产量，氧气浓度可达到 92% 以上，且 24 h 不间断。氧气采用弥散式装置喷入作业区，形成氧气雾，让隧道内的氧气含量得到提升。改善工作区的缺氧环境后，隧道挖掘进度显著增加，隧道较计划提前贯通，创下了高原冻土隧道挖掘工程新的世界纪录。

3. 环保之路

青藏铁路秉持尊重自然生态、保护脆弱生态环境的理念，建立野生动物专用通道，实施列车污染零排放，打造铁路沿线绿色廊道等措施，建设高原上的"环保之路"。

8.4.3 行驶高原——火车窗外的壮美景致

坐在青藏铁路的列车上，游客能欣赏到壮丽的青藏高原特有风光，同时享受一场特殊的文化盛宴。铁路途经多个湖泊，如青海湖是中国最大的咸水湖，在火车上望向青海湖如同海面一般宽广。当列车驶过关角山隧道，周边的植被逐渐稀疏，隐约呈现出戈壁景致。随后列车穿过格尔木的胡杨林，这里的海拔亦为世界之最。每年十月，胡杨林好像染上了油画般浓烈的金色，展现出绚烂的生命与活力。

（a）青海湖油菜花　　（b）西宁塔尔寺
（c）措那湖畔　　（d）察尔汗盐湖
（e）关角山戈壁景致
（f）关角山　　（g）昆仑雪山
（h）布达拉宫　　（i）当雄草原

图 8-34　青藏铁路沿线自然风景

参访小贴士：

如何到达：西宁—格尔木—那曲—拉萨的 Z8991 次列车，21：50—18：26（次日）。

最佳参访时间：5 月前后。

乘坐提示：上车后列车员发放高原旅行提示和健康登记卡，车上有氧气通风口。

60% 的行程都在海拔 4 000 m 以上，高原反应症状以头痛、恶心、呕吐居多。

8.5　城市中的绿丝带——天津环城铁路

案例小档案：

项目名称：天津环城铁路

英文名称：Tianjin Railway round the city

初建年代：1888 年

遗产类型：废弃铁路 / 铁路线路及工程不可移动遗产

遗产风格：绿色生态，文化休闲

项目规模：45 km

利用模式：功能置换模式。改造为城市文化生态环廊

导读与知识点：

（1）以环城铁路为依托，串联城市周边重要运输节点，加强城市内部的交流与联系，构建城市工业及产业格局。

（2）结合生态资源，形成线性、绿色铁路遗产廊道，具有一定的生态与社会价值。发展成为健身廊道，为当地居民服务，发挥社会效益。

8.5.1　环铁工业格局——天津环城铁路形成脉络

图 8-35　天津环城铁路与周边工业

天津是著名的工业城市，因海河而兴建，铁路发展与工业生产共融（见图 8-35）。19 世纪 80 年代，英国人主持兴建的唐胥铁路延伸至天津塘沽，1888 年塘沽南站建成。1903 年，袁世凯主政天津期间，天津北站建成。1912 年前后，津浦铁路、天津西站兴建，促使天津在华北地区发挥交通中枢作用。1959 年，陈塘铁路支线兴建，中心城区铁路环线基本形成。自此，铁路环线沿线分岔连接了大量货运支线，依托铁路的天

津工业格局就此形成，铁路沿线工业地段引领全国工业发展。

8.5.2 绿廊步道——天津环城铁路再生

1. 绿廊再生计划

1986年，天津计划将工业产业东移，铁路环线周边厂区大量外迁，与厂区配合使用的货运支线被废弃。承载工业城市记忆的中心城区废弃铁路，成为天津市区最具特色的存量资源。

为推动天津中心城区后工业时代的资源再利用，激发城市活力、促进城市更新，2013年编制《天津环城铁路绿道公园规划》，以微更新的方式，将承载着近代中国工业记忆的中心城区的废弃工业铁路进行生态化改造，使其成为激发城市活力、促进城市更新的新引擎。

天津环城铁路绿道公园位于天津市中心城区，利用天津市部分废弃或即将废弃的支线铁路，以及沿线生态河道和控制绿地、城市零散用地和闲置地等资源，包括陈塘庄铁路、京山铁路小三线、京山线铁路绿化带、南运河、海河、新开河、月牙河、复兴河、四化河、纪庄子污水河和陈台子污水河"三线八河"，形成一条以铁路为特色、串联市内七区的线性开放空间。项目将消极空间变为积极空间，带动周边地区价值提升，为周边城市更新和社区升级带来新契机。规划总长度45 km，平均宽度100 m，总面积4 km²，是2013年"美丽天津"行动中的重要惠民实施项目。

环城铁路绿道公园项目集生态涵养、工业文化教育展示、公共服务、绿色交通等功能于一体（见图8-36），改变原有大拆大建的思路，串联天津主要工业遗存，是人们认识天津近现代工业发展和体验工业历史文化的新窗口。

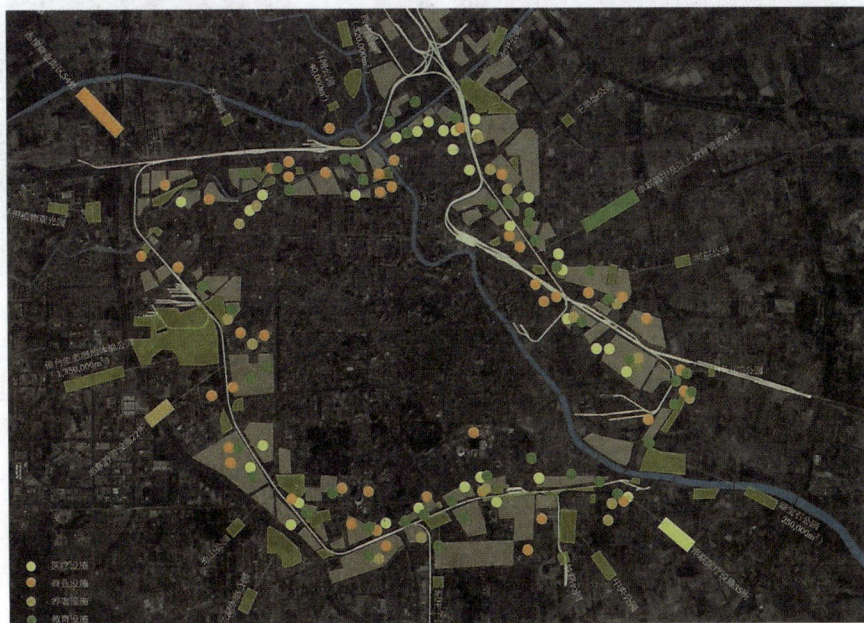

图8-36 天津环城铁路绿道公园规划

2. 绿廊特色景观

天津环城铁路绿道公园现已实施段为卫津南路—紫金山路区域，总长度为 5.6 km。公园沿河道而建，设有观景台、休息座椅和各类市民健身的运动器械、儿童滑梯沙坑等游乐设施。同时，绿道公园也是一座铁路博物馆，沿途有月台、机车、铁轨等遗迹陈设，配合各种绿植花卉形成特色公园景观。从此，历史机车变成了巨大雕塑，车厢变成了巨大花坛，铁路轨道变成了趣味人行道，月台和座椅成了凉亭休息处（见图 8-37）。

（a）机车

（b）机车车轮小品

（c）月台休息亭

（d）铁轨人行道

图 8-37　已建成使用的天津特色环铁公园区段

2019 年，建成开放的河西区城市绿道示范段长 3.9 km，位于解放南路—友谊南路段复兴河南岸，友谊南路—卫津南路段复兴河、四化河两岸区域。保留了月台、信号灯杆、机车，并建有原陈塘支线铁轨步道和滨水慢跑道。

3. 舌尖上的天津

天津不仅是一座工业城市，也有着浓浓的烟火气。漫步天津环铁生态廊道，可以顺带品尝狗不理包子、耳朵眼炸糕、天津麻花、锅巴菜等天津特色小吃，以及八珍豆腐、锅塌里脊等十大名菜，品味天津市井生活。

引申：环城铁路——城市高效连接

环城铁路，顾名思义是为环绕城市而建的铁路线路，将城市周边重要运输节点串联起来，加强城市内部的交流与联系。较为知名的历史环城铁路包括巴黎环城铁路、北京环城铁路等，现存国内使用中的环城铁路包括太原环城铁路、贵阳环城铁路等。

1. 巴黎环城铁路

巴黎环城铁路于 1852 年开始修建，1862 年建成通车，长 32 km，是一条环绕巴黎一周的复线老铁路线，修建在环城元帅大道内侧。19 世纪初，巴黎铁路网呈向外辐射状，使得 7 座火车终点站互不相连，给市内联络及运输造成不便。同时期，巴黎城内需要一套物资供应线以保障军需，政府决定修建巴黎环线。1900 年，巴黎地铁开通，使得环城铁路客流量逐渐下降。1934 年，停止环城铁路的客运服务。如今，废弃巴黎环城铁路的部分路段已被拆除。2004 年以来，有多个重新利用环城铁路的方案，包括开行短途通勤列车，改造为绿廊及自行车道等。此前，巴黎已有一个成功案例，1994 年完成了世界上第一个利用旧有轨道线路改造成城市公共空间的项目，将始建于 1858 年的文森铁路线改造为绿荫步道。

2. 北京环城铁路

北京环城铁路修建于 1915 年，全长 12.6 km，线路沿北京城墙外围铺设修建，并与京张（京绥）、京奉等铁路连接。环城铁路的修建促进了北京的物资流通，在车站附近相继出现了热闹繁华的各大市场，尤其是京绥、京汉、京奉铁路交会的前门车站。1971 年，环城铁路因对北京市内交通造成了影响而被全线拆除，在其及北京城墙旧址上修建了北京二环道路。

参访小贴士：

如何到达：示范段距离棉四宿舍（公交站）约 1.4 km，步行 16 min 即可。

最佳参访时间：春秋季节。

周边景点：DF_{7C} 型调车机车（外号小橘）、紫藤隧道、陈塘庄站、儿童乐园。

乘坐提示：公园不允许自行车和宠物入内，允许儿童自行车和滑板车入内，可沿着步道骑行、跑步。

第 8 章 中国铁路遗产／

8.6 历史机车陈列馆——中国铁道博物馆（东郊展馆）

案例小档案：

项目名称：中国铁道博物馆（东郊展馆）

英文名称：Eastern Suburbs Museum of China Railway Museum

开放年代：2002 年

遗产类型：废弃铁路 / 机车车辆等可移动遗产

遗产风格：机车陈列、工业复古

项目规模：15.3 hm^2

利用模式：文博展示模式。作为历史机车博物馆

导读与知识点：

（1）铁路主题博物馆是一种常见的铁路遗产保护和展示方式。

（2）中国铁道博物馆所展示的不同年代、类型的历史机车，数量多、品种全，室内外共陈列机车车辆 125 台，再现中国铁路机车发展的历史。

（3）游客可以进入部分车辆内部参访，体验更真实。

（4）博物馆旁的"北京环形铁路"全称为中国国家铁道试验中心（东郊分院），建成于 1958 年，是一处大型铁路综合试验基地，也是中国及亚洲唯一的环行铁路试验场。外环线全长 9 km，用于铁路车辆、城市轨道交通车辆、基建设施、通信信号、电气化技术等全面测试，博物馆设有专门平台供观赏疾驰而过的测试机车。

8.6.1 中国铁道博物馆

中国铁道博物馆隶属于中国国家铁路集团有限公司，有正阳门展馆、东郊展馆和詹天佑纪念馆 3 个展馆，为国家二级博物馆。正阳门展馆由原京奉铁路正阳门车站旧址改建而成，东郊展馆由老机车库改建，詹天佑纪念馆是延承青龙桥车站与"人"字形线路旧址设立的专题人物纪念馆（见图 8-38）。3 个展馆各有侧重，共同谱写中国铁路建设中取得的辉煌成就。

(a) 正阳门展馆　　　　　　　(b) 东郊展馆　　　　　　　(c) 詹天佑纪念馆

图 8-38　中国铁道博物馆由 3 处展馆组成

8.6.2　机车陈列——中国机车发展历史

中国铁道博物馆东郊展馆重点展陈各式机车车辆，被称为铁路文化"会客厅"。博物馆占地 7.2 万 m^2，由机车车辆展厅、综合展厅、年代站台和室外展区组成，展示不同时期的 140 余台机车车辆，反映了中国铁路牵引动力的发展变化，讲述了中国铁路事业从无到有、从追赶到领跑的历程。各型极具历史和科学价值的机车车辆，年代站台、火车头餐厅、小火车乘坐等景点是铁路迷的殿堂和网红打卡地。

室内展厅共有 8 条展示线，展示机车车辆 125 台（见图 8-39），如中国现存最早的机车——"0 号"蒸汽机车，"毛泽东号"和"朱德号"蒸汽机车（见图 8-40），中国人自己设计、英国制造的被誉为机车"时装模特"的 KF1 型 006 号蒸汽机车，新中国成立后自行设计制造的第一代内燃机车、电力机车及中国第一代高速动车组列车"中华之星"均有陈列。还展出了许多有价值的铁路车辆，如毛泽东公务车、周恩来公务车和老式公务车。从"万国机车"到"国家名片"，实物展品是中国制造业高质量发展的历史见证者，犹如奏响一部百年铁路牵引动力进步的交响曲。

(a) 0 号机车	(b) SS1-008 号机车	(c) FD-1979 号机车
(d) JS-5001 号机车	(e) KD7-534 号车	(f) KF1-006 号车
(g) SL-601 号车	(h) 毛泽东号与朱德号机车合影	(i) 前进 0004 号机车

图 8-39　中国铁道博物馆内的机车

图 8-40　北京交通大学师生在"毛泽东号"和"朱德号"蒸汽机车前合影

8.6.3　环铁——大型铁路综合试验基地

1. 环形基地概况

毗邻东郊展馆的大型铁路综合试验基地俗称"环铁"（见图 8-41），建于 1958 年，试验线路包括外环线、内环线、站场线、三角线、联络线、入环线等，其中最大的外环线长 9 km，半径为 1 852 m，全线曲线半径为 1 432 m。内环线长约 8.5 km，由一段直线和 3 段半径为 350 m、600 m、1 000 m 的曲线组成。环线内有全长 38 km 的铁路及科研实验室，可以全面测试铁路车辆、城市轨道交通车辆、基建设施、通信信号、电气化技术等。环铁试验基地是中国及亚洲唯一的环行铁路试验场。迄今为止，有 800 余项高速、重载、高原、智能、川藏铁路、城市轨道交通等重大科研试验在此进行。

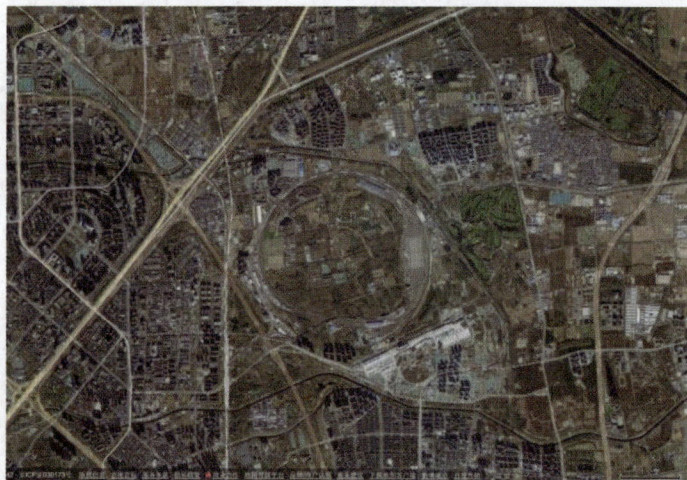

图 8-41　北京环铁试验基地

2. 环铁试验原理

由于线路是首尾相接的闭合大圆环，试验列车在上面"跑圈"时不必停下，不必掉头再启动，因此在环形试验基地进行试验可在短时间内采集大量数据，还不受运营铁路线上的限制，不受铁路限界的影响。

3. 世界上其他的环铁基地

全世界仅有 5 个环形试验线，分别是中国的北京、俄罗斯的谢尔宾卡、美国的普韦布洛、斯洛伐克的威利姆、罗马尼亚的法乌列依环铁试验基地。

（1）普韦布洛环铁试验线位于美国科罗拉多州普韦布洛市，占地面积约 12 000 hm²，拥有约 77 km、复杂形状曲线的铁路轨道。

（2）威利姆环铁试验基地位于布拉格以东的维林，1963 年建成，试验线呈椭圆形，最大曲线半径 1 400 m，全长约 13 km，最高速度为 200 km/h。

（3）俄罗斯的谢尔宾卡环铁试验基地半径约 1 900 m，为位于最严寒气候的环铁试验场。

（4）罗马尼亚法乌列依环铁试验基地是世界上唯一比北京环铁大的环铁试验基地，提供了良好的试验空间条件。

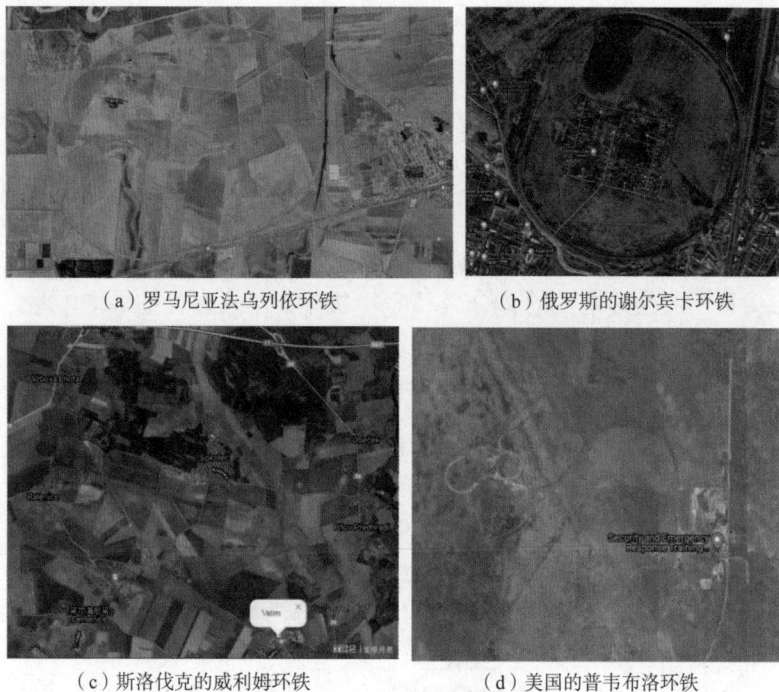

（a）罗马尼亚法乌列依环铁　　　　　　（b）俄罗斯的谢尔宾卡环铁

（c）斯洛伐克的威利姆环铁　　　　　　（d）美国的普韦布洛环铁

图 8-42　环铁试验基地

参访小贴士：

如何到达：公交或自驾，公交 402/418/851/973 至南皋西站，或者乘公交 403/516/593 路至环形铁道站，步行约 1 km 到达博物馆。

最佳参访时间：周二至周五 9：00—16：00（15：30 停止售票），双休日及法定节假日 9：00—16：30（16：00 停止售票）。

周边景点：附近有电影博物馆，可一同参访。

8.7 从工业矿线到文旅线路——台湾平溪线

案例小档案：

    项目名称：台湾平溪线

    英文名称：PingXi Line in Taiwan，China

    初建年代：1912 年

    遗产类型：遗产铁路 / 铁路线路及工程不可移动遗产

    遗产风格：工业风和人间烟火气的融合体

    项目规模：12.9 km

    利用模式：文旅开发模式。运煤铁路专用线改造为文化旅游线路

导读与知识点：

（1）铁路所到之处，工业兴起、城市繁荣，点亮不一样的人间烟火。

（2）铁路遗产表现出独特的工业壮美风格，与质朴的自然和人文景致形成反差，凸显地域特征。

（3）铁路遗产保护与利用常与文旅产业结合，带动区域经济发展，提升区域活力。

（4）台湾平溪线使用老式的 CK124 型蒸汽机车，给人古朴的乘坐体验。

8.7.1 运煤专用铁路——平溪线的由来

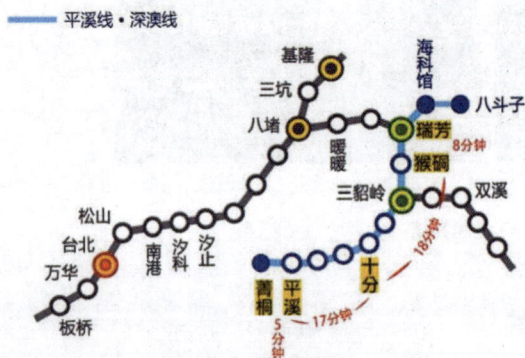

图 8-43 平溪线路线图

平溪线于 1912 年日据时期完工，是一条工业运煤专用铁路线（见图 8-43），由台阳矿业株式会社出资兴建。1929 年，台湾铁路主管部门接手，整建后兼办客运。20 世纪 80 年代，平溪乡的煤矿大多关闭，线路亏损面临停运。民间人士认识到工业遗产的宝贵价值，积极加以保护。平溪线成为目前仍在继续营运的铁路支线中历史最悠久、风景独特的客运支线。

为吸引游客，铁路运营保留了平溪线上原本运行的老式 CK124 型蒸汽机车，满载 300 名乘客。煤矿遗迹、城市风景和独特的乘坐体验吸引游客慕名而来，犹如穿越回工业革命时代。

8.7.2　不一样的人间烟火——线路沿途风景

　　平溪线是别具矿场风味的铁路文旅线路（见图 8-44 与图 8-45）。线路穿越基隆河谷，沿途各小站别具特色，如三貂岭站、大华站、十分站、望古站、岭脚站、平溪站、菁桐站，也承担了平溪乡居民的日常出行。沿途景点丰富，自然风景如三貂岭瀑布群、十分瀑布、眼镜洞、孝子山；工业遗迹如台湾煤矿博物馆、石底煤矿遗址等。每年元宵举办平溪天灯节，是珍贵的非物质文化遗产。

图 8-44　十分老街附近铁桥的秀美风光

|（a）| |（b）|

图 8-45　猴硐车站和猫街

猴硐是平溪沿线的一个特色村落，以"猫街"闻名。猫街坐落于寨村民宅古街光复里柴寮路，离猴硐车站不远。猫街里的猫在游客之间穿梭游荡，并不怕人。傍晚时分，猫咪更会在街上聚集，场面壮观。

菁桐是平溪线的终点站（见图 8-46），因矿业遗址和木造车站而闻名。菁桐车站是日据时代留下来的百年木结构建筑。这里的矿业曾经叱咤一时，荒废矿坑记录了当年的辉煌。

十分车站（见图 8-47）位于平溪线中段，是最热闹、最大的车站，因电影《那些年我们一起追过的女孩》而爆红，故事中浪漫的一刻便取景于十分车站，也是台湾出名的有 20 余年历史的放天灯许愿之地。车站附近景色秀丽，静安吊桥、十分瀑布是游客必看的风景。

图 8-46　菁桐车站

图 8-47　十分车站

Tips:

平溪线一日票价为台币 80 元，台北站大厅、基隆站、瑞芳站、菁桐站均有出售。作为旅游线路，平溪线时间安排得很贴心，每班火车间隔时间大概 1.5 h，方便游客在车站周边游览。

8.7.3　同类型工矿文旅铁路

台湾平溪线是矿业铁路改造而成的文旅线路，将工业景观与自然、人文景观相融合，相同类型的案例还有四川嘉阳小火车、规划中的北京门大线文旅铁路等。

1. 四川嘉阳小火车
嘉阳小火车位于四川南部乐山市的小县城——犍为县，原为建于 1958 年的芭石

铁路。2003年，为减少铁路运输亏损，嘉阳集团宣布拆除芭石铁路。2004年，乐山市出台措施保护嘉阳小火车工业遗产，连同申报了国家"AAAA"级旅游景区；2010年，"嘉阳小火车·芭蕉沟·黄村井旅游矿井"申报国家矿山公园成功。该线全长19.8 km，是国内为数不多的尚在正常运行的客运蒸汽小火车铁路，有"工业革命的活化石"的美誉（见图8-48）。

嘉阳小火车铺设762 mm 寸轨，沿线串联了跃进站、蜜蜂岩、黄村井矿山公园等工业景观，以及老鹰嘴、菜子坝、仙人脚等自然景观与芭沟古镇。20世纪30—80年代的矿区，青石板路阡陌纵横，中、英、苏不同式样房屋见证了一代代勤劳奉献的嘉阳人。

图 8-48　嘉阳小火车

2. 北京一线四矿

"一线"是指京门铁路的延长线——门大线，从门头沟到木城涧煤矿，全长约33.4 km。"四矿"是门大线沿线的王平、大台、木城涧、千军台4座大型煤矿。随着2020年由于生态环保原因最后一座京西煤矿的关闭，这条铁路线最终停行。借助紧邻北京城区的优越位置条件，计划围绕废弃铁路线路，将一线四矿工业基地打造成文化休闲度假区，以山水交融、青绿交织、工业遗存与自然生态交相辉映为主题，打造铁路文旅和休闲文化产业。如今，废弃铁路也吸引许多徒步爱好者，徒步沿着废线继续记录门大线的辉煌和沧桑（见图 8-49 与图 8-50）。

图 8-49 门大线落坡岭站

图 8-50 门大线 12 号隧道

参访小贴士：

如何到达：平溪线小火车一日游票价 80 台币，当天可任意上下车，各站为青桐—平溪—岭脚—望古—十分—大华—三貂岭—猴硐—瑞芳—海科馆。

最佳参访时间：3—5 月，10—11 月。

周边景点或美食：

台铁便当可在月台上购买。平溪沿线小吃有平溪古早味烤香肠、平溪五味超大鸡排。九分老街有芋圆、红糟肉团、黑糖麻薯、豆腐乳、无铅土鸡蛋、各种鱼丸。瑞芳站有福哥牛肉面。

乘坐提示：时间充裕的情况下，建议在九分停留 2 天，第一天一早从台北前往九分，然后平溪线一日游，晚上住在九分。第二天可以在九分老街逛吃。

8.8 第六类旅行方式——呼伦贝尔号

案例小档案：

项目名称：呼伦贝尔号

英文名称：the Hulunbuir Train

交付年代：2019 年

遗产类型：运营铁路 / 铁路非物质遗产

遗产风格：奇幻浪漫主义色彩

项目规模：453 km

利用模式：正常运营模式、文旅开发模式

导读与知识点：

（1）随着文化需求的提升，铁路文化旅游越来越受到人们的关注，不仅包含铁路沿线地域文化体验，同时包含独特的列车文化体验。

（2）呼伦贝尔号主题旅游列车打造精品线路，与途经的自然风情、人文景观巧妙结合。乘客既可以体验豪华列车的高品质设施，还可以体验沿线风景人情，开启全新的第六种旅行方式。

（3）豪华列车为乘客提供宽敞、舒适、高雅的旅途居住和社交环境。

8.8.1 旅游路线——季节订制的铁路之旅

"呼伦贝尔号"主题旅游列车是国内为数不多的铁路主题之旅（见图 8-51）。火车不再仅是一种交通工具，而成为继徒步、自驾、骑行、跟团大巴、游轮之后的第六类旅行方式，集舒适旅游住宿、地域佳肴美酒、品质社交娱乐、避众地面行程、管家式服务和礼遇的度假旅游体验于一体，火车之旅让游客更惬意地一路领略北国火山、湿地、湖泊独特地貌的壮美自然风光。呼伦贝尔号采用从铁路购买服务方式，不止有 1 条线路，而是依照季节不同选取了 3 条线路，分别为夏秋季的中国极北之旅、夏秋季的草原森林之旅和冬季的中国"双极"之旅，时间为 5 天 4 晚。

1. 夏秋季的中国极北之旅

从海拉尔始发，途经牙克石、根河、漠河到达哈尔滨。探索兴安岭腹地、使鹿部落、中俄边境线。"中国极北之旅"看点一是中国冷极之地根河站最后的使鹿部落，坐落于大兴安岭深处。参访饲养驯鹿的使鹿部落酋长，了解鄂温克族人的历史；看点之二是漠河的北极村。这是国内欣赏北极风光的最佳场所，被誉为"北方第一哨"，又被称为金鸡之冠、神州北极。最北邮局、最北哨所等都聚集于此，幸运的话还能欣赏到夜光云、极昼等天象奇观；看点三是与俄罗斯隔江相望的乌苏里浅滩和龙江第一湾，由鹅卵石与黄沙构成的沙带，在阳光照耀下闪闪发光。

2. 冬季——驰骋中国"双极"（冷极及北极）之旅

从哈尔滨百年老站香坊站始发，途经漠河、根河、海拉尔、牙克石到达哈尔滨。这条铁路主题线路更侧重雪国北域风光和雪地特色活动，探秘双极"奇旅"。看点之一是金龙山滑雪场，作为国家滑雪队训练基地，是滑雪爱好者的天堂；看点之二是被称作"神州北极"的漠河，列车提供的万马奔腾、骆驼爬犁、花式挑战、泼水成冰等雪地特色活动，列车专属摄影师将为游客拍摄下冰雾散开的绝美瞬间。

3. 夏秋季——草原森林之旅

从哈尔滨始发，途经北安、牙克石、呼伦贝尔到达海拉尔（见图 8-51）。此行着重纵览草原、森林、湿地、火山、湖泊等北国自然风光。草原森林之旅一路纵览草原、森林、火山、湖泊、湿地及众多自然奇景。看点之一是见证了哈尔滨历史变迁的哈尔滨铁路博物馆，让人走进这条历经百年的中东铁路；看点之二是牙克石凤凰山景区，是国家湿地公园、全国首批森林康养基地，景区总面积达 132 km²，汇集山、水、林、田、湖、草于一体；看点之三是白音哈达草原，在这儿可做一天快乐的牧民，骑上骏马奔驰在辽阔的草原，学习蒙古族舞蹈、摔跤、射箭，体验那达慕等民俗活动，入住蒙古包，享用草原特色诈马宴。

图 8-51　呼伦贝尔号行驶在晨曦中的嫩林铁路上，即将到达加格达奇车站

8.8.2　设施配套——最豪华乘坐体验

呼伦贝尔号列车包含 11 节车厢（见图 8-52），由 6 节卧车和 5 节功能配套车组成，仅服务 44 名游客。每节卧车车厢仅有 3~4 间包间，无上下铺。全列共 22 个包间均配备独立卫浴。无论酷暑或严寒，列车都提供恒温恒湿的舒适环境和各种用电、冷热水需求。还采用低碳 LED 光源，独立卫生间配备真空集便系统，让游客在列车上享受星级酒店式的旅行体验。由于行驶路线靠近边境，餐食汇聚了俄式、中式、蒙式、西式等菜品。

图 8-52 驶出阿里河站的呼伦贝尔号列车，穿行在大兴安岭密林间的伊加线上

图 8-53 为车厢内部。

（a）卧车车厢

（b）独立卫生间

（c）独立休息区

图 8-53 车厢内部

Tips: 列车信息

单节车长：26.6 m；

单节车宽：3.1 m；

可售包间：22 间；

可售人数：44 位；

列车服务员：20 位；

餐厅和酒吧：各 1 处。

参访小贴士：

最佳参访时间：春夏秋冬皆可。

周边景点或美食：8 号车厢是美食供给站，名为巴雅尔餐车，意为快乐、高兴、幸福。在此可一边观看美景，一边品尝中、蒙古、俄美食。

乘坐提示：车上水箱容量有限，尽量不要在车上洗衣服。夏季参加车下旅行活动，需备好驱蚊水和防蚊裤。

8.9　森林里的火车站——嘉兴南站

案例小档案：

　　项目名称：嘉兴南站

　　英文名称：Jiaxing South Railway Station

　　初建年代：1907 年

　　遗产类型：运营铁路 / 铁路建筑不可移动遗产

　　遗产风格：白色极简风格

　　项目规模：33 万 m²

　　利用模式：正常运营模式、改扩建与地区开发模式

导读与知识点：

　　（1）嘉兴南站是中共一大会议的重要历史见证者。一座车站不仅仅承担城市的交通运输职能，更重要的是在岁月的沉淀中承载城市记忆。车站历史建筑的保护与更新，成为城市文脉延续不可缺少的重要一环。

　　（2）近年来，火车站建筑呈现向城市开放的发展趋势。将更多的火车站公共空间用作市民日常休闲娱乐的场所，既能够增加城市活力，也能为市民提供游憩场所。

（3）传统车站建筑往往自成一体，周边轨道将城市割裂，高架桥和巨大广场将其与城市剥离。将轨道交通深埋地下的方式，很好地缓解了上述问题。

8.9.1 记忆的延续——历史车站重建

1. 历史车站

嘉兴南站（原嘉兴火车站）位于嘉兴主城区、老城市中心南湖区的核心，是嘉兴历史最悠久的地区之一。在沪昆铁路的上行距嘉善站 18 km，下行距海宁站 28 km。车站初建于 1907 年，1909 年投入使用，是当时沪杭线上重要的枢纽站。1921 年夏，中共一大代表从上海乘火车，沿着沪杭铁路到达嘉兴车站，在南湖红船上，中共一大会议胜利闭幕。嘉兴车站见证了这一历史重要时刻。

2. 车站重建

为迎接中国共产党建党一百周年，2020 年，嘉兴火车站改建项目启动，由 MAD 建筑事务所主持设计。百年前的老站房是整个嘉兴站的渊源、出发点，虽已在战争中被炸毁，且建筑本身不是等级很高的古建，但设计团队还是决定按原貌等比例翻建老站房，也是为了再现城市的历史。通过查询历史资料、影像图片，参考《嘉兴市志》残存的线索，历史嘉兴站得以重新屹立。站房使用 21 万块青红砖，外立面为青砖，砖柱、线脚等处为红砖。这些砖块都是以南湖湖心挖出的泥为原料，由嘉兴当地古砖窑手工烧制而成。同时根据历史照片比例，推导站台与建筑之间的尺寸和位置关系，在新站台上复建了历史站台的雨棚及天桥（见图 8-54）。

这座见证了历史的建筑，目前作为纪念馆使用，展示嘉兴城市和老站的历史，讲

图 8-54 复原的嘉兴老站

述中共一大在嘉兴的故事。这座复原的历史建筑也为公众理解整个城市空间提供了一个坐标。

8.9.2 森林里的火车站——市民生活场所

1. 外部空间

传统火车站往往自成一体，轨道将城市割裂，高架桥和巨大站前广场将车站与城市隔开，让进出站变得不便。嘉兴南站希望与周边老城环境充分融合，草坪和商业都面向城市开放，即使不乘车的市民也愿意来逛一逛，坐一坐。为此，车站采取下沉的形式，地面仅做一层，地下多层，将地面更多地留给市民作为公共空间。当交通和功能都在地下解决了以后，地面完全得到了释放，公共绿化空间错落其中。火车站北广场有"森林广场"的美誉，并与人民公园连为一体，构成大片城市绿地。南广场落成后，远看像是连绵起伏的绿丘，让7座建筑有一种漂浮感，底部两层与景观草坡融合，承担商业和酒店功能，亦是一个绿色城市的综合空间。被山水环绕的嘉兴火车站，因而有了"森林中的火车站"的美誉（见图8-55）。

图 8-55　森林中的火车站

2. 内部空间

车站内部空间采用白色极简主义风格，通透的空间点缀的绿色植被，让室内空间被自然包围。地下候车大厅位于轨道两侧，厅高15 m，阳光从地面天窗洒下来，显得格外明亮。候车室的树形立柱，让人犹如穿梭在丛林之间。从候车区看向月台，能看到一侧的老火车站建筑，望向另一侧的月台，则能看到火车穿过，整个室内空间的视线被完全打通（见图8-56与图8-57）。

图 8-56　地下候车大厅

图 8-57　从月台望向老火车站

8.9.3　国内最美火车站

人们的生活中，火车站不仅是重要的交通枢纽，有时更是美丽的风景。身为来到这座城市见到的第一个标志性建筑，火车站是认识一座城市的起点，勾勒出人们对于城市的最初记忆。国内美丽的火车站数不胜数，都在各自诉说美丽的故事。

阿尔山站是白阿线的终点站，夕阳西下，车站笼罩着一层金光。盛开的鲜花将车站装点得格外美丽。这栋东洋风格的建筑经过战火洗礼、风雨变迁，依旧容颜不改，注视着一辆辆列车驶向远方。

旅顺车站建于 1989 年，是南满铁路终点站，也是东北地区最南端的火车站。车站为木质白墙绿顶的俄式建筑风格，细部雕饰饱含俄罗斯韵味。它见证了中国东北历史的兴衰，一个世纪的蹉跎也未曾抹去它的斑驳记忆。

青岛火车站坐落在大海边，红瓦尖顶配合碧海蓝天，保留着浓郁的德国文艺复兴时期风格。厚重的钟楼，明黄色的墙面加之鲜红色的瓦砖，将人们拉回到 17 世纪。青岛站历经多次重建和改造，原本的德式风格站房仍被保留了下来。历史遗存的红屋顶与大钟塔成了青岛最引人注目的建筑地标。

横道河子车站位于东北小镇横道河子，是一座典型的俄式建筑。双层的黄白楼上架起砖红色的高耸塔楼。尤其在冬天积雪覆盖茫茫大地时，这一抹鲜艳的红色便成为人们的视觉焦点。

大智门火车站是法式浪漫的代表。目前这座老建筑只保留下一座绝美又孤立的候车大厅，多少有些悲怆和迷茫。闲置后的车站载满了记忆，成为城市的又一个亮点。

参访小贴士：

如何到达：嘉兴火车站位于城东路 9 号，距瓶山公园步行 1.2 km。从上海南站出发，1 h 直达嘉兴，火车票价 12.5 元、高铁 23 元。

最佳参访时间：四季皆可。

周边景点：周边有子城遗址公园、嘉兴月河历史街区、嘉兴粽子文化博物馆、南湖天池、南湖革命纪念馆等。

乘坐提示：嘉兴南站被称作森林里的火车站，站内外环境均舒适惬意，值得游览。

【图片来源】

图 8-3：https://image.baidu.com/search/detail?ct

图 8-6：https://image.baidu.com/search/detail?ct

图 8-7：https://baijiahao.baidu.com/s?id

图 8-9：https://image.baidu.com/search/detail?ct

图 8-35，图 8-36：参考文献"天津换成绿道公园"

图 8-38(c)：https://image.baidu.com/search/index?tn

图 8-41：https://image.baidu.com/search/detail?ct

图 8-42：https://baijiahao.baidu.com/s?id

图 8-45(a)：https://www.mafengwo.cn/gonglve/ziyouxing/115234.html

图 8-53(b)：https://image.baidu.com/search/index?tn

图 8-55：https://image.baidu.com/search/index?tn

图 8-56：https://image.baidu.com/search/index?tn

图 8-57：https://image.baidu.com/search/index?tn

图 8-26：参考文献"近代东北铁路附属地"

图 8-1，图 8-2，图 8-4，图 8-8，图 8-11，图 8-12，图 8-15，图 8-16，图 8-17，图 8-18，图 8-19，图 8-20，图 8-21，图 8-22，图 8-23，图 8-24，图 8-27，图 8-29，图 8-30，图 8-31，图 8-32，图 8-33，图 8-38（b），图 8-39，图 8-53（a），图 8-53（c）罗春晓拍摄

图 8-5，图 8-13：解飞自绘

图 8-10，图 8-49：黎熙拍摄

图 8-14：助力京张铁路遗址公园项目组组织拍摄

图 8-25，图 8-28，图 8-38（a），图 8-40，图 8-50：胡映东拍摄

图 8-34，图 8-54：张允绘制

图 8-51，图 8-52：肖奔驰拍摄

图 8-46：陈文志拍摄

图 8-37：高源拍摄

图 8-44，图 8-45（b），图 8-47：翁童拍摄

【参考文献】

[1]　杨玲.寻钢铁动脉 拾铁道遗迹：行走在京张铁路线上（三）[J].铁道知识，2019（8）：72-73.

[2]　赵国军.中东铁路修建选址的历史 [J].黑龙江史志，2015（3）：303.

[3]　黄晶涛.天津环城铁路绿道公园 [J].世界建筑，2020（7）：50-53.

[4]　杨颖，鞠伟，刘昊.旅顺火车站更新改造策略研究 [J].建筑与文化，2022（4）：137-138.

[5]　武传鹏.中国式现代化视域下青藏高原生态环境保护与治理 [J].青海社会科学，2024（5）：108-120.

[6]　鹿璐.百年京张风雨路 [N].北京日报，2020-10-22.

[7]　左春林，罗文福，贵阳环线铁路试运行 [N].贵州日报天眼新闻，2021-10-14.

[8]　百度百科.中国铁道博物馆 [EB/OL][2024-09-08].https://baike.baidu.com/item/ 中国铁道博物馆 /4388121.

[9]　姚宝良.门头沟"一线四矿"未动先火！已成网红打卡地！[EB/OL](2022-04-11)[2024-08-25].ttps:// mp.weixin.qq.com/s?src=11&timestamp=1749549704&ver=6044&signature=xN2ly6UOUDw1Qno2M8GANHL 8vhTilC92w5ouCGWFPvb5tkaEfswYTMg6UypIt8be-JmlllLczZLbVSFfm8N0*qbseRVaAzL89mhjeRG3bleXgn

K0EehIig0OZXjMPh5ZH&new=1

[10] 呼伦贝尔号 [EB/OL][2021-07-06] . https：//baike.baidu.com/item/ 呼伦贝尔号 /61824863.

[11] 李毓美 . 区域遗产网络视角下南满铁路文化遗产廊道构建 [D]. 南京：东南大学，2017.

[12] 雷家玥 . 南满铁路附属地历史建筑研究 [D]. 哈尔滨：哈尔滨工业大学，2012.

[13] 何欣欣 . 青藏铁路线路病害分析及研究 [D]. 兰州：兰州交通大学，2018.

[14] 邵革军 . 旅游目的地的竞争力评价及其应用研究 [D]. 成都：西南交通大学，2014.

[15] 百度百科 . 滇越铁路 [EB/OL] [2019-04-14] . https：//baike.baidu.com/item/ 滇越铁路 /11038435.

[16] 百度百科 . 昆河铁路 [EB/OL] [2020-07-16] . https：//baike.baidu.com/item/ 昆河铁路 /4975433 .

[17] 百度百科 . 京张铁路 [EB/OL] [2019-10-10] . https：//baike.baidu.com/item/ 京张铁路 /8932589.

[18] 百度百科 . 人字形铁路 [EB/OL] [2017-10-30]. https：//baike.baidu.com/item/ 人字形铁路 /2529135.

[19] 百度百科 . 京张铁路遗址公园 [EB/OL] [2019-09-19]. https：//baike.baidu.com/item/ 京张遗址公园 /23417542.

[20] 百度百科 . 新艺术派建筑 [EB/OL] [2012-08]. https：//baike.baidu.com/item/ 新艺术派建筑 /22392649.

[21] 百度百科 . 青藏铁路 [EB/OL] [2014-03-12]. https：//baike.baidu.com/item/ 青藏铁路 /128400.

[22] 百度百科 . 神奇博物馆：打卡北京铁道博物馆东郊馆（2023-08-31）[2025-05-06]. https：//baijiahao. baidu.com/s?id=1775728581167821527&wfr=spider&for=pc.

[23] 百度百科 . DJ_{J2} 型电力动车组 [EB/OL] [2013-03-01] . https：//baike.baidu.com/item/ DJJ2 型电力动车组 /7173068.

[24] 百度百科 . 龙江第一湾风景区 [EB/OL][2024-01-03] . https：//baike.baidu.com/item/ 龙江第一湾风景区 /6103890.

第9章

大洋洲及非洲
铁路遗产

9.1 小镇上的蒸汽火车节——新南威尔士州铁路博物馆

案例小档案:

项目名称:新南威尔士州铁路博物馆

英文名称:NSW Rail Museum

地　　点:瑟尔米尔小镇(Thirlmere),澳大利亚

初建年代:1975 年

项目规模:12.1 hm²

遗产类型:运营铁路/铁路线路及工程不可移动遗产、铁路建筑不可移动遗产、机车车辆等可移动遗产

遗产风格:童趣、亲子、复古

利用模式:文博展示模式/文旅开发模式。体验式博物馆、活态蒸汽观光线

导读与知识点:

(1)澳大利亚最大的铁路博物馆,承载了新南威尔士州铁路的历史记忆。

(2)充满趣味的活态火车乘坐体验与各种节日活动,深受孩子们喜爱。

(3)猎人谷蒸汽机车节成为小镇特色支柱产业。

9.1.1　新州铁路发展历程

新南威尔士州(NSW)位于澳大利亚东南部,是人口最多、工业化和城市化水平最高的州,悉尼是该州的首府。该州主要出口农业和矿业产品,生产总值占澳大利亚三分之一。自 1855 年第一条客运铁路通车,陆续修建了众多连接内陆的铁路线,目前里程达 1 万多 km。以悉尼为中心的州内及跨州铁路网络是澳大利亚铁路密度最高的区域,远高于西海岸和内陆地区。

9.1.2　珍贵历史机车与乘坐体验

成立于 1975 年的新南威尔士州铁路博物馆是澳大利亚最大的铁路博物馆,藏有大量铁路历史相关的珍贵藏品,游客更可以亲身乘坐老式蒸汽火车,并了解蒸汽动力的工作原理。

该馆位于悉尼市西南部 90 km 的小镇瑟尔米尔(Thirlmere)。瑟尔米尔源于 1863—1867 年大南方铁路兴建时期,靠近瑟尔米尔湖(为蒸汽火车提供水源),由筑路工人的营地发展成为一座小镇。铁路博物馆就位于这条历史悠久的铁路线——皮克顿—米塔贡环线(Picton-Mitagon Loop)旁边,该线是 1867 年建成的南方干线的一部分。1919

年，新建的复线铁路改道其他线路，但老线路一直运营到 20 世纪 70 年代才基本废弃，皮克顿和巴克斯顿区间的线路则被保留下来，成为铁路博物馆的一部分，开行观光体验列车。该线路也是新南威尔士州交通遗产局每年在大悉尼和新南威尔士州地区举行的传统列车巡游和乘坐体验计划的一部分（见图 9-1）。

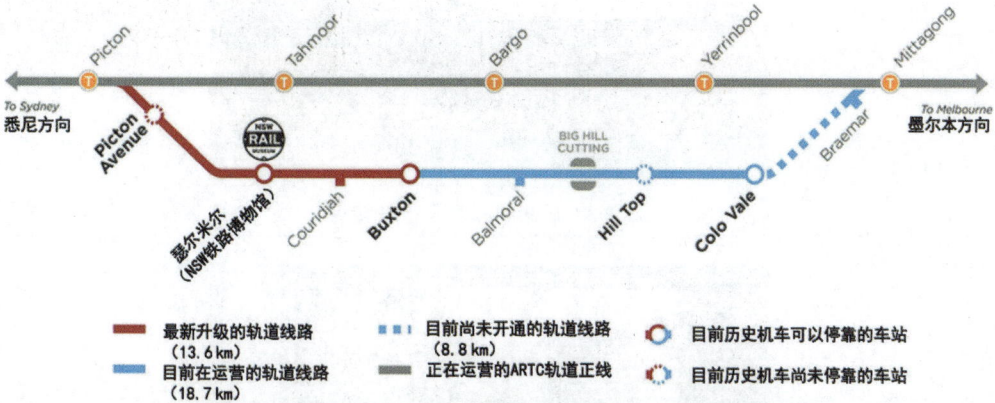

图 9-1　新南威尔士州铁路博物馆活态乘坐体验环线示意图

　　铁路博物馆（见图 9-2~图 9-4）主展厅和扇形车库内收藏了 100 余台曾在新州运行过的老式机车车辆，游客可以近距离观看各种机车和车厢的修复和保养。除常规展示，该馆最吸引人的莫过于蒸汽火车之旅。这得益于博物馆选址远离城市中心，才能保留看似不环保、占地大的活态运营项目，在没有其他客货运输任务的支线上开行蒸汽火车之旅（见图 9-5）。

图 9-2　铁路博物馆整体鸟瞰

第 9 章　大洋洲及非洲铁路遗产 ／

227/

图 9-3　扇形机车库及行车转盘

图 9-4　馆藏的机车维修设备

图 9-5　载有游客的老式蒸汽火车体验

9.1.3 不一样的铁路科普与亲子教育

铁路博物馆与新州交通遗产管理局、新州各地铁路遗产保护团体开展合作，定期举办各类铁路体验、科普活动、兴趣培养，为个人和学校提供一系列实践学习计划，例如，为儿童开设的蒸汽机车纸模型制作、铁路知识测验、在线铁路拼图、导游项目等。

博物馆还鼓励亲子教育，旨在轻松环境下激发儿童对火车的兴趣，在家人陪伴下乘坐"托马斯和他的朋友们"小火车之旅（见图9-6），一同乘坐蒸汽火车外出一天。

图 9-6 "托马斯和他的朋友们"小火车之旅

博物馆还提供场地租用等扩展业务，包括儿童生日聚会、产品发布、婚礼、公司聚会、圣诞派对、电影拍摄等活动并提供现场餐饮。为创造更多亲子互动机会，室外展馆有超 1 万 m² 的野餐区，供孩子们嬉闹和享用阳光、美食，都市生活与厚重复古的机车在此刻和谐共存，承载了城市发展记忆的铁路遗产也被赋予新的活力（见图 9-7）。

图 9-7　儿童喜爱的迷你小火车

9.1.4　小镇上的猎人谷蒸汽机车节

博物馆不远的小镇梅特兰（Maitland）每年举办蒸汽机车节（Hunter Valley Steamfest，见图 9-8），以纪念这里的蒸汽和工业遗产，届时人们从四面八方涌入。猎人谷蒸汽机车节是澳大利亚铁路公司（ARTC）一年一度的火车大巡游（ARTC Great Train Race）的一部分，游客可以乘坐观光火车前往猎人谷各地。节日活动项目包括听现场音乐会、参加巡回演出、展示古董机械和蒸汽火车、历史遗产步行探秘、逛市场摊位、品尝美食等。在梅特兰公园举办的 Show 'n' Shine 是一个展出多达 500 多辆老爷车的汽车博览会（见图 9-9）。各种游乐和美食使得整个小镇沉浸在欢乐中。

图 9-8　猎人谷蒸汽机车节是一个适合家庭参与的节日盛会

图 9-9　猎人谷蒸汽机车节巡游列车

参访小贴士：

地址：10 Barbour Road, Thirlmere NSW，2572

如何到达：可以由悉尼、堪培拉、伍伦贡（Wollongong）和南海岸（the South Coast）自驾前来。公共交通方面，最近的塔霍尔（Tahmoor）火车站和皮克顿火车站约 5.9 km，皮克顿火车站可换乘巴士到达博物馆，从悉尼中央火车站乘坐公共交通工具前往博物馆约需 2 h。

最佳参访时间：每年 5 月到 11 月的大部分周末和学校假期将开行蒸汽火车之旅。

蒸汽机车乘坐时间：周日有 3 班蒸汽火车之旅，出发时间为 11:00、12:30 和 14:00，全程约 45 min。

周边景点或美食：建议专程来访。美食包括新鲜牛肉、手工奶酪及啤酒、葡萄酒，可前往周边的农贸市场，选购新鲜农产品和熟食。

9.2 最重、最长的火车——纽曼山重载货运铁路

案例小档案：

  项目名称：澳大利亚纽曼山—黑德兰铁路

  英文名称：Mount Newman Railway

  初建年代：1969 年

  遗产类型：运营铁路。私营货运重载铁路

  遗产风格：蜿蜒的火车穿梭于红色荒漠、浓墨重彩

  项目规模：全长 426 km

  利用模式：正常运营模式

导读与知识点：

  （1）澳大利亚是世界重载铁路发达国家之一，得益于其丰富的矿产和粮食资源出口。

  （2）2001 年，纽曼山—黑德兰铁路创造了一项世界上最重、最长重载火车的世界纪录，8 台机车牵引了一列 682 节车厢组成、运载质量超过 8.2 万 t、全长达 7.3 km 的列车。

  （3）吞吐不息的港口与大马力机车所蕴含的工业之美。

9.2.1 资源驱动下的重载铁路

  重载列车是在货运量到发集中的运输线路上采用大型专用货车编组，双机或多机牵引开行的一种超长、超重的货物列车。相对于普通货物列车的载重量 1 500 ~ 5 000 t，根据国际重载运输协会 2005 年标准，重载铁路需满足牵引质量 8 000 t 及以上、轴重为 270 kN 及以上、在至少 150 km 线路区段上年运量大于 40 Mt 三项条件中两项的铁路。重载铁路具有轴重大、牵引质量大、运量大的特点，大多采用单元或组合列车编组。

  重载运输是国际公认的铁路货运发展方向，因其运能大、效率高、运输成本低，因此在美国、加拿大、巴西、澳大利亚、南非等幅员辽阔、资源丰富、煤炭和矿石等大宗货物运量占比大的国家发展尤为迅速。

  澳大利亚重载铁路十分发达，源于超过 70 余种的矿产和粮食资源，被誉为"坐在矿车里的国家"，煤炭、铁矿石、黄金的储量都处于世界前列，铝土矿储量更是世界第一，约占全球总储量的 35%。澳大利亚必和必拓（BHPbilliton）、力拓（RioTinto）与巴西的淡水河谷（CVRD）公司是世界三大矿业巨头，掌控全世界铁矿石海运量的70%。同时，澳大利亚农牧业发达，被称为"骑在羊背上的国家"和"手持麦穗的国

家"。大宗资源依赖铁路运输，从而推动了澳大利亚重载铁路运输的发展，3 条代表性线路分别是昆士兰电气化运煤铁路、必和必拓（BHP Billiton）公司纽曼山铁路、皮尔巴拉铁矿公司（Pilbara Iron）哈默斯利铁矿铁路。

重载铁路运输成为主流始于 20 世纪 60 年代。昆士兰州对既有 1 067 mm 窄轨铁路进行技术改造，成为运煤为主的早期重载线路。20 世纪 60 年代中期，澳大利亚改建和新建的重载运输铁路已达 4 000 km，窄轨仍占比很大；70 年代又陆续新建了几条标轨重载铁路。表 9-1 为重载铁路运输模式表。

表 9-1　重载铁路运输模式表

种类	特点	使用国家与代表铁路
单元式重载列车	列车固定编组；货物品种单一、运量大而集中；装载地和卸车地之间往返运行	美国、加拿大、巴西、澳大利亚和南非，代表如澳大利亚纽曼山铁路
组合式重载列车	由两列及两列以上普通货物列车合并连挂，首尾衔接；压缩运行间隔时间，提高运输能力	俄罗斯，代表如俄罗斯铁道 2ES7 货运重载交流传动电力机车
整列式重载列车	单机和多机重联牵引；由不同形式和载重的货车混合编组，达到规定重载质量标准；运输途中按需进行改编，通用性强	我国干线上的重载列车，代表如京沪、京广等干线

9.2.2　穿越红色荒漠的纽曼山铁路

纽曼山铁路位于西澳大利亚皮尔巴拉地区，是必和必拓（BHP）在该地区运营的两条铁路线之一，是澳大利亚最长的私营铁路之一，用于运输铁矿石。

该铁路于 1969 年开通，连接纽曼的铁矿区和黑德兰港（Port Hedland），全长 426 km，全程运行约 8 h。通常每节车厢装载约 125 t 铁矿石，列车总重 32 000 t，载重 26 000 t，相当于 720 个 40 英尺标准集装箱的载重量。2012 年底，该线路打破了最重和最长列车的世界纪录，由 8 台通用电气 AC6000CW 机车牵引的一列重达 99 734 t、由 682 节车厢组成的列车，在杨迪（Yandi）铁矿和黑德兰港之间行驶了 275 km。这列火车长 7.3 km，运载了 82 000 t 铁矿石。

该线路安装了自动化列车集中控制系统（CTC），所有列车控制在珀斯统一调度，年运量达 1.09 亿 t（见图 9-10）。列车通常由 6 台机车牵引，编挂 250 辆矿石货车，长度绵延 2.6 km，通过道口时人车常需等待近 10 min 才能通过。

虽然是一条货运铁路，但线路穿越西澳第二大的卡里基尼国家公园（Karijini National Park），色彩变幻多姿的哈默斯利山脉、峡谷、瀑布等地貌景观和多样化植物，让火车蜿蜒于一片红色荒漠的壮丽美景。

黑德兰港北临南印度洋，是天然的深水良港。港区属热带沙漠气候，造就了红土与蓝水相接、极具色彩冲击力的人造与自然景象（见图 9-11 ~ 图 9-14）。

图 9-10 纽曼山—黑德兰铁路的重载列车

图 9-11 卡里基尼国家公园自然地貌

图 9-12 卡里基尼国家公园峡谷

图 9-13 黑德兰港码头与货轮

图 9-14 黑德兰港力拓矿业公司的大型盐丘

黑德兰港以南区域内，存有力拓矿业公司的大型盐丘。在红色沙漠和蓝天的映衬下，盐丘显得洁白无瑕，已成为当地的旅游景点。

9.2.3　两代传奇内燃机车巨兽

1999 年，必和必拓公司从美国通用子公司 GE Transportation 购买了 8 台 AC6000CW 型内燃机车，用在纽曼山铁路，编号为 6070-6077。这是该型机车唯一出口到美国以外的地区，也是当时澳大利亚最强大的机车。从 2006 年起，8 台机车陆续换用功率更大的 GEVO-16 型柴油机（6 250 hp）。

第一代使用 AC6000CW 型机车是美国 GE Transportation 制造的干线货运内燃机车（见图 9-15），1995 年首发，牵引功率为 6 000 hp（4 413 kW），累计制造 317 台，用于美国联合太平洋铁路公司、美国 EMD 易安迪公司及澳大利亚必和必拓等线路。

第二代使用 SD70Ace 型机车由通用电气旗下的易安迪公司（EMD）1992 年推出的内燃机家族（见图 9-16）。

图 9-15　第一代使用 AC6000CW 型机车　　图 9-16　第二代使用 SD70Ace 型机车

从 2004 年起，为符合美国 EPA 机车排放法律的环保标准，必和必拓向美国通用子公司 EMD 分批订购总计 197 台的 SD70ACe/LCi 型内燃机车，以替代 AC6000CW 型机车，并使用至今。机车输出功率达 4 500 hp（3 310 kW），启动牵引力高达 850 kN，是当时 6 轴机车之最。

> 参访小贴士：
>
> 如何到达：建议自驾前往。
>
> 最佳参访时间：纽曼的气候属于炎热的半干旱气候，夏季非常炎热，冬季温和。
>
> 周边景点：欣赏纽曼附近开采铁矿石所创造的丰富景观色彩，如西澳大利亚最大最老铁矿——鲸背山铁矿（Mount Whaleback Iron Ore Mine）。

9.3 腹地探险之旅——"甘"号文化旅游列车

案例小档案

    项目名称：澳大利亚"甘"号列车线路
    英文名称：The Ghan Express，Australia
    初建年代：1929 年
    遗产类型：运营铁路／铁路非物质文化遗产。穿越百年与纵贯南北的历史线路
    遗产风格：怀旧且富有浪漫的冒险主义色彩
    项目规模：2 979 km
    利用模式：正常运营模式／文旅开发模式。自然风光与人文的铁路体验之旅

导读与知识点：

（1）澳大利亚不仅有让人惊叹的海岸旅行，更有广袤的亚热带和热带雨林内陆冒险，召唤向往自由的人们来体验鬼斧神工的自然奇迹。

（2）"甘"文化旅游列车是世界最长的铁路旅程，纵贯大洋洲大陆南北，全长 2 979 km。

（3）与许多著名的长途火车旅游一样，沿途乘客可下车探险。4 天 3 夜的旅程包含乌鲁鲁（世界文化与自然双重遗产）、库伯佩迪（地下城市）、阿德莱德（2017 年度全球必去景点，原住民聚集地）等景点，并享受沙漠中的烛光晚餐。

9.3.1 壮丽、神奇的厚重历史

1606 年欧洲人首次登陆澳大利亚，尝试开辟通往大洋洲心脏——红土中心及内陆矿区的道路。纵跨内陆的探险之路始于 1878 年，聘请了阿富汗人（The Afghans，泛指今天的巴基斯坦、印度和阿富汗地区）驼队协助运输、修建铁路及拓垦内陆，并把羊毛和当地产品运送出来。

"甘"号列车（The Ghan）的命名是为了纪念百年前第一批穿越内陆的阿富汗探险驼队，因此这条历史线路也被称为"阿富汗快车"。1929 年，首列卧铺直达列车从南澳首府奥古斯塔港口出发，两天后抵达红土中心（Red Centre）爱丽丝泉，它是"甘"号车的前身。由于穿越了荒凉、酷热、洪水等极端气候地区，铁路的修建和运营都十分艰难，山洪暴发冲毁铁轨，蒸汽机车经常无法正常运行。那时采用 1 067 mm 的窄轨轨距，因而车厢也非常狭小。据说有一次列车被困两周，火车司机猎杀野山羊给乘客果腹。

运营 90 余年后，窄轨老线于 1980 年退出历史舞台并被保留作为观光运营。新的线路向西改道以避开洪水，并采用了标准轨距及防白蚁的混凝土轨枕。2004 年，澳大利亚大南部铁路公司（The Great Southern Railway）将该路线从爱丽丝向北延筑到达尔文，实现了"甘"号列车的首次南北纵贯，才得以欣赏到南澳平原的金色田园、麦克唐纳山脉斑驳的红色、凯瑟琳和达尔文的热带绿色，一幅多彩而壮观的图景。

大南部铁路公司旗下有 3 条洲际客运铁路线路：纵贯南北的"The Ghan"、横穿东西的"Indian Pacific"、横跨南部大陆的"The Overland"。"甘"号线路承袭了 1861 年苏格兰探险家约翰·麦克杜尔·斯图尔特（John McDouall Stuart）的探险路线。如今，舒适与冒险的平衡体验让"甘"号的长途乘客也不会感觉乏味。途经多样的地貌景观，穿越壮丽的热带雨林、南部绵延的丘陵、红土中心充满活力的赭石土和蓝色天空、连绵的弗林德斯岭（Flinders Ranges），沿途停留凯瑟琳和爱丽丝泉时可以了解原住民文化，感受这片古老土地的精神。

"甘"号列车南北纵贯澳洲广袤的大陆（见图 9-17），里程全长 2 979 km，被视为世界上最伟大的铁路旅行之一。

图 9-17 驰骋在广袤腹地红土中心的列车

"甘"号列车闪亮的铁皮车厢和印着骑骆驼的巨大钢牌给人一种狂野形象（见图 9-18）。阿富汗人曾利用绳子将骆驼串成一列运输队伍，称为"骆驼火车"（见图 9-19）。

图 9-18 闪亮的银色车厢和徽章

图 9-19 阿富汗驼队

9.3.2 文化体验之旅停靠站的十色风光

与邮轮旅行一样，"甘"号之旅的亮点在于丰富的下车冒险旅游项目，停靠地点包括达尔文（港口，原住民聚集地）、凯瑟琳（峡谷景观及土著岩石艺术遗址）、爱丽丝泉（《世界地理》杂志评选的全球 50 个最佳目的地之一，是距离乌鲁鲁最近的城市）、库伯佩迪（地下城市）、阿德莱德（2017 年度全球必去景点）。

大洋洲中北部内陆小镇库伯佩迪（Coober Pedy）是电影《星际传奇》拍摄地，距离列车停靠点 40 km。库伯佩迪常住人口仅 4 000 人，盛产澳洲宝石蛋白石。由于地处沙漠酷热地区，这里地表建筑不多，80% 的当地人和游客都住在地下，地下城市里教堂、酒店、游泳池、夜总会和高尔夫球场一应俱全，被称作废土。

9.3.3　齐备设施与全包服务

列车上设施和服务一应俱全，车票包含全部的车上餐饮、下车冒险项目及接送服务，旅客登车后无须再支付额外费用。乘客沿途可下车游览探险、骑骆驼或听天文学家讲解星空奥秘，或在星光下和篝火旁享用本地特色晚餐（见图 9-20）。票价分白金和黄金两个级别，全列有 140 间客舱约 190 名客人，按级别可享用 3 个级别的餐车及休息室。白金俱乐部（Platinum Club）是供白金级客人专属餐车，兼作私密且豪华的日间休息室和酒吧。车厢布局适合举办小型晚宴和聚会，可容纳 30 位客人用餐。车厢采用石英岩桌面、木地板和三色皮革座椅，体现了澳大利亚传统的装饰风格。

图 9-20　营地篝火晚餐

白金车厢介绍如图 9-21～图 9-23 所示。

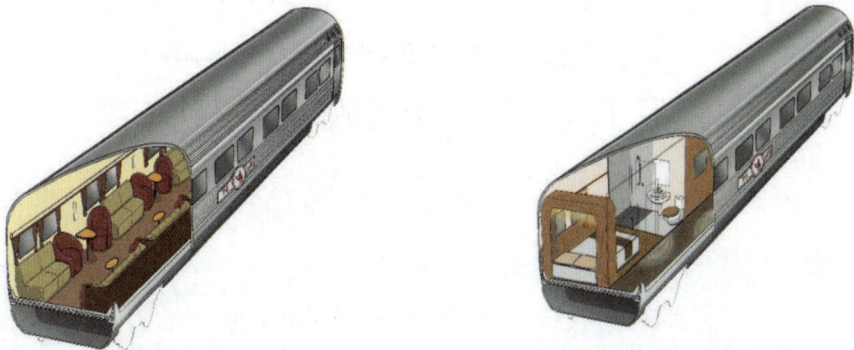

图 9-21　白金俱乐部的用餐/休息室车厢和白金卧铺客厢剖透视图

| 通道 | 白天 | | 通道 | 夜间 |

图 9-22　白金车厢的平面配置图

白金客舱大小为普通客舱的两倍，双人床，配有私人卫浴间。白天是私人休息室，或去休息室社交或参加车下冒险活动，晚上变为舒适的卧室。

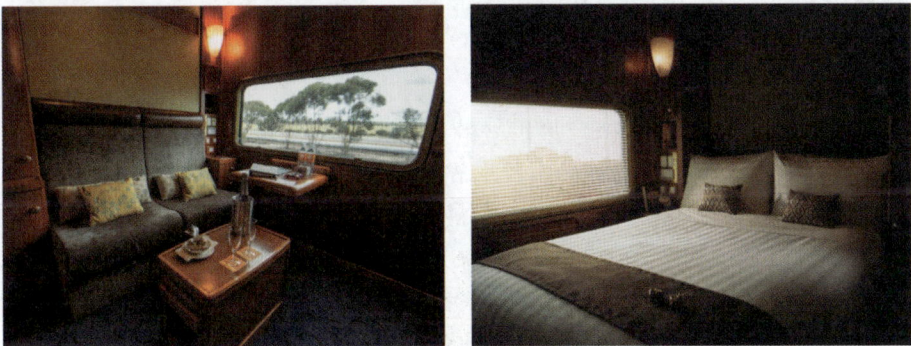

图 9-23　白金车厢内部白天与夜间功能转换

参访小贴士：

乘坐提示：旅客可以选择双向全程，也可在中途爱丽丝泉登车。每年 4 月至 10 月，从达尔文前往阿德莱德的南向列车有甘号和甘号探索之旅（The Ghan Expedition）两条线路，前者全程三天两夜，后者四天三夜，多停靠曼古里（Manguri）一地，前往蛋白石矿库伯佩迪一日游。甘号探索之旅对停站点的探索会更深入，还包含爱丽丝泉的户外星空晚餐，因而价格也相对昂贵。

9.4　南半球的苏格兰风情——达尼丁火车站＋泰里峡谷观光列车

案例小档案:

项目名称:新西兰达尼丁火车站＋泰里峡谷观光列车

英文名称:Dunedin Railway Station/ Taieri Gorge Railway ，New Zealand

初建年代:1875—1879 年

遗产类型:遗产铁路。沿太平洋海岸的客货铁路线路

遗产风格:文艺复古、悠然惬意

项目规模:60 km 行程

利用模式:文旅开发模式。复古列车旅游线路

导读与知识点:

(1)达尼丁是新西兰历史最悠久的现代城市,1848 年由苏格兰移民建立,至今仍保留浓郁的苏格兰情调,可感受爱德华和维多利亚时代的建筑风格。

(2)始建于 1879 年、全长 60 km 的泰里观光火车路线,途经崎岖而壮观的泰里峡谷,桥梁、隧道和溪谷……美景犹如一幅徐徐展开的精致卷轴。

9.4.1　"南方的爱丁堡"

达尼丁(Dunedin)是新西兰最古老的城市,位于新西兰南岛东南海岸,依山傍水,四季气候宜人,夏天是最好的旅游季节。

新西兰与苏格兰颇有渊源,达尼丁是最具苏格兰风情的城市。1769 年,传奇船长库克(Captain Cook)首次到达新西兰,1861 年,达尼丁附近发现金矿,吸引了大批中国、爱尔兰、意大利、法国和德国移民,与苏格兰人共同建设了这座城市。达尼丁分别于 1994 年、2017 年与上海、广东清远市结为友好城市。

整座城市遗留有大英帝国"黄金时代"的古迹,传承了苏格兰文化和遗产,以维多利亚女王时代与爱华德七世风格的建筑为主,因售卖苏格兰传统美食肉馅羊肚(Haggis)的餐厅和威士忌酒吧,节庆时人们穿着苏格兰格子裙、吹着风笛走过街道,而被称为"苏格兰以外最像苏格兰的城市"。许多达尼丁街道的名字与苏格兰首府爱丁堡相同,因此又被称为"南方的爱丁堡"。《孤独星球》(*Lonely Planet*)旅游手册中描绘它是一座文艺城市、一座鲜活的苏格兰建筑博物馆,是南岛东线不可错过的人文景点之一。

Tips: 鲍德温街（Baldwin St）：曾是世界坡度最大的街道。

鲍德温街坡度达 1:2.86。每年在此举办吉百利巧克力狂欢节（Cadbury Chocolate Carnival），3 万颗巧克力豆如洪水般向下滚落，场面壮观（见图 9-24）。

图 9-24　鲍德温街举办吉百利巧克力狂欢节

9.4.2　皇冠上的一颗明珠

达尼丁火车站（Dunedin Railway Station）曾是新西兰最繁忙的火车站，随着 20 世纪初达尼丁成为新西兰的商业中心而建设，1906 年建成该代车站。目前，该站的铁路客运服务已停止，只保留了几条风景优美的旅游路线，如泰里峡谷铁路和通往奥玛鲁的沿海线路。由于梦幻般风格和富丽堂皇的内饰，车站被誉为全球十大最美火车站之一、新西兰建筑皇冠上的明珠。

车站大厅装饰精美，像是举行盛大活动的宴会厅。游客沿扶梯可参访二楼的美术馆和体育名人纪念馆，或者是沿二楼跑马廊欣赏大厅一层铺满五彩马赛克的地面和精美装饰。

达尼丁火车站（见图 9-25）由建筑师乔治·楚普（George Troup）按照佛兰德斯文艺复兴风格（Flemish Renaissance）

图 9-25　达尼丁火车站

设计。车站外表面采用黑色火山玄武岩，装饰以附近产的白色奥玛鲁（Oamaru）石灰石，产生黑白反差。这种色彩搭配在达尼丁、基督城等地十分常见，如奥塔戈大学（the University of Otago）。

大厅由 75 万块皇家道尔顿瓷器厂（Royal Doulton）生产的马赛克地砖铺成（见图 9-26），图案中央是一台金色的蒸汽机车。装饰着天使和花朵图案的墙壁瓷砖也由该厂烧制，质地与我国的琉璃砖类似，在当时是十分奢华的。

图 9-26 车站室内的马赛克地砖

Tips：皇家道尔顿瓷器厂

1913 年，皇家道尔顿推出淑女造型的骨瓷娃娃（见图 9-27），成为当时名流馈赠女儿的首选礼物。瓷偶作品不仅姿态万千，更因其艺术感染力、时代感而百年魅力不衰。由于出品量有限、价格不菲，瓷娃娃成为许多欧洲小女孩的梦想。一尊皇家道尔顿的大瓷娃娃需手工制作 160 h。

皇家道尔顿瓷器厂创立于 1815 年。1887 年，维多利亚女皇授予亨利·道尔顿骑士爵位。该品牌于 1901 年成为皇家御用餐具，授权使用皇家商标，是英国最大的骨瓷出口制造商（见图 9-28）。

图 9-27　皇家道尔顿瓷器厂的骨瓷娃娃

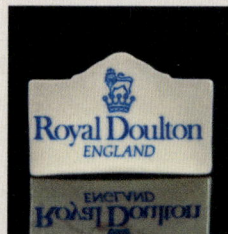

图 9-28　皇家道尔顿瓷器厂品牌名及皇冠狮标志

目前，除了供观光线路停靠外，每年 10 月在站台会举办新西兰南岛时装秀，新西兰最长的站台化身为世界上最长的 T 台（见图 9-29）。

图 9-29　车站站台上举办的 T 台秀

铁路遗产保护概论／

9.4.3 泰里峡谷火车之旅

泰里峡谷铁路始建于 1879 年，是奥塔戈淘金热时期修建的历史铁路线，早期被达尼丁与奥塔戈半岛的商人用于运输农产品、燃煤等，1989 年，因运量不足而被新西兰铁路公司停运。同年，达尼丁市议会购买达尼丁—米德尔马奇（Middlemarch）的全长 60 km 线路和 5 台机车。目前，该旅游线由市议会和信托公司成立的泰里峡谷铁路有限公司运营。

目前，达尼丁火车站不再运营客运列车，只保留开行 4 条去往周边小镇及奥塔戈腹地金矿遗址的观光火车线路，沿海岸线伸向内陆，用时 1.5~6 h 不等。其中泰里峡谷铁路之旅最为著名，被艾美奖称为"世界上最精彩的火车旅程之一"。

观光火车一路悠然驶入壮观的泰里峡谷，穿越 12 个隧道和高架桥，经过隧道或桥梁时速度仅为 24 km/h，游客可尽情欣赏美景。图 9-30 中的温加图伊高架桥（Wingatui Viaduct）是澳大利亚最高的锻铁桥梁，建于 1887 年。

图 9-30　通过温加图伊高架桥的观光火车

参访小贴士：

地址：22 Anzac Ave, Dunedin

乘车线路：达尼丁—帕默斯顿的单程时间为 2 h；达尼丁—摩拉基大圆石的单程时间为 3.5 h；达尼丁—奥玛鲁的单程时间为 3.5 h。

最佳参访时间：四季气候温和，均适合外出旅游。

周边景点或美食：可参访世界上最陡的街道鲍德温街、达尼丁植物园、圣保罗大教堂、吉百利（Cadbury）巧克力工厂、皇家信天翁中心。传统美食包括苏格兰肉馅羊肚（haggis）、威士忌，以及新西兰菜、海鲜等。

9.5 铁轨上的五星级酒店——南非蓝色列车

案例小档案：

项目名称：南非蓝色列车

英文名称：The Blue Train, South Africa

初建年代：20 世纪 20 年代

遗产类型：运营铁路 / 铁路线路及工程不可移动遗产

项目规模：主要线路 1 600 km

利用模式：文旅开发模式

导读与知识点：

（1）20 世纪 20 年代以来，南非蓝色列车代表了豪华列车的巅峰，提供了乘坐舒适列车观看风景的独特旅行体验。

（2）最初为开采黄金和钻石而修建的一条线路，成为一列旅游体验列车。

9.5.1 伴随黄金与钻石而生的"淘金"列车

南非的历史也许能用钻石和黄金的发现作为一条分割线。19 世纪末，威特沃特斯兰德（Witwatersrand）地区世界上最大的黄金矿床、金伯利（Kimberley）地区钻石矿床的发现（见图 9-31），引来了大批来自世界各地的淘金者、冒险家和移民，改变了南非社会结构，也形成多元的文化背景。

图 9-31 金伯利钻石矿坑

金伯利钻石矿坑是世界上最大的人力挖掘矿坑，1866—1914 年，5 万名矿工使用铁铲等原始工具，共挖掘出 2 722 kg 钻石。如今这里已成为旅游胜地，矿坑旁边建有一座金伯利矿山博物馆。

120 多年前，淘金列车的条件十分艰难，淘金者需乘坐 2 天火车，从开普敦穿越山脉、峡谷和南非大草原前往矿区，一路忍受酷热、严寒、蚊虫及机车冒出的滚滚浓烟。为提高舒适度，南非引入当时世界上最豪华的火车——蓝色列车的前身。车厢内配备了空调、浴室、吸烟和纸牌室、豪华餐车与套间（见图 9-32）。另外，列车上还有专业的服务人员为探矿者和富人提供服务。

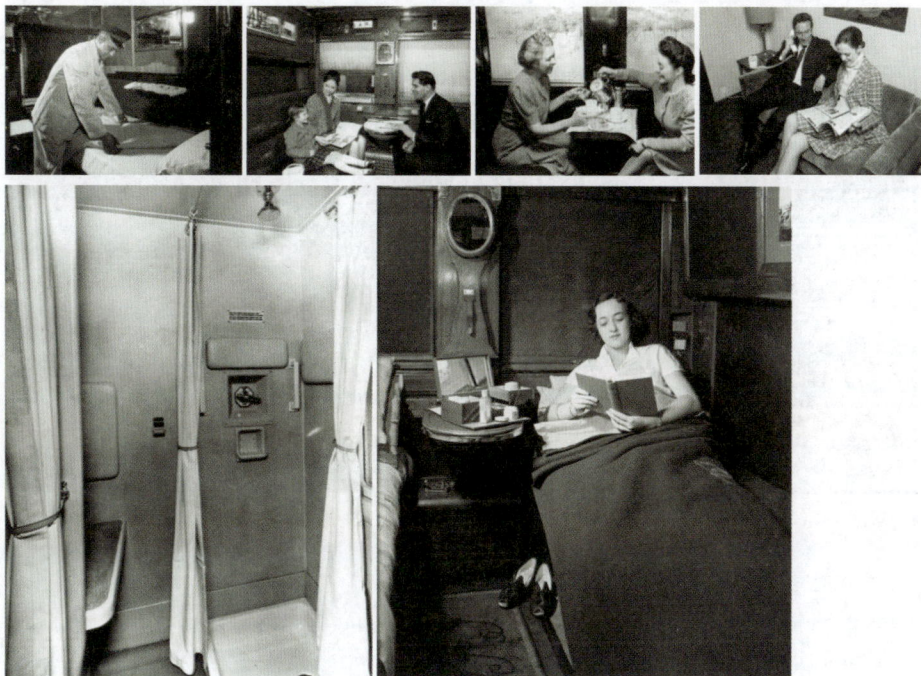

图 9-32　20 世纪 20—50 年代蓝色列车车厢内部的老照片

20 世纪 20 年代初，从开普敦北上的火车被称为"联合列车"（Union Limited），1928 年更是在豪华车厢内配备了空调、冷热水、铺位灯和呼叫铃。1933 年，运行平稳的新式普罗蒂亚车厢（Protea）让乘坐更加舒适。二战期间列车暂停，1946 年才恢复开普敦至比勒陀利亚的快车，并正式命名为蓝色列车（The Blue Train）。

1936 年，联合快车的普罗蒂亚车厢采用了蓝色和奶油色涂装。此后的列车也都涂装成蓝色和灰色，统称为"蓝色列车"（见图 9-33）。

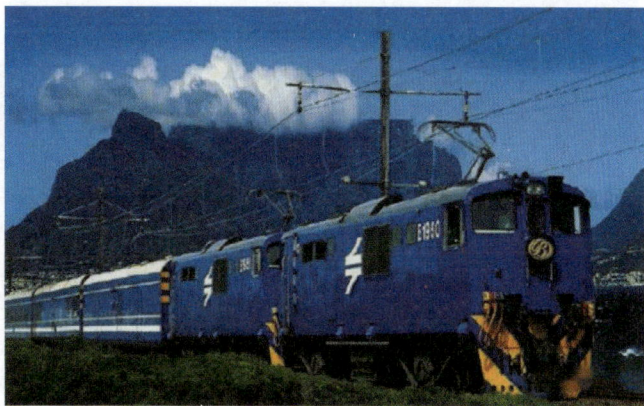

图 9-33　蓝色列车

9.5.2　穿越南非的铁路"游轮"

　　蓝色列车也由蒸汽牵引变为内燃机和电气牵引,越来越多的人乘坐蓝色列车是为了体验和乐趣。1965 年,南非铁路管理部门决定建造新一代蓝色列车,要求成为豪华、精致和技术进步的象征。第二代蓝色列车于 1972 年完工。蓝色列车在一定程度上是南非的象征,如图 9-34 所示。

（a）蓝色列车的主题邮票　　（b）1997 年时任南非总统的纳尔逊·曼德拉为新列车剪彩并乘坐列车

图 9-34　蓝色列车在一定程度上是南非的象征

　　在蓝色列车 1 600 km 的旅程中,乘客可以一边品尝顶级厨师烹制的美味佳肴,一边欣赏窗外闪过的非洲景色。列车中途还安排了下车游览服务,如比勒陀利亚—开普敦的南行列车,可以在金伯利下车参访钻石矿博物馆和大洞（Big Hole）的周边区域,开普敦—比勒陀利亚的北行列车,可以下车游览小卡鲁的马济斯方丹小镇。

　　除了路线,蓝色列车的体验更多聚焦在住宿与餐饮。列车提供设备齐全、现代的豪华套房和客舱。乘客可以品尝来自南非当地及世界其他国家的美食与美酒,因此获得了 World Travel Awards、Diner's Club 等世界美食奖项。

　　一列蓝色列车共有 14 节车厢,仅服务 54 位乘客,图 9-35 展示了不同房间类型的内部布置,无论大床间或双床间,包厢内均有独立卫生间和舒适的沙发休息区。

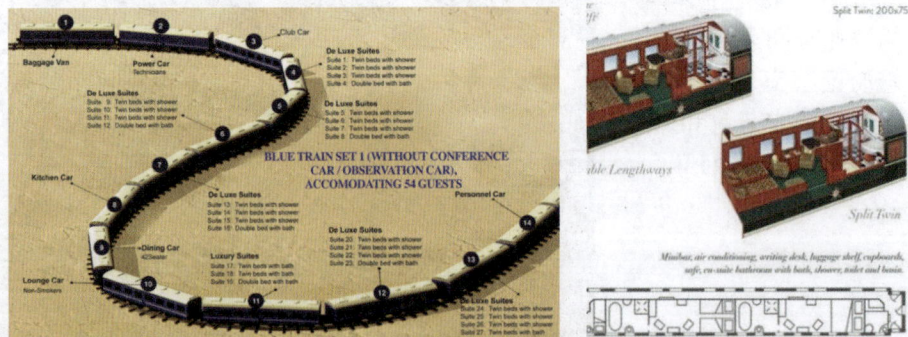

图 9-35　蓝色列车的车厢配置

每间套房都有专用电话、电视、空调和独立舆洗室，配有淋浴或浴缸（见图 9-36），列车管家 24 h 待命。餐车可供 42 位客人同时舒适用餐。晚餐将分为两个时间段提供，以确保所有客人都能有良好的体验。菜肴使用了卡鲁羔羊、鸵鸟肉和各式野味在内的当地食材。

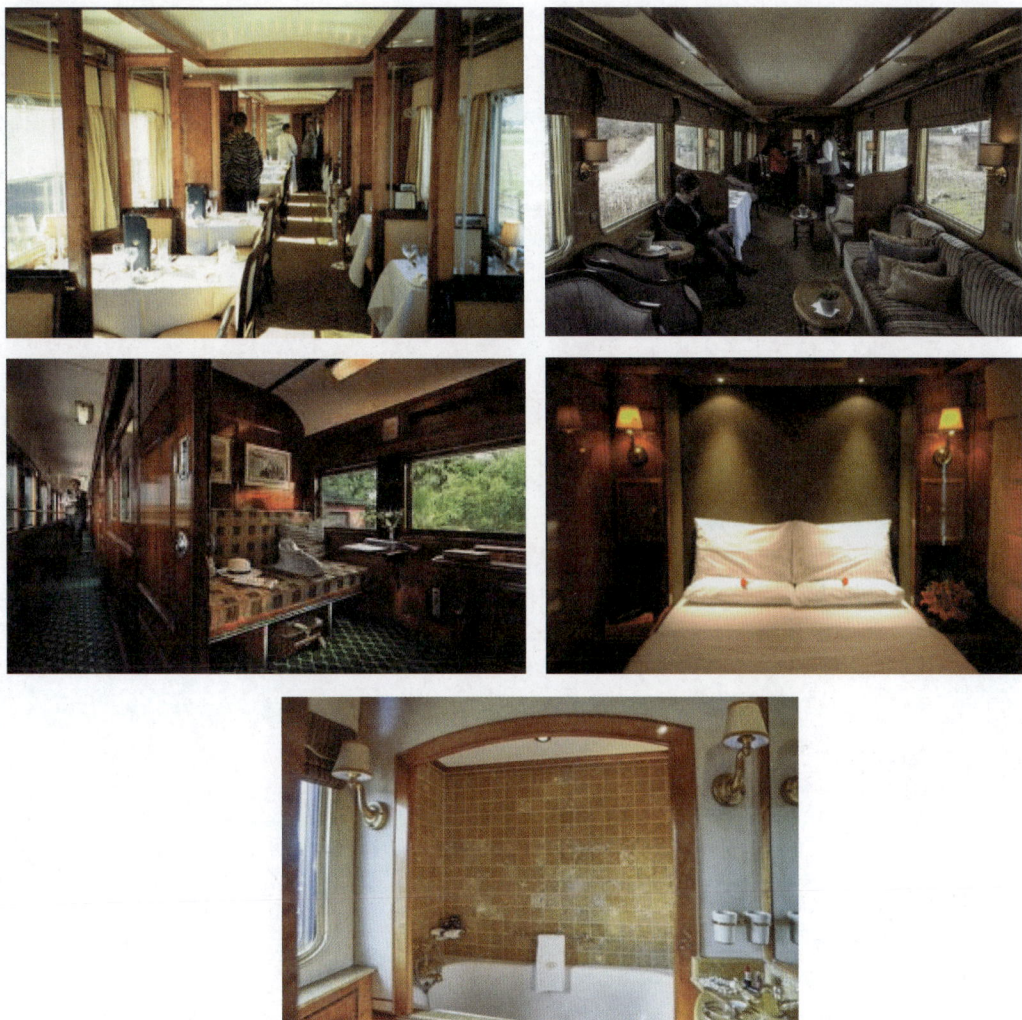

图 9-36 蓝色列车车厢内景

参访攻略：

如何订票：由于蓝色列车的热门程度，建议提前几个月在官网 https://www.bluetrain.co.za 预订，尤其 11 月至次年 3 月的南非旅游高峰期，票价包含了所有餐食和饮品。

特别提醒：建议在行李中携带一套正装。餐车环境优雅，晚餐乘客们通常正式着装。

9.6　见证历久弥新的中非友谊——坦赞铁路

案例小档案：

　　项目名称：坦桑尼亚、赞比亚坦赞铁路

　　英文名称：TanzaniaZambia Railway

　　初建年代：1975 年试营

　　遗产类型：运营铁路

　　遗产风格：横穿被称为"地球的伤疤"的东非大裂谷的伟大工程

　　项目规模：1 860.5 km（其中坦境 977.2 km；赞境 883.3 km）

　　利用模式：正常运营模式

导读与知识点：

　　（1）连接非洲腹地与印度洋的坦赞铁路，是处于经济困难时期的中国排除万难向非洲国家伸出的援手，被誉为中非友谊的丰碑。

　　（2）半个多世纪过去了，这条铁路依然在持续推动赞比亚和坦桑尼亚经济社会发展，为沿线居民出行提供方便，造福两国民众。

　　（3）中国不仅援建了铁路，还持续进行经济技术合作，培养了一批技术过硬的坦赞铁路人才。

9.6.1　建设背景

　　20 世纪 60 年代，赞比亚铜矿资源丰富，但无外运途径，急需一条通往坦桑尼亚达累斯萨拉姆港口的铁路，坦赞两国曾向多方求助无果。当时中国正处于经济困难时期，但还是排除万难伸出了援手，援助修建这条铁路。它见证了历久弥新的中非友谊。

　　1975 年通车试运营后（见图 9-37），坦赞铁路为非洲内陆国家提供了新的出海通道，将资源优势转化为经济发展的动力，一度承担赞比亚 80% 以上铜矿石的出口运输任务，1977 年货运量达 127 万 t，1983—1984 年度坦赞铁路实现盈利。这条铁路至今依然在货运和物流方面发挥着举足轻重的作用，为沿线居民和国内外游客出行提供方便，造福两国民众。目前坦赞铁路以货运为主，客运列车每周 3 趟，所经之处城市化远高于其他地区，经济增速要高出平均值至少两个百分点，民众也更富裕，铁路成为一条惠及民生的减贫之路。

　　坦赞铁路工作的机械师鲁洪比曾在北京交通大学留学，2023 年，他在接受《人民日报》记者采访时说，曼古拉曾经荒无人烟，修建坦赞铁路后逐渐形成城镇，一部分游牧为生的马赛人也在铁路周边做起小生意，生活条件今非昔比。铁路像一块磁铁，让各民族更包容、更和谐。

图 9-37　赞比亚鲁西瓦西湖畔的少年儿童欢迎坦赞铁路的列车通到他们的家乡（1976 年摄）

　　连接非洲腹地与印度洋的坦赞铁路，被誉为中非友谊的丰碑。建设过程中，69 名中国建设者献出了生命。2022 年，中赞共建的坦赞铁路纪念园正式开园。坦赞铁路犹如一条纽带，把中非人民的心紧紧地连在一起，在中非共建"一带一路"的进程中赓续传承。

9.6.2　坦赞铁路的修建

　　坦赞铁路东起坦桑尼亚的达累斯萨拉姆，西至赞比亚的卡比里姆博希，与赞比亚既有铁路接轨，是一条贯通东非和中南非的干线，全长 1 860.5 km，其中坦境 977.2 km，赞境 883.3 km，设计年运量 200 万 t。该铁路为单线，轨距 1 067 mm，铺设 45 kg/m 钢轨，设计最大坡度为 2‰，最小曲线半径 200 m，全线有隧道 22 座和桥梁 318 座。线路横穿被称为"地球的伤疤"的东非大裂谷，地形地貌复杂，沿线许多地方荒无人烟，施工条件艰苦。

　　从 1968 年勘测设计到 1976 年移交给坦赞两国政府，中国不仅向两国提供了无息贷款，还先后派遣 5 万人次工程技术和管理人员来到非洲。建设高峰期现场施工的中方人员曾多达 1.6 万人。该铁路局总部设在达累斯萨拉姆，坦境和赞境各设一个分局。全线车站 93 座，配备 2 座机车车辆修理厂、培训学校、各类场段、职工住宅等全套设施和设备。

　　坦赞铁路是中国成套援外大型工程之一，工程机械设备数量非常大。坦赞铁路标准与国内标准不一样，援建的机车等设施和装备得重新设计、试制、试用、修改和投产，设计图纸装满了两节车厢。图 9-38 为中国援助坦赞铁路的首批机车运抵坦桑尼亚达累斯萨拉姆港口。

坦赞铁路设计运输能力为 200 万 t，但 2009—2010 年度仅完成 52.3 万 t 的运输任务，正逐步失去运输市场，主要原因包括赞比亚重开南部通道、财政资金不足、信号系统等缺乏维护，部分机车车辆年久失修等。2014 年，计划通过坦赞铁路市场化运营改造，大幅提升运输效率和安全性。中方与赞比亚、坦桑尼亚共同努力，希望通过改革坦赞铁路的管理体制、实现铁路与港口的有效衔接、打造铁路沿线产业经济带这三大途径，为坦赞铁路的未来发展作出新的贡献。

图 9-38　中国援助坦赞铁路的首批机车运抵坦桑尼亚达累斯萨拉姆港口（1976 年摄）

9.6.3　国际铁路人才培养

中国不仅援建了铁路，还培养了一批技术过硬的坦赞铁路人才。北京交通大学培训了 200 名坦赞铁路留学生，经过 3 年的学习于 1975 年回国，大部分成为坦赞铁路的技术骨干；还为坦赞留学生专门编写 6 个专业 56 种 66 本教材，输送 20 余名教师去坦赞铁路技术学校任教，培养 100 名援外技术干部参加坦赞铁路专家组。

1976 年坦赞铁路建成移交后，中国除了提供经济技术援助，还派出专家组进行经济技术合作，目前已进行到第十二期经济技术合作，向坦赞铁路先后派出专家共 2 824 人次。

北京交通大学培训了 200 名坦赞铁路留学生（见图 9-39），他们来校 3 年，学习铁路运输、通信信号、内燃机车、铁道车辆、道工程、计划财务 6 个专业。

图 9-39　北京交通大学培训的坦赞铁路留学生

　　作为众多援助坦赞铁路的技术人员和亲历者之一，1973 年，纪嘉伦（见图 9-40）与坦赞留学生一起学习并担任辅导员；1976—1978 年作为铁路开通后第一期中国技术顾问团成员前往坦赞，2012 年作为坦赞铁路修缮改造方案专家组成员参与考察和工作。

图 9-40　北京交通大学援建坦赞铁路的技术骨干

> **Tips：走出国门的其他中国铁路企业项目**
>
> 　　从跨越历史的坦赞铁路，到近年开通运营的阿卡铁路、亚吉铁路、蒙内铁路，再到正在修建的坦桑尼亚中央线标轨铁路，据不完全统计，2000—2021 年，中国企业利用各类资金帮助非洲国家新增和升级铁路超过 1 万 km。推动中非合作走深走实，坦赞铁路精神在新时代不断延续。

2016 年，亚的斯亚贝巴—吉布提铁路在埃塞俄比亚首都亚的斯亚贝巴举行通车仪式。亚吉铁路全长约 750 km，设计时速 120 km，全程运输时间从公路运输的 7 d 降至 10 h。该铁路是非洲大陆第一条跨国电气化铁路和最长距离的电气化铁路，也是中国在非洲建设的第一条集技术标准、设备、融资、施工、监理、运营和管理于一体的全产业链 "中国标准" 电气化铁路（见图 9-41）。总合同金额约 40 亿美元，由中国中铁和中国铁建中土集团分段实施 EPC 总承包。

图 9-41 非洲大陆第一条 "中国标准" 跨国电气化铁路——亚吉铁路

参访小贴士：

如何到达：达累斯萨拉姆国际机场有定期航班飞往世界各地及国内主要城市。市内无中央车站，国内各城市需要在不同的地方乘车，坦赞铁路终点站为达累斯萨拉姆火车站，坦赞铁路局就在车站旁。

最佳参访时间：坦桑尼亚原首都达累斯萨拉姆地处低纬度，受印度洋季风影响，气候湿热，年平均气温为 25.8 ℃，雨量充沛，4—9 月是雨季，10 月至翌年 3 月是旱季，气候炎热，气温高达 45 ℃。

【图片来源】

图 9-1：https://www.thnsw.com.au/loop-line

图 9-2：https://www.nswrailmuseum.com.au/about

图 9-6：https://www.visitwollondilly.com.au/experience/history-and-heritage/nsw-rail-museum/

图 9-8：https://www.mymaitland.com.au/event/burton-automotive-hunter-valley-steamfest/

图 9-9：https://www.steamfest.com.au/steamfest-gallery/

图 9-10：郭强拍摄

图 9-10：https://railroadforums.com/forum/index.php?media/bhp-billiton-mt-newman-railway.22442/

图 9-11：https://australian.com/tour/walk-western-australias-karijini-ningaloo-reef/

图 9-12：https://www.australia.com/en-us/places/perth-and-surrounds/guide-to-karijini-national-park.html

图 9-13：https://aqura.com.au/new-private-4g-for-port-hedland/

图 9-14：https://cn.dreamstime.com/

图 9-15：https://www.railpictures.net/viewphoto.php?id=126407

图 9-16：https://www.progressrail.com/en/Segments/RollingStock/Locomotives/FreightLocomotives/SD70ACe-LCi.html

图 9-18：https://www.exploreshaw.com/australias-greatest-rail-journey-travelling-on-the-ghan/

图 9-19：https://www.pichirichirailway.org.au/history/the-ghan-story

图 9-22：https://www.greattrains.com.au/the-ghan-indian-pacific-cabins/platinum-double

图 9-23：https://www.greattrains.com.au/the-ghan-indian-pacific-cabins/platinum-double

图 9-24：https://www.dittou.com/tourism-new-zealand_cadbury-chocolate-festival_2/

图 9-26：https://megaconstrucciones.net/?construccion=estacion-dunedin；http://travel.davidmbyrne.com/dunedin-new-zealand/；https://www.edwud.com/inside-dunedin-railway-station-2/

图 9-27：https://www.seawaychina.com/product/daydreams-hn1732-royal-doulton-figurine/

图 9-28：https://www.invaluable.com/auction-lot/royal-doulton-advertising-plaque-359-c-7b44fdb8d1

图 9-31：维基百科

图 9-32：yesterdaytoday.net

图 9-33：telegraph.co.uk

图 9-34，图 9-35，图 9-36：蓝色列车官网

图 9-3，图 9-4，图 9-5，图 9-7：孟超摄影

图 9-17，图 9-20，图 9-21，图 9-25，图 9-29，图 9-30：张允绘制

图 9-37，图 9-38：新华社图片

图 9-39，图 9-40：纪嘉伦提供

图 9-41：秦斌摄影

表 9-1：根据 https://www.zhihu.com/question/23430343 资料整理

【参考文献】

[1] 罗维一. 坦赞铁路运营管理 [M]. 北京：中国铁道出版社，2010.

[2] NSW RAIL MUSEUM. Upcoming Events & Experiences. [EB/OL] [2024-08-01]. https://www.thnsw.com.au/events.

[3] STEAMFEST. Maitland station precinct. [EB/OL] [2024-08-01]. https://www.steamfest.com.au/activities/

maitland-station-precinct/.

[4] Construction of the railway [EB/OL]. [2024-08-01]. http://newmanhistory6753.com/?page_id=5401.

[5] Great Trains. Cabins[EB/OL]. [2025-06-07]. https://www.greattrains.com.au/cabins/.

[6] Iconic train trip through the Taieri Gorge [EB/OL] [2024-08-01]. https://www.dunedinrailways.co.nz/top-journeys/the-taieri-gorge-journey.

[7] Taieri gorge train tour.[EB/OL][2024-08-01]. https://www.taierigorgeshoreexcursion.com/about.

[8] SA-Rail train tours South Africa. [EB/OL][2024-08-01]. https://sa-rail.co.za/luxury-trains/blue-train/.

[9] 中华人民共和国驻坦大使馆.坦赞铁路项目简介 [EB/OL] (2008-03-13) [2024-08-01]. https://tz.china-embassy.gov.cn/ztgx/200803/t20080313_6178035.htm.

[10] 黄培昭.上世纪70年代建成的坦赞铁路，如今仍在造福两国民众：重访坦赞铁路 传承中非友好（新时代中非合作）[EB/OL]（2024-08-02）[2024-08-15]. http：//world.people.com.cn/n1/2024/0802/c1002-40290782.html.

[11] 黄培昭.一条友谊之路、发展之路：本报记者近日走访坦赞铁路 [EB/OL]（2023-07-26）[2024-08-15]. https：//news.cctv.com/2023/07/26/ARTIJQVJFP8Y3pUKt93S7omW230726.shtml.

第 10 章

结语：思考与倡议

200 年前，英国诞生了世界上第一条铁路，被视为近代工业革命的重要标志。70 年前，铁路作为遗产的概念出现，铁路的发展伴随着人类进入现代化社会的整个过程，铁路遗存是现代文明发展的重要证据，具有重要文化价值。从 20 世纪 50 年代，英国建筑史学家提出"工业考古"以来，铁路遗产经过 70 多年的认知过程，经历了不断地演变和发展，通过成立铁路保护组织及信托基金、制定宪章及加入世界文化遗产名录等相关工作，铁路遗产的文化价值内涵得到了不断提升。

目前列入世界遗产名录的 5 个国家 7 处铁路遗产集中反映了铁路遗产的国际文化价值标准，不难发现其内涵更加广泛，特别是铁路与城市发展相伴相随，促进了工业化转型和城市发展，也为后工业时代城市更新提供动力。例如，英国近 70 年来，各个阶段城市更新的核心理念在发生变化，随着对工业遗产文化价值认知的提升，文化产生的内在驱动力在不断增强，再次推动城市与社会发展。

中国近现代经济与社会演进中，铁路扮演了特殊的角色，也发挥了重要的作用，具有独特的文化价值。一个半世纪的中国铁路发展历史，见证了近代以来中华民族从站起来、富起来到强起来的伟大历史飞跃，当前，我国已经迈上全面建设社会主义现代化强国的新征程。在建设文化强国的今天，中国铁路遗产的保护、传承和利用对于凝聚民族精神、坚定文化自信具有重大意义。因此，要坚定文化自信，把中国经验提升为中国理论。以新的视角梳理中国铁路文化基因独特的内在价值，阐释背后的规律，为丰富和发展世界铁路遗产文化理论作出中国贡献。

铁路遗产的保护与利用难度大、复杂性强，整体的保护状况还亟待改善。为推进建立符合中国国情的铁路遗产保护与利用体系，协力构建中国铁路遗产保护与利用发展的新格局，应肩负起铁路遗产保护与利用的历史使命。

1. 加强中国铁路遗产基础调研及梳理挖掘工作，阐明铁路遗产的时代价值

铁路遗产量大面广，不仅包括车站、铁路、桥梁、技术装备等物质遗存，也包括与铁路发展相关的重大历史事件、社会集体记忆等非物质历史文化遗存，还涉及线路周边的人文和自然环境。中国铁路遗产文化内涵丰富、价值独特，需要对其进行整体和系统的梳理、挖掘与凝练。应加强中国铁路遗产基础调查，建立铁路遗产资源数据库，开展系统的研究，阐明铁路遗产的时代价值。

2. 推进中国铁路遗产保护利用的体系构建，加强铁路遗产的系统保护

铁路遗产复合性强，需要从技术体系和管理体系两方面加强系统化建设。一是加强信息与资源共享，建立铁路遗产多维价值体系，跨学科推进技术标准与技术方法的完善。二是加强多部门协作及社会力量参与，从保障政策、管理制度和实施机制等方面推动铁路遗产保护利用体系的完善。

3. 探索中国铁路遗产的多元化再利用途径，增强铁路遗产的传承活力

倡议加强宣传，提升公众的铁路遗产的保护意识；加强培训，扩大铁路遗产保护的人才队伍；加强研究，完善铁路遗产保护与文旅融合机制；加强政策引导，鼓励多元主体参与。通过多方努力，推进中国铁路遗产的科学保护、活态传承与合理利用。

4. 挖掘铁路遗产的多重文化价值，加强中国铁路遗产的整体性保护和利用

铁路与沿线的社会、经济和自然环境建立密切的关联，需要从更广的视野将沿线城乡景观、生产生活方式及自然环境纳入整体保护范畴，将铁路遗产保护与沿线社会和环境发展相互融合，促进地区经济发展和环境品质提升。

5. 加强国际交流与合作，提升中国铁路遗产的保护利用能力和影响力

发扬"交融通达"的交通文化精神，加强国际交流与合作，推动世界铁路遗产保护和文化交流互鉴。通过借鉴、发展和创新，提升铁路遗产保护利用的视野和能力，让中国优秀的铁路传统文化在新时代、新征程中赋予新的力量，让中国铁路遗产成为展示民族精神、宣传中国形象、彰显文化自信的一张亮丽名片。

让我们发现最美铁路，共同探讨和欣赏铁路遗产的技术之美、自然之美、人文之美、建筑之美，推进铁路遗产保护与可持续利用的有机结合，为传承中国优秀的铁路文化贡献力量。